Brüder: Zuerst kämpften sie gegeneinander, dann um die Aufmerksamkeit der Eltern und schließlich gemeinsam gegen den Rest der Welt. Keiner kennt sie so gut wie sie sich selbst und doch bleiben sie sich ein ewiges Rätsel. Um dieses zu lüften, begeben sich die Brüder Tillmann und Benjamin Prüfer auf eine spannende Reise, die sie in ihre gemeinsame Vergangenheit, Gegenwart und – Zukunft führt: Das Ergebnis ist ein aufschlussreiches, bewegendes und humorvolles Buch über eine einzigartige Verbindung, die das ganze Leben prägt.

Benjamin Prüfer, geboren 1979, veröffentlichte 2007 sein erstes Buch »Wohin Du auch gehst« beim Scherz Verlag, das von Detlef Buck unter dem Titel »Same, same but different« verfilmt wurde. Zuvor war er fünf Jahre Redakteur bei Financial Times Deutschland in Hamburg. Für seine NEON-Reportage »Bis der Tod sie mir wegnimmt« erhielt er den Medienpreis der Aids-Stiftung. Die Jury des Axel-Springer-Preises für junge Journalisten zeichnete das Werk als »Hervorragende Leistung« aus. Seit 2006 arbeitet er als Buchautor und freier Journalist und lebt mit seiner Familie in Hamburg und Kambodscha.

Tillmann Prüfer, geboren 1974, ist Redakteur des ZEITmagazins und Kolumnist der Financial Times Deutschland und NEON. Er war Gründungsredakteur der Financial Times Deutschland. Prüfer erhielt u. a. den Nachwuchspreis des Georg von Holtzbrinck Preises für Wirtschaftspublizistik, den Columbus-Förderpreis der Vereinigung Deutscher Reisejournalisten und den Nachwuchspreis des COR-Preises für Designjournalismus. Er ist der Autor von »Wie man den Alltag überlebt, ohne dabei verrückt zu werden« (2007) und Co-Autor des Comics »Rezession und Frohsinn« (2005). Er lebt mit seiner Familie in Berlin.

Unsere Adresse im Internet: www.fischerverlage.de

Benjamin und Tillmann Prüfer

MEIN BRUDER

Idol – Rivale – Verbündeter

Fischer Taschenbuch Verlag

Veröffentlicht im Fischer Taschenbuch Verlag,
einem Unternehmen der S. Fischer Verlag GmbH,
Frankfurt am Main, Juni 2010

Gesamtherstellung: CPI – Ebner & Spiegel, Ulm
Printed in Germany
ISBN 978-3-596-18309-8

Für Johannes

Inhalt

Prolog

Tillmann

Der letzte Tag, an dem alles zwischen mir und meinem Bruder gut war, war, als wir zwanzig Rinder auf unsere Stadt losließen. Es ist der Abend des zweiten Weihnachtstages. Beide sind wir bei unseren Eltern zu Besuch. Unser Heimatort Darmstadt-Eberstadt liegt in narkotischem Schlaf. Benjamin und ich gehen spazieren, durch die stummen Wiesen und Hänge, die unser Elternhaus umgeben. Wir kommen an einer Herde von Galloway-Rindern vorbei, die mit ihren mächtigen Hörnern im dürren Gras lungern. Sie sind provisorisch mit einem Elektrozaun eingehegt. Es ist die Zeit der Rinderwahn-Panik in Deutschland, es ist üblich, alle möglichen britischen Rinder zu keulen. Wir müssen gar nichts sagen, beide wissen wir, was zu tun ist. Es herrscht ein schönes, einvernehmliches Schweigen zwischen uns. Wir knipsen den Strom aus, legen den Zaun nieder und rufen: »Freiheit für die Galloways!« Die Rindviecher schauen uns gelangweilt an. Zufrieden gehen wir nach Hause, mit warmen Gedanken an eine Herde schottischer Hochlandrinder, die durch die Innenstadt trotten würde, um einen Bio-Laden zu plündern.

Wir schweigen noch immer, aber das Einvernehmliche ist weg. Etliche Jahre später – ich arbeite längst als Redakteur in Berlin, Benjamin als Buchautor – ruft mich eine Bekannte an. Wir reden über Beiläufiges, auch über das Buch, das mein Bruder geschrieben hat. Zum Schluss sagt sie: »Dann sehen wir uns ja nächste Woche auf Benjamins Lesung.« Ich antworte: »Äh, ja, bestimmt.«

Mein Bruder würde zum ersten Mal in meiner Stadt eine Lesung machen und hat mir nicht Bescheid gesagt? Ich rufe Benjamin an. Er ist völlig überrascht, dass ich mich ärgere, und murmelt etwas davon, er sei davon ausgegangen, ich wüsste schon von der Lesung. Er hat nicht vergessen, mich zu informieren, er wäre nie auf die Idee gekommen, es zu tun.

Was ist nur mit uns passiert? Früher hatten Benjamin und ich vor, gemeinsam die Welt zu verändern. Verändert aber haben nur wir uns. Ich lebe in einer Eigentumswohnung in Berlin, Benjamin in Kambodscha. Ich habe mir gerade eine Schrankwand schreinern lassen, um meine Klamotten endlich wegordnen zu können. Benjamin besitzt nicht mehr Kleidung, als er bei sich tragen kann, und seine Zweizimmerwohnung in Phnom Penh ist fast unmöbliert. Ich habe ein iPhone, damit ich jederzeit E-Mails beantworten kann, Benjamin hat ein altes Handy, das fast immer abgeschaltet ist. Die Mailbox hört er nicht ab. Ich kann einen ganzen Tag reden, Benjamin einen ganzen Tag schweigen.

Wir sind in unterschiedlichen Universen gelandet. Einfach so. Werden wir aus diesen Sphären jemals wieder zusammenfinden? Ist so etwas im Leben vorgesehen? Natürlich nicht.

Wenn Menschen immer, wenn ihnen etwas auf dem Herzen liegt, miteinander reden würden, hätten Therapeuten keinen Job mehr. Eines Tages beschließe ich, meinen Bruder zu genau so einem Therapeuten zu schleifen.

Ich schreibe Benjamin eine E-Mail. Ich lade ihn ein zu einem Paartherapie-Gespräch. Ich habe dafür einen Psychotherapeuten in München ausgesucht, Wolfgang Schmidbauer. Angeblich ein Spezialist, wenn es darum geht, Partner wieder zusammenzubringen, die sich auseinandergelebt haben. Einen Nachmittag lang werden wir uns zu dritt unterhalten, schlage ich vor. Das müsse es uns wert sein, schreibe ich Benjamin. Schließlich haben wir noch eine lange Bruderbeziehung vor uns.

Eine Paartherapie für Brüder ist eine seltsame Idee. Aber auf eine Idee, die sich nicht seltsam anhörte, würde Benjamin ohnehin nicht anspringen. Schließlich ist er mein Bruder. Benjamin antwortet mir – mit seinen Flugdaten.

Benjamin

Ich hasse Berlin. Rollsplitt knirscht unter meinen Turnschuhen, der Schneematsch sickert durch die Nähte, während ich die Friedrichstraße hinunterlaufe. Ich habe gerade einen Schwur gebrochen. Ich hatte mir selbst geschworen, nie wieder einen Winter in Deutschland zu verbringen. Doch dann lud mich Tillmann ein.

In Kambodscha ist der Januar der beste Monat, um sich auf eine Insel vor der Küste zurückzuziehen: Dort ist es nicht zu heiß. Ich kenne eine kleine Insel, auf der noch kein von Südkoreanern finanziertes Ferienressort steht. Nur die Hütten von ein paar vietnamesischen Fischern gibt es dort. Und ein kleines Guesthouse, das aus ein paar windschiefen Bambushütten und einer Kühlbox voller Bier besteht. Wenn man mittags über den Sand läuft, brennt die Hitze unter den Füßen und das Glitzern des Wassers blendet die Augen. Watet man ins Meer, dann sieht man handtellergroße, rote Seesterne auf dem Grund liegen, als wollten sie ironisch alle Klischeevorstellungen über tropische Inseln bestätigen. Die Haare werden gebleicht von Salz und Sonne. Wenn man sich küsst, schmeckt es nach Meersalz. Tillmann mag keine Sandstrände. Für mich ist das so, als würde man sagen: Ich mag keine schönen Frauen. Unbegreiflich.

Nun bin ich also hier. Am liebsten würde ich mich auf den Alexanderplatz stellen und brüllen: »Ich hasse Berlin!« Aber dann würden mich alle für einen echten Berliner halten. Besser, ich halte den Mund.

Tillmann ist heute Stilredakteur beim Zeit-Magazin. Schreibt über Uhren und Handtaschen. Seine Redaktion ist nicht weit von der Friedrichstraße entfernt. Als ich aus dem Aufzug steige, blickt die Frau am Empfang mich fragend an. Ich sage: »Ich möchte zu meinem Bruder Tillmann.« Sie antwortet: »Ach so. Ich dachte mir schon: Diesen Kurier kenne ich noch gar nicht.« Willkommen in Berlin.

Er trägt einen schwarzen Rollkragenpullover und ein

Jackett. Wir umarmen uns kurz und ich werfe einen Blick auf die Unterlagen auf seinem Tisch. Da liegt eine Liste, in rundlicher Mädchenschrift geschrieben, wahrscheinlich von seiner Praktikantin: »... 22. Armani-Unterhosen. 23. Gucci-Sonnenbrillen ...« Interessant, mit was sich mein Bruder beschäftigt. Auf dem Papier liegt eine Jugendstilfliese. Ich nehme sie in die Hand. »Ein Geschenk für Mutter?«, frage ich. »Nein, ich dachte, eine Jugendstilfliese wäre ein guter Briefbeschwerer.«

Jugendstilfliesen? Ist das noch mein Bruder, von dem ich einst lernte, dass man einen Molotowcocktail aus einem Drittel Öl und zwei Drittel Benzin mixt? Mein Bruder, der sein Zimmer mit Todesanzeigen tapezierte? Mein Bruder, mit dem ich nachts bei Kerzenlicht und Selbstgedrehten über die Weltrevolution diskutierte? Mein Bruder, dessen Kunstaktionen Stadtgespräch waren? Mein Bruder, mit dem ich nachts über den Zaun des Freibades kletterte?

Tillmann, sag, dass dies alles nur eine Verkleidung ist: der Rollkragenpulli, die Jugendstilfliese, das Jackett. Alles nur Teil einer einzigen großen Performance, mit der du uns die Bigotterie dieser Gesellschaft vor Augen halten willst. Ein Rebell wird zum angepassten Angestellten. Gleich wirst du deinen Pullover ausziehen und darunter wird ein T-Shirt erscheinen mit der Aufschrift »Gegen Unternehmer« und einer Faust, die ein Dollarsymbol zertrümmert. Du wirst lachen und sagen: »Ihr habt es alle geglaubt, oder?« Und dann wirst du alle im Raum in anstrengende Diskussionen verwickeln. So ist es doch, oder?

Doch du ziehst deinen Pulli nicht aus. Stattdessen gibst du mir den Schlüssel zu deiner Wohnung. Sie liegt im Stadtteil Mitte, ist mit Parkett ausgelegt und hat eine Dachterrasse. Als Erstes gehe ich das Bücherregal entlang und streiche mit dem Finger über die Buchrücken. Ganz oben stehen sämtliche Werke von Karl Marx und Friedrich Engels: Relikte aus vergangenen Zeiten. Darunter ein Buch mit dem Titel »Exklusive Golfplätze«. Ein paar Ausgaben der Zeitschrift Wallpaper. Daneben »Der Wein-Freund«.

Tillmann kommt von der Arbeit nach Hause. Zum Abendessen will ich ein Huhn in Weißwein garen. Doch das Tier hat noch kleine Haare an den Beinen. »Das ist mal wieder typisch: Diese Bio-Hühnchen rasieren sich nie die Beine!«, sagt er. Wir lachen. Einen Augenblick schießt mir ein Gedanke durch den Kopf: »Wie früher!« Die Haare müssen weg. Abbrennen. Ich frage ihn: »Habt ihr einen Crème-brulée-Brenner?« Tillmann starrt mich an. »Einen *was*?« Ich sage: »Na ja, so einen kleinen Gasbrenner, den man zum Karamellisieren von Zucker verwendet, zum Beispiel bei einer Crème brulée.«

Tillmann besitzt einen Küchenmixer und ein Kräutermesser, die jeweils einen Designpreis gewonnen haben. Liegt es da so fern zu vermuten, dass er vielleicht in einer der zahlreichen Schubladen seiner Küche einen Crème-brulée-Brenner hat? Mir war gar nicht klar, wie sehr ich ihn durch diese unschuldige Frage treffen würde. Ihm scheint klar zu werden, für wie spießig ich ihn halte. »Nein, ich habe *keinen* Crème-brulée-Brenner!«, sagt er lang und gedehnt. Dann redet er den ganzen Abend davon.

»Er hat mich gefragt, ob wir einen Crème-brulée-Brenner haben!«, erzählt er seiner Freundin, als sie von der Arbeit nach Hause kommt. Als würde dies alles erklären. Sie blickt uns verständnislos an. Ich versuche mich zu rechtfertigen: »Man kann doch mal fragen, ob ihr unter Umständen, vielleicht, total-verrückte-Idee-aber-fragen-kostet-ja-nichts, einen Crème-brulée-Brenner habt?« Das macht Tillmann nur noch empörter. Er behauptet nun sogar, so halb im Scherz, ich hätte gesagt: »Wo ist denn *euer* Crème-brulée-Brenner?«

Einige Tage später sitzen wir in München bei dem Therapeuten Wolfgang Schmidbauer. Erst führen wir ein bisschen verkrampfte Konversation über seine afrikanischen Puppen. Dann blickt er uns fragend an.

»Dann fang doch mal an, Tillmann«, sage ich.

1. Kapitel

Warum Benjamin noch lebt

Wie es ist, einen Bruder zu bekommen – und ein Bruder zu sein

Tillmann

An den Tag deiner Geburt kann ich mich vor allem deshalb erinnern, weil ich damals in den Sauteich fiel. Ich war fünf Jahre alt und besuchte diesen Tümpel öfters zusammen mit unserem Vater und Annette, meiner großen Schwester, um dort Kaulquappen zu fangen. Er hieß nicht etwa deswegen Sauteich, weil er schmutzig gewesen wäre, sondern weil neben ihm die Bronzefigur eines Ebers stand. Eber waren für mich die höchsten Tiere. Schon deshalb, weil ein roter Eber das Wappen meines Heimatortes Eberstadt zierte. Vor Kaulquappen hatte ich nicht so viel Respekt. In dem Aquarium, das unsere Eltern aufgestellt hatten, damit ich ihre Froschwerdung beobachten können sollte, führten sie einen verzweifelten Überlebenskampf. Meist nicht sehr erfolgreich, weshalb wir den Sauteich öfters besuchen mussten, um Nachschub zu besorgen. Kaulquappen, sagte unser Vater, während wir mit langen Keschern durch das Wasser pflügten, seien die Babys der Frösche. Und ein Baby hatten wir ja jetzt auch in der Familie. Dich, Benjamin.

Ach, das Baby. Ich hatte es zuvor im Krankenhaus kennengelernt. Und wie ich zu ihm stehen sollte, wusste ich nicht recht. Davor hatte ich nur das Gegenteil eines kleinen Bruders, eine große Schwester. Annette ist vier Jahre älter als ich. Bei meiner Geburt war ich aus ihrer Sicht ungefähr so groß wie ihre Puppen. Wenn wir Tierarzt spielten, war ich das kranke Kätzchen. Was passiert wäre, hätten wir Habicht und Häschen gespielt, möchte ich mir nicht ausmalen.

Wer kleiner Bruder einer großen Schwester ist, muss Geschäfte abschließen wie den Tausch eines nigelnagelneuen Darda-Aufziehflitzers gegen einen halbflüssigen Riegel Raider. Wer kleiner Bruder einer großen Schwester ist, muss zur Erbauung eines ihrer Schulfreunde dessen kleine Schwester auf den Mund küssen. Noch heute bin ich empört, wenn ich ein Filmchen betrachte, das mein Vater damals auf Super 8 gedreht hat. Es zeigt mich mit meiner großen Schwester im Garten, wie wir darum balgen, wer ins Planschbecken darf. Vielmehr balge ich darum: Sie spielt seelenruhig mit ihrer Badeente und bugsiert mich immer wieder mit einem fast entrüstend beiläufigen Schubser beiseite. Wohl auch deshalb war ich wie Flip, der Grashüpfer aus »Biene Maja«, durch die Küche gesprungen, als unsere Eltern uns beim Abendessen eröffnet hatten, dass ein »kleines Brüderchen« auf dem Weg sei. In meinem Kopf nur ein Gedanke: Verstärkung.

Natürlich war das zu kurz gedacht. Der da kam, sollte mein Partner und mein Widerpart fürs Leben werden. Jemand, der meinen Schritten folgt und doch immer ein Stück voraus ist. Jemand, mit dem ich alles teile, obwohl wir nichts gemeinsam haben. Mit unseren Geschwistern führen wir die längste Beziehung unseres Lebens – und die wichtigste. Unser Elternhaus lassen wir hinter uns, von Lebenspartnern können wir uns trennen. Aber du, Benjamin, wirst immer da sein. Von den Eltern lernen wir, dass man die Hände artig auf den Tisch legt und schön Bitte-Danke sagt. Erst das Leben mit dem Bruder aber bringt dir bei, dass Bitte-Danke bei den meisten Problemen nicht hilft und man die Hände besser gleich zu Fäusten ballt. Der Bruder ist uns vertraut wie kein anderer Mensch und doch ein Rätsel. Er ist Komplize und Konkurrent in einem. All das sollte Benjamin einmal für mich werden. Doch als ich das erste Mal von ihm erfuhr, genügte mir völlig die Interpretation: jemand, der keine Schwester ist.

Das Eintreffen der versprochenen Verstärkung war allerdings ernüchternd: Sie präsentierte sich als kleines gelbes Häufchen Haut, das auf der Brust meiner Mutter kauerte. Es hatte Neugeborenengelbsucht und keine Haare. Das sollte ein Bruder sein? Unter Brüdern verstand ich so etwas wie Tick, Trick und Track aus den Micky-Maus-Heften. Besonders in Erinnerung war mir eine Geschichte geblieben, in der die drei schmutzverkrustet einen Brüder-Schwur frei nach Schiller schlossen: »Wir wollen sein ein einig Volk von Brüdern, in keiner Not uns waschen und Gefahr.« Ich hätte auch Ernie und Bert aus der Sesamstraße als Brüder durchgehen lassen (erst viel später erfuhr ich, dass sie vielleicht ein schwules Paar sind). Das neue Familienmitglied sah allenfalls aus wie die kleine Raupe Nimmersatt.

Gerade zog ich also den Kescher durchs Wasser des Sauteichs und stellte mir vor, wie mir eine große Raupe Nimmersatt ins Netz gehen würde, als ich das Gleichgewicht verlor und in den Teich plumpste. Nun war das nicht weiter schlimm, denn es gab ja meinen Vater, der hinterhersprang und mich aus der Brühe zog. Überraschender fand ich: Niemand machte großes Aufheben um meinen Unfall. Kaum hatte mich mein Vater in trockene Kleider gesteckt, fuhren wir wieder ins Krankenhaus, um meine Mutter und das Baby zu besuchen. Auch sie war nicht weiter besorgt um mein Schicksal. Gerade noch strampelte ich um mein Leben – und jetzt sollte die Geschichte meiner Rettung nicht interessanter sein als das Geschrei des kleinen Gewürms im Arm meiner Mutter? Dieser Benjamin plärrte und wollte sich nicht beruhigen. Meine Mutter fragte mich einmal: »Was machen wir nun mit dem kleinen Benjamin?« Ich schlug vor: »In den Sauteich werfen.«

Das wird mir manchmal als früher Vernichtungswille meinem Bruder gegenüber ausgelegt. Dabei dachte ich nur, es würde uns weiterbringen.

Ich habe nachgelesen: Ich muss mich dessen nicht schämen. Dass man einem unverhofft eintreffenden Bruder gegenüber Aggressionen hat, ist ganz normal. Der Bamberger Familienforscher Hartmut Kasten hat ermittelt, dass bei Befragungen 95 Prozent angeben, Neid gegenüber ihren jüngeren Geschwistern zu empfinden. Das Außergewöhnliche seien eher die restlichen fünf Prozent, sagt er. Seit es Brüder gibt, brennt die Eifersucht. Schon die Bibel ist voll davon. Im Neuen Testament wird das Gleichnis vom verlorenen Sohn erzählt, der zum großen Ärger seines älteren Bruders nach Hause zurückkehrt und von seinem Vater wieder aufgenommen wird. Und natürlich sind da, schon in der Schöpfungsgeschichte, Kain und Abel. Kain erschlägt seinen jüngeren Bruder mit einem Stein, weil dieser Gott besser zu gefallen scheint. So weit kam es bei uns nie.

Ich habe lediglich einmal mit einer Armbrust auf dich geschossen. Aber es war eine Kinderarmbrust, deren Bolzen an der Spitze Saugnäpfe hatte. Und schließlich hatten wir gerade Jäger und Kaninchen gespielt. Dieses Spiel lässt nicht viele Varianten zu. Und du konntest ja schlecht die Armbrust bedienen. Ein anderes Mal warf ich dir eine große Glasmurmel an den Kopf. Aber auch da war nicht Auslöschungswille das Motiv, sondern eher die Neugierde, ob es möglich ist, jemandem aus fünf Meter Entfernung eine Murmel an den Kopf zu werfen. Natürlich war es von Vorteil, dass nicht zu befürchten war, du würdest eine zurückwerfen – falls doch, dann nicht sehr fest.

Als wir beide zusammenkamen, Benjamin, war übrigens die Zeit, als die Psychologie überhaupt erst anfing, sich damit zu beschäftigen, wie Geschwister einander beeinflussen. Noch Sigmund Freud konnte seine ganze Psychoanalyse ausbreiten, ohne dass er sich dabei Gedanken machen musste, ob nicht auch Brüder oder Schwestern einen gewissen Einfluss haben könnten auf den seelischen Werdegang eines Kindes. Er wurde ja auch von seiner Mutter »der goldene Sigi« genannt, also genügte ihm die Analyse, dass es ganz schön gut ist für das eigene Wohlbefinden, wenn man als Kind ständig bevorzugt wird: »Wenn man der unbestrittene Liebling der Mutter gewesen ist, so behält man fürs Leben jenes Eroberergefühl und jene Zuversicht des Erfolges, welche nicht selten den Erfolg nach sich zieht.« Ansonsten stellte er hauptsächlich fest, dass man seine Geschwister »nicht notwendigerweise« liebt. Wenn in Träumen von Erwachsenen Ungeziefer eine Rolle spielte, deutete es der Urvater der Psychoanalyse schon mal als Symbol für die Brüder und Schwestern des Patienten.

Erst in den Achtzigerjahren begann man systematisch, sich mit dem Verhältnis zwischen Geschwistern und insbesondere Brüdern auseinanderzusetzen. Als einer der Pioniere der Geschwisterforschung gilt der Wissenschaftshistoriker Frank J. Sulloway von der University of California in Berkeley. Er geht davon aus, dass Rivalität eines der Hauptmotive der Geschwisterbeziehung ist: »Wenn du größer bist als deine Geschwister, dann haust du sie.«

Für diese Erkenntnis hatte die Wissenschaft fast die gesamte Menschheitsgeschichte gebraucht. Ich glaube, wir beide brauchten wesentlich weniger Zeit, um das herauszufinden.

Nachdem ich deine Versenkung im Sauteich angeregt hatte, wurde ich von unserer Mutter nicht mehr in Erziehungsfragen zurate gezogen. Ich musste allerdings feststellen, dass sich in meinem Leben etwas elementar geändert hatte. Nichts hatte ich getan, was ich nicht schon vorher getan hätte, nichts unterlassen, was ich zuvor nicht unterlassen hätte. Ich war scheinbar der Gleiche geblieben. Meine Nase war nicht länger geworden, meine Haare hatten sich nicht zu Zotteln verflochten, meine Haut hatte sich nicht grün gefärbt, ich spie kein Feuer, ich war nicht gewachsen. Und doch hatte sich etwas an mir verändert. Von einem Tag auf den anderen.

Ich war nicht mehr der Kleine.

Die Zeit, als ich der Kleine war, ist die einzige meines Lebens gewesen, die wir nicht miteinander verbracht haben, Benjamin. Und da du nicht dabei warst, möchte ich dir einen kurzen Eindruck davon geben, wie es ist, ein vierjähriger Tillmann zu sein. Als kleiner Tillmann darf man alles, man muss nichts. Und es gibt nichts, was man nicht bekommen würde, wenn man es nur wirklich, wirklich will. Man muss dafür nicht einmal freundlich sein.

Wenn man klein ist, ist man allmächtig und unverwundbar. Man darf fremde Menschen im Beisein der Eltern fragen, warum sie so dick, so hässlich oder so arm sind, und wird dafür nicht gemaßregelt. Im Gegenteil: Es gibt ein Lob, wie keck man sei und dass man ja keinerlei Angst vor den Großen habe.

Wenn man klein ist, nehmen einen ältere Damen auf den Arm, man darf ihnen die Perlenketten vom Hals reißen und erntet dafür ein herzliches Lachen. Wer klein ist, darf seine Eltern beim Kleiderkauf schikanieren. Ich stand heulend in der Umkleidekabine und ließ die Eltern einen Pulli nach dem anderen anschleppen, jeden wies ich zurück mit dem Hinweis, ein Pulli sei schlimmer, kratziger, übelriechender als der andere. Den Nicki mit dem Superman-Aufdruck, zu dem ich mich schließlich überreden ließ, trug ich anschließend andauernd, bis er hoffnungslos zu klein war. Selbstverständlich machte ich unseren Eltern wiederum eine Szene, als sie diesen Pulli entfernen wollten, weil seine Ärmel nur noch bis zum Ellbogen reichten. Es war eine magische Kraft mit mir: die Macht des Süßseins.

Ich kann mich noch erinnern, wie ich sie entdeckt hatte. Jahre bevor du geboren warst, saß ich in der Badewanne. Ich erblickte das Hautöl der Marke Bübchen, mit dem Mutter mich einzureiben pflegte, wenn ich verschrumpelt wie eine Trockenpflaume aus der Wanne stieg. Ich griff es und rieb es mir in die Haare. Als meine Mutter hereinkam, geriet sie gleichzeitig in Verzweiflung und Entzückung. »Guck mal, der Tilli sieht aus wie eine ölverschmierte Ente!«, rief sie Vater zu. Und während die beiden erheitert versuchten, das Öl aus meinen Schopf zu waschen, dämmerte mir: Ich hatte Mist gebaut – und wurde nicht geschimpft, sondern gehätschelt. Ich war süß.

Es dauerte nicht lange, bis ich diese Macht zu nutzen lernte: Ich hatte eine Kindergartenfreundin, die Annika hieß. Sie hatte ein Monchichi. Das war eine Puppe, die aussah wie ein Baby, das Barbie von einem Berggorilla empfangen hatte. Heute würde man diesen Geschöpfen eine transgene Hässlichkeit unterstellen, aber damals war der Besitz eines Monchichis so etwas wie die Eintrittskarte in die Gesellschaft. Wer kein Monchichi hatte, konnte nicht mitmachen, wenn andere Kinder spielten, dass die Monchichis weinten und dann getröstet würden. Man war außen vor, wenn die Monchichis ihre Schnuller in den Mund gesteckt bekamen. Und musste zugucken, wenn die Monchichis der anderen Kinder heirateten. Es gab sogar einen Kinderhit, das Monchichi-Lied, es bestand vor allem aus den Zeilen »Monchichi« und dem Refrain »Kuschelmuschmusch, Kuschelkuschelmuschmusch – oh, wie ist das schön«. Es war unter Kindern damals so populär wie das Lied von

Vater Abraham und den Schlümpfen. Mein Vater legte für meine Einschätzung zu wenig Wert darauf, mich mit Monchichis auszustatten. In seiner Kindheit hatte er nicht mit Plastik-Polyester-Äffchen gespielt, sondern mit Rollern, auf denen man die Welt erkundete, oder mit Panzern, die man aus alten Garnrollen baute, oder mit kleinen Metallkanonen, gerade groß genug, um einen kleinen Knallkörper hineinzustecken. Mit dem schönen gelben Roller, den mir unser Vater zu Weihnachten schenkte, konnte ich nicht so viel anfangen. Ich spielte ja vor allem mit Mädchen. Und dort konnte ich nicht mit Pucky-Rollern oder Panzern punkten, nur mit Puppen.

Eines Tages war ich mit den Eltern meiner Freundin Annika in einem Geschenkartikel-Laden unterwegs. Dort entdeckte ich einen Korb, der voll war mit kleinen Monchichi-Figuren. Es waren Monchichi-Babys! Ich sah sofort vor mir, wie sich mein sozialer Aufstieg in der Kinderspiel-Runde gestalten würde, wenn ich im Besitz eines Mini-Monchichis wäre. Mir war klar, dass ich das Geschäft nicht ohne diese Figur verlassen durfte. Ich heulte, ich schrie, ich warf mich zu Boden. Und war in der Lage, so viel Verzweiflung im Laden auszulösen, dass mir die Verkäuferin kurzerhand diese Figur schenkte. Es war ihr wichtiger, dass ich die Klappe hielt, als dass sie Gewinn machen würde. Man muss eben nicht lieb sein und nicht artig. Man muss vor allem klein sein. Das reicht.

Wenn ich mir heute Bilder von meiner frühen Kindheit angucke, erscheint es mir als große Leistung meiner Eltern, mich niedlich gefunden zu haben. Im Ernst: Ich war es, objektiv gesehen, nicht. Man muss wissen, dass ich eine besondere Technik des Daumenlutschens entwickelt hatte. Es war, genau gesagt, ein Zeigefingerlutschen. Es bestand darin, dass ich auf meinem gekrümmten Zeigefinger herumkaute, während ich mit dem Zeigefinger der anderen Hand in meinen Haaren spielte. So kauend und wuschelnd dazustehen war für mich die Vorstellung von Frieden. Leider wurde dieser Frieden öfters dadurch unterbrochen, dass sich meine Finger in meinen Haaren verhedderten und nur noch durch beherzten Einsatz der Schere zu befreien waren, was meiner ohnehin spärlichen Haarpracht nicht zuträglich war. Auch hat ein von Spucke nasser Finger die Eigenschaft, dass allerlei an ihm haften bleibt, was dann wiederum in den Mund gerät, etwa Sand. Ich jedenfalls führe mein gestörtes Verhältnis zu Stränden darauf zurück, dass ich schon zu viel von ihnen zu mir nehmen musste.

Der größte Nachteil des Zeigefingerlutschens ist jedoch, dass es erstaunliche Hebelkräfte im Mundraum entwickelt – der Unterkiefer verschiebt sich auf Dauer beträchtlich. Ein Kieferorthopäde ermittelte bei mir den seltenen Wert von 12 Millimetern Überbiss. Das entspricht etwa der Zahnstellung von Goofy. Den kleinen Tillmann muss man sich also als durchsichtiges, zerbrechliches Bübchen vorstellen, mit schütterer Frisur, in die noch dazu ständig Löcher geschnitten werden müssen, und der Physiognomie einer Comicfigur. Trotzdem war ich König.

Unsere Eltern versuchten mir nahezubringen, dass dieser Zustand endlich sei. Sie sprachen von einem Bonus, den ich hätte, weil ich der kleine Tillmann sei. Sie sagten, dieser Bonus sei irgendwann aufgebraucht. Und dann würde ich schon sehen. Ich hatte aber gar keine Lust zu sehen. Ich war klein, wer sollte mir gefährlich werden?

Jemand, der noch kleiner ist.

Benjamin, du bliebst nicht kahl und auch nicht gelb. Aber die ganze Zeit bliebst du klein. Bis heute bist du der Kleine. Der Kleine bekam Zähne und goldlockende Haare. Erst fing er an zu laufen, dann zu sprechen. Dein erstes Wort war »Obn«. Die »Obn« war die Eisenbahn unseres Vaters. Er besaß eine Garteneisenbahn der Marke LGB. Heute ist die Firma längst pleite und abgewickelt, aber damals waren LGB-Eisenbahnen mit ihrer handtellerbreiten Spurweite die Königsklasse des Modellbaus und der Traum jedes anständigen Vaters. Und damit grabbelige Kinderfinger nicht die feinen Applikationen abpuhlen konnten, stand diese Lokomotive auf einem Regal – oben. Also war jede Dampflok für meinen Bruder »Obn«.

Ich war damals ein ausdauernder Eisenbahner. Unser Vater hatte sie öfter im Garten aufgebaut. Wir transportierten damit Steine, Playmobilmännchen, Monchichis. Unsere Eltern hatten mir sogar eine eigene Dampflok zu Weihnachten geschenkt. Sie wurde nicht über den Trafo betrieben, sondern hatte Batterien im Bauch. Wenn man sie anschaltete, machte sie »rreng, rreng«. Das war dein zweites Wort, Benjamin: Rengreng. Wo die Rengreng war, war Benjamin nicht weit. Du hattest zwar ein liebstes Stofftier, ein Huhn, ins Bett nahmst du allerdings die Rengreng mit. Eines Nachts wurde ich wach, weil du panisch weintest. Unter deiner Decke machte es grimmig rreng, rreng – du hattest sie im Schlaf versehentlich eingeschaltet. Unsere Eltern lachten, trösteten dich und konnten sich gar nicht mehr einkriegen vor Rührung. Ich fragte mich, ob sie es annähernd so herzig gefunden hätten, hätte ich schreiend im Bett gelegen, neben einer vor sich hin ratternden Eisenbahn. Ein anderes Mal legte sich unser Vater aus Spaß vor die Spielzeuglokomotive und rief um Hilfe, als würde er überfahren. Der kleine Benjamin heulte vor Schreck, und wieder fanden das unsere Eltern überwältigend niedlich.

Ich lernte: Wenn man nicht der Jüngste ist, ist es ein harter Job, Aufmerksamkeit und Trost zu bekommen. Man muss sich etwa von einer Wespe stechen lassen oder sich Körperteile brechen. Fortan brach ich mir regelmäßig Arme und Finger und ließ kein Stechinsekt aus. Man muss eben sehen, wo man bleibt.

Der Berliner Kinderpsychologe Horst Petri sagt: »Das Geschwister nur zu lieben wäre unnatürlich, da es einem Wichtiges geraubt hat.« Das stimmt. Plötzlich wackelte da ein kleines, rotznasiges Wesen in Osh-Kosh-Latzhose durch mein Leben. Es war fünf Jahre nach mir gekommen, aber anstatt sich erst einmal an den Rand zu stellen, war es überall der Mittelpunkt. Es konnte kaum einen Löffel halten, trotzdem war es ihm gelungen, mir eine ganze Welt zu entreißen. Die Welt, in der ich das Zentrum gewesen war.

An jenen Moment, als ich dir zum ersten Mal begegnete, kann ich mich natürlich nicht erinnern. Denn ich lag klein und nackt auf der Brust unserer Mutter, und es waren wahrscheinlich ganz andere Themen, die mich beschäftigten: die Schwerkraft, die Stille, das Licht, die Kälte. Das erste Mal Hunger haben. Unsere Mutter hat mir oft von meiner Geburt erzählt. Sie sagte, es sei der glücklichste Moment ihres Lebens gewesen. Ich wurde an einem verregneten Sommertag geboren, als die Hundsrosen blühten. Deshalb sagt sie mir heute regelmäßig: »Immer wenn die Hundsrosen blühen, weiß ich, dass es Zeit wird, darüber nachzudenken, was ich Benjamin zum Geburtstag schenke.« Ich weiß, das klingt jetzt nach der typischen Selbsteingenommenheit eines verwöhnten kleinen Bruders. Aber was kann ich dafür, dass sie das so empfand? Es war eben Sommer und eine schnelle, unkomplizierte Geburt.

Als kleiner Bruder kann ich von keiner Erinnerung an das erste Zusammentreffen mit Tillmann berichten. Das ist ein krasser Unterschied in unseren Lebensläufen: Er war lange Zeit ein kleiner Bruder und wurde plötzlich mit mir konfrontiert, der ihn auf den undankbaren Status des Mittleren degradierte. Er weiß noch, wie das Leben ohne mich war. Aber ich kann mir ein Dasein ohne ihn nicht vorstellen. Er war immer da, vom ersten Moment an. So wie die Schwerkraft. Oder der Hunger. Eine Tatsache, die nicht zu hinterfragen war. Man ist als kleines Kind ja auch nicht erstaunt, dass man auf die Nase fällt, wenn man das Gleichgewicht verliert. Genauso wenig wunderte ich mich darüber, dass es einen Kerl gab, der mich rumschubsen konnte, wenn ihm danach war. Er war eine Konstante wie die Lichtgeschwindigkeit. Etwas, das man nicht auswählen kann, nicht ändern kann und dem man weder ausweichen noch entkommen kann.

Wenn ich nun im Fotoalbum meiner Erinnerungen zurückblättere, bis hin zum allerallerersten diffusen, verwaschenen Bild, dann sehe ich da leider nicht dich, Tillmann. Sondern: Konstantin Wecker. Unsere Eltern haben mich einmal auf eines seiner Konzerte mitgenommen. Seltsamerweise ist das mein erstes bleibendes Bild: der verschwitzte Wecker an seinem Klavier. Über fünfundzwanzig Jahre später traf ich ihn als Gast in einer Talkshow des SWR. Danach gab es ein Abendessen, und ich wollte zu ihm gehen und ihm von diesem Bild erzählen – und um ein Autogramm für Mutter bitten.

Aber während ich ihn betrachtete, kamen mir Zweifel: Konnte es sein, dass unsere Eltern mich im Alter von vier Jahren zu einem Konzert mitgenommen hatten? Und warum sollten sie mich mitnehmen, aber meine älteren Geschwister zu Hause lassen? Womöglich hatte ich ihn nur einmal im Fernsehen gesehen, aber da ich wusste, dass unsere Eltern auf seine Konzerte gehen, habe ich mir eingeredet, ich sei einmal mit ihnen dabei gewesen.

Das ist das Problem mit Erinnerungen: Für den Einzelnen bilden sie die Realität, in der er lebt. Sie prägen den Menschen, sie sind die Basis seines Selbstbildes. Jeder ist überzeugt, dass seine Erinnerungen stimmen.

Tatsächlich biegt und bürstet man sie sich zurecht, wie man will. In diesem Buch wird es nicht um die Wahrheit gehen. Es geht um Erinnerungen – und gerade bei Brüdern liegen die oft weit auseinander. Und die Wahrheit? Ach, die ist irgendwo da draußen.

Aber zurück zu uns, Tillmann. Denn meine zweite Erinnerung gilt gleich dir. Und offen gesagt, es ist keine positive. Es war ein Nachmittag im Sommer, und wir liefen den langen Weg von der Straßenbahnhaltestelle nach Hause. Die Platten des Gehwegs waren heiß. Du hattest einen kleinen Stock in der Hand, mit dem du in der Luft rumfuchteltest wie ein Feldwebel und mich zur Eile antriebst. Wenn ich nicht schnell genug lief, gabst du mir einen Tritt. Ich heulte, aber das nützte nichts, denn unsere Eltern waren weit weg. Da man, wenn man so klein ist, zum Heulen grundsätzlich anhalten muss, kassierte ich noch mehr Tritte. Anscheinend war unser Verhältnis nicht das beste, zumindest am Anfang. Du warst in den ersten Jahren meines Lebens jemand, dem ich besser aus dem Weg ging – insbesondere, wenn die Eltern nicht in der Nähe waren. Ich fürchte, die Tatsache, dass ich dich vom Thron des Jüngsten verstoßen habe, hast du mir lange Zeit nicht verziehen.

Das bringt uns zur Sauteich-Geschichte. Sie war mir natürlich nicht neu. Die Tümpel-Story ist zu einer der Familienanekdoten der Prüfers geworden, die wieder und wieder von den Eltern erzählt wurde und immer Gekicher hervorrief. Allerdings habt ihr in der Version, die Papa immer erzählte, keine Kaulquappen, sondern Stichlinge gefangen. Und die Kescher hattet ihr aus Draht und alten Strumpfhosen von Mutter gemacht.

Die Geschichte ist mir sogar so oft erzählt worden, dass ich das Bild, wie du in den Sauteich fällst, schon fast als meine dritte Erinnerung bezeichnen könnte: Ich sehe dich in einer kurzen Hose und einem Micky-Maus-T-Shirt am Rand knien, dich nach vorn beugen, um was auch immer zu fangen, das Tier entwischt dir, du beugst dich weiter nach vorne, um es doch noch zu kriegen und – plumps!

Es ist nett von dir, dass du sagst, du hättest mich damals nicht umbringen wollen. Aber offen gesagt: Ich habe niemals daran gezweifelt, dass du mich damals tatsächlich abmurksen wolltest. Zufällig kenne ich den Sauteich, es ist ein dunkles Gewässer im Wald, mit steil abfallenden Rändern, voller vermoderter Blätter und Entengrütze. Mir ist absolut klar, dass ein Fünfjähriger der Ansicht sein muss, dass alles, was in den Sauteich fällt, dort nie, nie, nie wieder rauskommt.

Aber das muss dir nicht unangenehm sein. Ich habe mich auch etwas informiert und festgestellt, dass es ganz normal ist, seine neugeborenen Geschwister um die Ecke bringen zu wollen. Sagen wir: Das gehört zu den Dingen, die einem die Zeitschrift Eltern oder diese Schwangerschafts-Broschüren, die in den Wartezimmern der Frauenärzte ausliegen, regelmäßig verschweigen. Hör mal, was der schwedische Regisseur Ingmar Bergman in seiner Autobiographie »Laterna magica« schreibt: »Meine Schwester wird geboren, ich bin vier Jahre alt, und die Situation verändert sich radikal: Eine fette, missgestaltete Person spielt plötzlich die Hauptrolle. Ich werde aus dem Bett meiner Mutter vertrieben, mein Vater strahlt angesichts des brüllenden Bündels. Der Dämon der Eifersucht hat seine Krallen in mein Herz geschlagen, ich bin rasend, weine, scheiße auf den Boden und beschmutze mich. Mein großer Bruder und ich, ansonsten Todfeinde, schließen Frieden und machen Pläne, wie man das abscheuliche Geschöpf auf verschiedene Weisen umbringen kann.«

Kommt dir hier etwas bekannt vor? Gut, dass ich nicht als Bergmans Bruder geboren wurde. Noch etwas: Sigmund Freud hatte sich doch einmal Gedanken über Brüder gemacht, ziemlich früh sogar. Er behauptete, zu seinen ersten Erinnerungen gehörten Schuldgefühle, da er im Alter von eineinhalb Jahren Mordphantasien gegen seinen jüngeren Bruder Julius pflegte – der dann zu seinem Entsetzen tatsächlich im Alter von neun Monaten verstarb. Allerdings glaube ich Freud kein Wort. Ich finde es ziemlich eitel von einem Psychologen, zu behaupten, er sei schon im zarten Alter von eineinhalb Jahren derart mit Komplexen beladen gewesen. Dass ältere Geschwister ein bisschen durchdrehen, wenn Nachwuchs kommt, ist sogar derart verbreitet, dass die Weltgesundheitsorganisation diese Verhaltensauffälligkeiten in ihr Klassifikationssystem ICD-10 für psychische Krankheiten aufnahm: Emotionale Störung durch Geschwisterrivalität heißt es da, Code F 93.3. Geht aber meistens schnell vorüber.

Es ist das große Trauma von euch großen Brüdern: dass alle den kleinen Bruder lieber haben könnten. Und jetzt kommt eine wirklich schlechte Nachricht für euch: Diese Angst ist absolut berechtigt. Wusstest du, dass in

93 Prozent der Geschichten der Gebrüder Grimm, in denen drei Geschwister vorkommen, am Ende das jüngste gewinnt? Und deine Ausführungen zur Bibel muss ich leicht korrigieren: In ihr steht nicht, dass Gott Abel bevorzugte. Da steht ausdrücklich: »Der Herr schaute auf Abel und sein Opfer, auf Kain schaute er nicht« – offensichtlich hatte der alttestamentarische Gott nicht die Erziehungsratgeber gelesen, die Mutter im Regal stehen hatte.

Und wer ist so blöd, seinem jüngeren Bruder Jakob das Erstgeburtsrecht abzutreten – im Tausch gegen einen Teller Linsen? Natürlich Esau, der ältere. Und wer wird von seinem Bruder in die Sklaverei verkauft, steigt dann aber zu einem einflussreichen Minister des ägyptischen Pharao auf? Natürlich der jüngere Joseph. Und wer führt die Israeliten aus der Sklaverei in das Gelobte Land? Aaron oder sein jüngerer Bruder Moses? Die Antwort weißt du. Und was lernen wir daraus?

DER LIEBE GOTT HAT UNS KLEINE BRÜDER EINFACH LIEBER! ÄTSCH! HEUL DOCH!

Und warum?

WEIL WIR SO SÜSS UND KNUDDELIG SIND!!!!

Es stimmt, kleine Brüder werden von den Eltern tatsächlich bevorzugt oder bekommen zumindest mehr Aufmerksamkeit. Ganz einfach, weil sie klein sind – und sie können noch nicht einmal etwas dafür. Wir kleinen Brüder haben nie darum gebeten, klein sein zu dürfen. Wir sind nicht daran schuld, dass ihr großen Brüder nach unserer Geburt mit einem Mal nicht mehr Monchichis geschenkt bekommt, obwohl ihr so laut schreit. Deshalb finden wir es unangemessen, dass ihr uns andauernd umbringen wollt. Aber das ist euch großen Brüdern natürlich egal.

Ich habe etwas andere Erinnerungen an dein Entthronisierungstrauma als du. Du hast es nämlich voll ausgelebt: Du hast meinen Kopf unter die Bettdecke gesteckt und diese mit beiden Händen auf den Boden gepresst, bis ich keine Luft mehr bekam. Mir wurde Spielzeug an den Kopf geworfen. Ich wurde ausgelacht. Warum du dich mir gegenüber so verhalten hast, konnte ich damals nicht verstehen. Nie wäre ich auf die Idee gekommen, dass du eifersüchtig auf mich sein könntest. Warum solltest du neidisch auf jemanden sein, der sich in die Hose machte? Und der deinen zu klein gewordenen Superman-Pullover tragen musste? Man hinterfragt als kleiner Bruder die Autorität des größeren nicht. Zumindest nicht in den ersten Jahren. Im Großen und Ganzen ist man vor allem froh, wenn man mal nicht gehauen wird.

Man kommt auf die Welt und stellt fest, dass es dort jemand gibt, der ziemlich sauer auf einen ist. Aber warum? Ich hatte ja noch gar keine Zeit, etwas Böses zu tun. Man nimmt ziemlich viel als selbstverständlich hin.

Ich weiß nicht, auf was du damals eifersüchtig warst. Du stellst mich regelmäßig als Schönheit dar, gegen die du mit deinem vermeintlich hässlichen Aussehen keine Chance gehabt hättest. Dich selbst nimmst du als derart dünn und blass wahr, dass du in der ständigen Angst lebst, man könnte einfach durch dich hindurchsehen – und deine Existenz schlicht vergessen. Und das ist bis heute so geblieben: In deiner Wahrnehmung bin ich der goldgelockte Jüngling, dem die Herzen zufliegen, während der große Bruder um jedes bisschen Aufmerksamkeit kämpfen muss. Diese Darstellung muss ich korrigieren. Der einzige Grund, warum ich Bücher schreibe, ist: Schriftsteller ist neben Profifußballer der einzige Beruf, bei dem eine unmögliche Frisur quasi als Voraussetzung gilt. Und als Fußballer hatte ich nie eine Chance. Ich bin auch nicht sonderlich »proper«: Du und ich haben einen absolut identischen Body-Mass-Index. Und der ist so niedrig, dass uns Ärzte regelmäßig gratulieren, dass wir noch am Leben sind. Einmal wollte ich Blut spenden gehen und dachte, ich würde dort als Retter der Welt mit offenen Armen empfangen. Doch dem war nicht so. Eine Krankenschwester wog mich, zog eine Augenbraue hoch, ging weg, tuschelte mit einem Arzt, sie gingen in einen Seitenraum, schlossen die Tür, kamen wieder heraus und sagten mir, vielen Dank, ich müsse kein Blut spenden, sie hätten genug. Der Arzt wollte mir zum Abschied noch nicht mal die Hand geben. Er lächelte mich an und drehte sich einfach um. Er hatte wohl Angst, sich mit irgendeiner Krankheit zu infizieren.

Ich glaube, deine Eifersucht führte auch in anderen Belangen zu einer leicht verzerrten Wahrnehmung. Darf ich darauf hinweisen, dass du gerade noch bemerkt hast, du wolltest dir nicht ausmalen, was passiert wäre, wenn unserer Schwester Annette mit dir Häschen und Habicht gespielt hätte? Um etwas später mit größter Selbstverständlichkeit zu beschreiben, wie wir Jäger und Kaninchen gespielt haben, so als sei ich zu dir gekommen und hätte gesagt: »Hey, großer Bruder, ich habe eine

Idee für ein lustiges Spiel – du schießt mit dieser Armbrust auf mich und ich versuche wegzulaufen!« Nun, an unser Jäger-und-Kaninchen-Spiel kann ich mich nicht mehr erinnern. Aber aus vielfältigen anderen Erfahrungen heraus kann ich dir sagen, wie euer Häschen-und-Habicht-Spiel wahrscheinlich ausgesehen hätte: Du hättest einige blaue Flecken davongetragen, du wärst heulend zu Papa gerannt, der wäre angerannt gekommen und hätte gefragt, was los sei, und dann hättest du dir wutschnaubend anhören müssen, wie Annette sich rechtfertigte: Alles sei ein großes Missverständnis und sie hätte es nur gut gemeint, und überhaupt seist du irgendwie selbst daran schuld, weil du dich ungeschickt angestellt hättest. Diese Kinderarmbrust, die du beschreibst, kenne ich selbst sehr gut – ich habe sie nämlich später von dir geerbt. Man sollte damit eigentlich nicht auf kleinere Brüder, sondern auf einen Holzadler schießen, dem dann einzelne Körperteile abfielen. Aber viel spannender war es, wenn man die Saugnäpfe von den Holzpfeilen abnahm. Dann durchschlug der Pfeil dünne Sperrholzplatten und blieb tief in Styroporblöcken stecken. Papa schärfte mir ein, ich dürfte damit niemals auf Menschen zielen – und jetzt weiß ich auch, warum. Alles fügt sich zusammen.

Ich habe eine These, warum ältere Brüder ihre jüngeren grundsätzlich hauen. Sie tun es nicht, um jemanden mit ihrer Stärke zu beeindrucken. Ich glaube, sie tun es, um sich selbst zu zeigen, dass sie es können. Um sich selbst zu vergewissern: »Puh, ich kann ihn hauen, also ist er immer noch kleiner als ich!« Und natürlich auch, um dem kleinen Bruder zu zeigen: »Ich kann dich hauen, also bist du immer noch kleiner als ich!« Sie haben nur ein Problem: die Eltern. Deshalb versuchen sie, es immer wie einen Unfall aussehen zu lassen. Ich kann mir schon denken, was du zu Papa gesagt hast, als er dir die Armbrust aus den Händen riss: »Ich wusste nicht, dass sie geladen war!«

Aber genug gelästert! Wenn man über seine Geschwister spricht, dann fällt einem sehr schnell das Negative ein. Es ist einfacher, über das Schlechte zu sprechen, es drängt sich immer nach vorne. Es ist einfach interessanter als das Glück, und man gibt sich weniger Blöße. Es ist einfacher, über Konkurrenz zu schreiben als über Sehnsucht.

Ich habe nun viele Bücher über Brüder gelesen. Die Bibel, Biographien von Brüder-Paaren, psychologische Ratgeber und pädagogische Handbücher. Und nachdem ich diese wieder zugeschlagen hatte, blieb der Eindruck, dass einen Bruder zu haben ein schweres Schicksal sein muss: Ständig ist die Rede von Rivalität, von Neid, vom Streit um die Vormachtstellung in der Familie und ums Erbe. Das Ganze ein Leben lang, bis ans Grab – die Bücher geben den Anschein, dass man aus einer Bruderbeziehung zwangsläufig mit einer Psyche hervorgehen muss, die zerkratzt und verbeult ist wie ein kambodschanisches Provinzstraßen-Taxi. Doch ich dachte mir trotzig: Mag ja sein, dass ein Geschwisterdasein nicht ausschließlich mit Licht, sondern hin und wieder auch mit Schatten gefüllt ist. Aber dafür bin ich dank meiner Geschwister zu einem weltoffenen, kooperativen und flexiblen Menschen geworden, und nicht zu einem verwöhnten Egozentriker wie so viele Einzelkinder. Ich blätterte weiter und stieß in einem Buch des Psychologen Jürg Frick auf folgenden Satz: »Natürlich finden sich einzelne Beispiele von egozentrischen Einzelkindern – nur gibt es ebenfalls viele Kinder mit ähnlichen Merkmalen, die mit Geschwistern aufwachsen.« Er fährt fort: »Zudem sind Einzelkinder im Vergleich zu Geschwisterkindern sogar seltener psychisch auffällig.« Nicht nur das. Darüber hinaus musste ich lesen, dass etwa die Hälfte der Kinder in Deutschland Einzelkinder sind, und diese Zahl nimmt zu. Zwischen den Weltkriegen hatte eine deutsche Familie im Schnitt drei Kinder. In den Fünfziger- und Sechzigerjahren waren es nur noch zwei. Und heute sind es nur noch 1,5 Kinder pro Familie, Tendenz fallend. 53,5 Prozent der Kinder in Deutschland haben keine Brüder oder Schwestern. Mit anderen Worten: Ich und Tillmann sind also geistig verschrammte Auslaufmodelle in einer Welt, die glücklichen, psychologisch unauffälligen Einzelkindern gehört. Tja. Anscheinend braucht niemand Brüder.

Und doch …

Ich aß vor kurzem mit einem Regisseur und seinem Filmteam zu Abend. Weil ich ein bisschen geizig bin und nicht wusste, ob er die Rechnung bezahlen würde (und ich auch nicht fragen wollte), hatte ich mir nur ein Käsesandwich bestellt, während er ein Hähnchen in Weinsoße aß. Ich erzählte ihm, dass ich ein Buch über Brüder schreibe. Der Regisseur fragte mich, ob es in dem Buch auch darum gehen werde, wie es ist, wenn man *keinen* Bruder hat. Er war nämlich ein Einzelkind und hatte sich immer einen Bruder gewünscht. Zu

Hause sei es schrecklich langweilig gewesen, deshalb sei er immer zu anderen Familien gegangen, in denen die Kinder Geschwister hatten. Und sofort stimmten ein paar Leute am Tisch zu. Sie hätten auch gerne Geschwister gehabt! Und in meinem Bauch machte sich ein warmes Gefühl breit. Ich wusste: Der Regisseur verdient ein verdammtes Geld mit Werbefilmen und sammelt Filmpreise ein. Aber ich habe einen Bruder, und er, diese arme, einsame Wurst, nicht. Und plötzlich schmeckte mir mein Sandwich viel besser.

Ich habe einen Bruder, und das wird immer so sein. Dafür nehme ich gerne ein paar Schrammen in Kauf.

2. Kapitel

Darwin im Kinderzimmer

Warum wir beide die Gabel rechts halten

Tillmann

Wow, war ich so ein Rambo? Ich weiß doch nicht einmal, wie man jemandem eine Schramme zufügt! Aber so sind kleine Geschwister eben: Sie pflegen einen Opfermythos. Ständig hängen sie heulend an Mamas Bein und berichten von neuen Untaten, die ihnen gegenüber begangen wurden. Du warst darin so gut, dass du sogar ohne Anlass heulend zu den Eltern tapsen konntest. Einfach weil du der Meinung warst, es wäre an der Zeit gewesen, dass ich dir etwas angetan haben müsste.

Aber jeder hat eben seine eigenen Methoden, mit dem Leben zurechtzukommen. Wir wählten selten dieselben. Erinnerst du dich an die nachmittäglichen Einkäufe?

Als wir groß genug waren, um auf ein Fahrrad zu steigen und Summen von ein paar Mark zu verwalten, wurden wir von unserer Mutter regelmäßig zum Einkaufen geschickt. Das waren keine großen Besorgungen. Im Grunde musste man wenige hundert Meter zur »Gemüsefrau« radeln und dann zum »Käsemann«, vielleicht auch noch zum Metzger. Warum wir den damals nicht »Fleischmann« nannten, weiß ich nicht. Es ging stets nur um ein paar Kartoffeln, vielleicht auch etwas Sahne oder 100 Gramm durchwachsenen Speck. Mutter kochte am Abend das Mittagessen für den nächsten Tag. Kartoffelgratin etwa, oder Linsensuppe.

Heute würde man die Kinder dafür in den Supermarkt schicken. Wir hingegen kauften unsere Nahrungsmittel in den Resten einer kleinstädtischen Einzelhandelsstruktur zusammen. Damals gab es beim Metzger auch noch solche Sachen wie »Rinderhirn« in der Auslage. Ich wäre bestimmt auch viel lieber einkaufen gegangen, hätte Mutter mir auf den Zettel geschrieben: »1 Pfund Rinderschläfenlappen, 3–4 Schweinsaugen, 2 Schafshoden (frisch!)«. Aber die Wahrscheinlichkeit, dass ein ungewöhnliches Körperteil auf dem Einkaufszettel stand, war unendlich geringer, als dass es um die Besorgung von »1 Bund Suppengrün« ging. Entsprechend mäßig war unsere Motivation, die tägliche Einkaufsmission zu übernehmen.

Wir hatten keine Lust. Ich nicht, du nicht. Das also hatten wir gemeinsam. Wir gingen aber völlig verschieden damit um. Wenn Mutter, so ab 16 Uhr, darauf drängte, man möge doch jetzt endlich einkaufen gehen, sträubte ich mich. Dann hatte ich ein schlechtes Gewissen, dass meine Trödelei vielleicht dazu führen würde, dass die Familie am nächsten Tag hungern müsse. Um schließlich kurz vor Ladenschluss loszustürmen, in Panik, vielleicht nichts mehr zu bekommen.

Wenn du, Benjamin, mit dem Einkauf dran warst und Mutter dich daran erinnerte, dass du jetzt mal los solltest, sagtest du: ja, ja. Und tatest: nichts. Einfach nichts. Die Sachen hat dann unser Vater nach der Arbeit aus dem Supermarkt mitgebracht.

Du wolltest dich nicht um das Einkaufen streiten, also hast du es einfach gelassen. Ohne dich allerdings zu beugen. Die Eltern hätten dich natürlich bestrafen können. Sie hätten dich unter Stubenarrest setzen können oder vom Mittagessen ausschließen. Aber drakonische Strafen wegen eines Suppengrüns? Noch dazu, wo du ja nie behauptet hättest, dass du im Recht wärst?

Wie kann es sein, dass ich immer die Auseinandersetzung suchte und du der Konfrontation immer aus dem Weg gingst? Um herauszufinden, was uns eigentlich eint und trennt, habe ich mich in die Bibliothek begeben. Ich habe zumindest eines festgestellt: Einfach zu beantworten ist es nicht.

Immerhin geht es offenbar nicht nur uns so, sondern nahezu allen Brüdern. Die Geschwisterforscherin Sandra Scarr von der University of Virginia bringt es auf den Punkt. »Zwei Brüder aus der oberen Mittelschicht, die dieselbe Schule besuchen und deren Eltern sie zu denselben kulturellen Veranstaltungen, Sportereignissen, Musikstunden und Therapeuten schicken und die von ihnen in derselben Art und Weise erzogen werden, sind einander kaum ähnlicher als einem Jungen aus der Arbeiterklasse oder vom Bauernhof, dessen Leben sich von dem ihrigen radikal unterscheidet.«

Einander ähnliche Brüder sind demnach eine Seltenheit. Brüder können sich voneinander noch viel krasser unterscheiden, als wir das tun. Hast du schon mal von den Bulger-Brüdern gehört? Sie wuchsen in Boston im amerikanischen Bundesstaat Massachusetts zur Zeit der großen Rezession auf. Sie waren Söhne irischer Einwanderer und kamen aus armen Verhältnissen. Sie machten beide das Beste daraus, allerdings jeder auf seine Weise.

William Bulger, der jüngere, ging aufs College und später auf die High School. Seinen Bruder James beschrieb er als einen Lausbuben und Freund grober Streiche. James riss mit zehn Jahren von zu Hause aus und schloss sich einem Zirkus an. Er hielt sich einen Ozelot als Haustier. William hingegen studierte Jura, trat den Demokraten bei. Zu diesem Zeitpunkt hatte sein Bruder schon seine ersten Arreste wegen bewaffneten Raubes und Entführung hinter sich. Während William 1961 seinen Sitz im Repräsentantenhaus von Massachusetts einnahm, saß sein Bruder in Alcatraz, wegen Bankraubes. William Bulger sammelte mehrere Doktortitel, James sammelte Anklagen wegen Schwerverbrechen. Er soll an einundzwanzig Morden beteiligt gewesen sein, außerdem wurde er wegen Erpressung und Drogenhandel gesucht. Der jüngere Bruder schaffte es bis zum Senatspräsidenten und Präsidenten der Universität von Massachusetts. Der Ältere schwang sich zum Boss des Gangsterkartells von Boston auf. Ein Foto von ihm gibt es schon lange nicht mehr. Auf Phantombildern sieht er aus wie Playboy-Gründer Hugh Hefner.

Schließlich musste William von seinen Ämtern zurücktreten, weil man ihn verdächtigte, Kontakt mit seinem Bruder gehabt und ihm bei der Flucht geholfen zu haben. Er soll mehrmals von öffentlichen Telefonzellen aus mit James gesprochen haben.

Ich bin ganz froh, dass wir beide nicht so verschieden sind wie die beiden, Benjamin. In der Ecke von Berlin Mitte, wo ich wohne, sind die öffentlichen Telefonzellen ekelhafte, verpinkelte Orte. Ich möchte nie in die Verlegenheit kommen, sie benutzen zu müssen, um mit dir deine Flucht zu besprechen.

Heute ist James Bulger laut Auskunft des FBI übrigens noch immer der meistgesuchte Mann der Vereinigten Staaten, gleich nach Osama Bin Laden. Der hat übrigens auch Brüder. Einer von ihnen war bis zu seinem Tod 1988 ein enger Geschäftsfreund der Familie von George W. Bush.

Du siehst: Unterschiedliches Temperament bei Brüdern ist die Regel.

Aber wie kommen aus einer Familie so unterschiedliche Menschen heraus? Der Grund sind unter anderem unsere Gene. Wir denken immer, dass die Erbanlagen Geschwister ähnlich machen. Das stimmt nur bedingt. Die Natur hat sich viel einfallen lassen, um uns trotz ähnlicher Gene möglichst verschieden zu machen. Einfach zu erklären ist es nicht. Aber ich kann schon mal verraten, dass es sehr viel mit Sex zu tun hat.

Unser gesunder Menschenverstand sagt uns, dass Vater und Mutter jeweils nur ein Erbgut mit sich herumtragen. Und dass diese Anlagen miteinander verschmelzen, wenn sie ein Kind zeugen. Demnach müsste das Aussehen von Kindern irgendwo zwischen dem des Vaters und der Mutter liegen, und Geschwister müssten sich sehr ähnlich sein. Aber schon wenn ich mir unsere Familie ansehe, muss ich feststellen, dass da wenig verschmolzen ist. Benjamin ist der einzige, der Locken hat, ich habe dafür eine lange Nase.

Wenn man darüber nachdenkt, kann das mit der Verschmelzung ja auch gar nicht stimmen. Denn dann müssten wir Menschen uns über die Generationen hinweg immer ähnlicher werden. Wir wären eine ziemlich langweilige Art. Warum sind wir Menschen also so unterschiedlich – und bleiben es auch?

Es hat mit der Tatsache zu tun, dass wir uns durch Sex vermehren. Sex ist ja nicht selbstverständlich. Wir könnten uns auch in zwei Teile spalten, wie es Bakterien tun, oder uns selbst befruchten, wie es einige Fische machen. Doch irgendwann vor langer Zeit mutierte ein X-Chromosom in einem Lebewesen, das wir heute wahrscheinlich nur ungern zu unseren Vorfahren zählen. Es wurde zu einem Y-Chromosom, das genetische Merkmal, das die Männlichkeit bestimmt. Dann machten zwei Wesen, die wahrscheinlich sehr klein und sehr schleimig waren, zum ersten Mal etwas, das man im weitesten Sinne als Geschlechtsverkehr bezeichnen kann. Die Wissenschaftler meinen sogar bestimmen zu können, wann genau dies geschah – nämlich vor 300 Millionen Jahren. Diese Kreaturen konnten natürlich nicht ahnen, dass all dies viele Millionen Jahre später in Kuschelrock-CDs und »Sex and the City« münden würde.

Herausgefunden hat das ausgerechnet ein Mönch: Gregor Mendel hatte als solcher selbst wenig Sex und daher genug Zeit, um zu untersuchen, was passiert, wenn Erbsen Sex haben. Er kreuzte Erbsen mit glatter und runzeliger Oberfläche miteinander. Er erwartete »mittel-runzelige« Erbsen. Tatsächlich waren die Samen der neuen Pflanzen alle glatt. Verblüfft kreuzte er diese miteinander und war über das Ergebnis noch mehr erstaunt: Ein Viertel der Nachkommen der Pflanzen mit glatten Samen produzierte wieder runzelige Erbsen.

Mendel musste also erklären, wie aus Ähnlichem Unähnliches entsteht.

Mendel schloss daraus, dass bei der Zeugung die Erbanlagen nicht verschmelzen. Er war der Ansicht, dass einzelne »Elemente« dieser Erbanlagen miteinander kombiniert werden, in den Nachkommen aber eigenständig erhalten bleiben. Heute nennen wir diese Elemente Gene. Die Nachkommen tragen für jedes Merkmal zwei Gene – eines stammt vom Vater und eines von der Mutter. Dabei bildet nur eines der Gene ein äußeres Merkmal aus, weil es das andere dominiert.

Ich hätte auf diese Art der Reproduktion verzichten können. Nur wegen der geschlechtlichen Vermehrung habe ich hunderte Stunden meines Lebens damit verbracht, Frauen, mit denen ich geschlechtliche Vereinigung üben wollte, zuzuhören, während sie mir von ihren Problemen mit Männern erzählten. Danach sagten sie mir immer, dass ich für sie wie ein »Bruder« sei.

Ich persönlich hätte auch Körperteilung als Vermehrungsmethode akzeptiert. Ich komme mit mir selbst gut zurecht und war immer der Meinung, es gebe zu wenig Typen wie mich. Und falls ich darauf angewiesen wäre, mich selbst zu befruchten – bitte schön, darauf wäre ich wenigstens vorbereitet gewesen …

Aber es sollte eben die geschlechtliche Vermehrung sein. Neben all den Nachteilen (Speed-Dating-Sitzungen, Flaschendrehen, Hochzeitsmessen, Schwiegereltern) hat sie nämlich bestechende Vorteile: Sie macht die Verteilung der Erbanlagen zu einer Tombola, bei der durchaus so jemand wie ich herauskommen kann – oder aber so jemand wie du.

Als unser Vater sich daran machte, uns zu zeugen, teilten sich seine Geschlechtszellen zu Spermien. Jede dieser Zellen hatte 46 Chromosomen, jeweils 23 von Oma und 23 von Opa. Die wurden nun wiederum auf zwei Spermien verteilt. Welches Chromosom in welchem Spermium landet, entschied der Zufall. Sicher ist allerdings: Nur eines der Spermien durfte sich mit Mutters Eizelle liieren. Das andere landete in der Matratze.

Ich will gar nicht wissen, welche guten Eigenschaften, die alle die meinigen hätten sein können, ihr Ende im Schaumstoff fanden. Ich kann nur sagen: Opas Veranlagung zu schütterem Haar ist irgendwie zu mir durchgekommen. Dankeschön dafür.

Und das war noch nicht alles. Die Natur hat sich noch viel mehr einfallen lassen, um uns unterschiedlich zu machen. Etwa das Cross-Over: Chromosome tauschen dabei untereinander einzelne Bruchstücke aus – nur um dem neuen Kind etwas mehr Individualität zu geben (wie das Muttermal mit der Form der Insel Föhr, das ich auf meinem linken Unterschenkel habe).

Es gibt auch noch den Effekt der sogenannten Epistasis: Es kommt eben nicht nur darauf an, welche Gene man in sich hat, auch das Zusammenspiel muss stimmen. Die wenigsten Merkmale werden von einem einzigen Gen gesteuert, bei den meisten wirken unzählige zusammen. Manche verstärken gegenseitig ihre Effekte, andere blockieren sich. Ein Forscher verglich das Zusammenspiel der Gene mit dem Zusammenwirken der einzelnen Ziffern einer Telefonnummer. Wenn man nur eine einzige Ziffer ändert, ähneln sich die Nummern zwar noch immer – doch man kommt an einer völlig anderen Stelle heraus. Das heißt: Auch wenn Benjamin und ich einen großen Teil unserer Gene gemeinsam haben, kann es sein, dass diese völlig anders miteinander interagieren.

Was nicht alles getan wurde, damit Benjamin und ich unterschiedlich würden: Es musste erst die geschlechtliche Liebe erfunden werden, die Gene meiner Großmutter wurden von einem Bettlaken aufgesogen. Ich musste Chromosomenstückchen in meiner DNA hin- und herschieben und mir schließlich noch die Mühe machen, aus meinen Genen einen anderen Mix herzustellen als mein Bruder.

Mir persönlich hätte all dies schon gereicht, um mich von dir abzusetzen, mein Bruder. Aber dann kam das Unvermeidliche: das Leben. Oder wie es die Psychologie ausdrücken würde: es kamen die Umwelteinflüsse.

Der vor mehr als dreißig Jahren verstorbene Entwicklungsbiologe Conrad Waddington prägte einst die Metapher von der »epigenetischen Landschaft«. Er verglich die charakterliche Entwicklung eines Menschen mit Murmeln, die einen Berghang hinunterrollen und dabei den Unebenheiten des Geländes folgen – das Gelände ist die genetische Prägung. Es ist klar, dass die Bahn der Murmel nicht gerade ist, und keine Murmel würde denselben Weg zweimal rollen. Denn sie wird von bestimmten äußeren Bedingungen abgelenkt, von Winden etwa, die ihre Bahn lenken. Und der vielleicht stärkste dieser Winde heißt: Geschwister.

Die meisten Persönlichkeitsmerkmale sind Studien zufolge zu einem Drittel erblich und zu zwei Dritteln von der Umwelt bedingt. Einiges spricht dafür, dass Alkoholismus erblich ist. Jugendkriminalität hingegen ist zu gleichen Teilen erblich wie durch die Umgebung bedingt. Rhetorische Fähigkeiten hingegen werden zum großen Teil nicht vererbt. Es hilft also nichts, einen großen Redner zum Vater zu haben, wenn er nicht mit einem spricht. Bei Religiosität schließlich spielen die Gene gar keine Rolle – sie wird ausschließlich durch das Umfeld vermittelt.

Dieses Umfeld, Benjamin, ist die Familie. Dass du bist wie du bist, verdankst du einem Zahnarzt (unserem Vater), einer Grundschullehrerin (unserer Mutter), deiner großen Schwester – und mir. Entscheidend ist aber nicht nur, in was für einer Familie man lebt. Ebenso wichtig ist, welchen Platz man dort einnimmt. Ich rede von der Geburtenreihenfolge.

Ich bin der Zweitgeborene. Schließlich habe ich eine große Schwester. In vielen Ländern der Erde würde man mich aber wie einen Erstgeborenen behandeln, weil sich deren Gesellschaft vor allem an den Söhnen orientiert. Vor nicht langer Zeit war das in Europa auch noch so. Demnach lasten auf dem ältesten männlichen Kind allerlei Erwartungen. Es soll Haupterbe, Thronfolger und neues Familienoberhaupt werden. Und allerlei Konflikte drehen sich darum, ob der Älteste diese Pflicht erfüllen kann oder ob er seinen Platz von den Jüngeren streitig gemacht bekommt.

Demnach hätte unser Vater für mich vorgesehen, dass ich ihn auf dem Zahnarztstuhl beerbe. Er hätte mich früh in die Kunst der Wurzelbehandlung eingeführt, ich hätte als Achtjähriger beigewohnt, wenn er mit dem Rosenbohrer Zähne für Amalgamfüllungen vorbereitet hätte. Spätestens mit sechzehn Jahren hätte ich selbst die ersten Zähne gezogen, um das Handwerk unseres Vaters weiterzuführen.

Die Welt hat Glück gehabt, dass es anders kam. Ich hätte großes Unheil über den Patientenstamm gebracht. Männer, die in die Praxis gekommen wären, weil ihnen ein Zahn ausgeschlagen wurde, hätten nach einer Behandlung durch mich möglicherweise noch schlimmer ausgesehen.

Hätten wir im 16. Jahrhundert gelebt, hätte die Sache möglicherweise anders ausgesehen, wie man bei Shakespeares Richard III. sieht: Richard war der jüngere Bruder, der seine beiden älteren umbringen musste, um auf den Thron zu kommen. Demnach hätte Benjamin mich erdolchen müssen, um den Zahnarztstuhl zu besteigen. Leider sind gute Erdolcher nicht zwangsläufig gute Dentisten. Wenn es einen Grund gab, dass die Qualität der zahnmedizinischen Dienstleistungen zu dieser Zeit sehr dürftig war, dann dieser.

Heute gibt es keine festgelegte Geschwisterrangfolge mehr. Der Älteste ist nicht mehr automatisch der Ziehsohn und Nachfolger des Oberhaupts. Selbst Töchter können heute die Geschwisterrangfolge anführen. Es herrscht Demokratie beim Nachwuchs – aber das macht die Sache nicht einfacher. Brüder wie wir haben nun ein ganzes Leben lang Zeit, die Hackordnung unter sich auszumachen. Das bedeutet: Den Ärger haben nicht die Patienten meines Vaters, den Ärger habe ich.

Benjamin, wir werden uns, solange wir noch einen Knochen bewegen können, vergleichen und miteinander konkurrieren. Die Natur hat das nicht anders gewollt. Sie geht ganz selbstverständlich davon aus, dass in dieser unfreundlichen Welt nur einer von uns beiden überleben wird. Und das soll der Stärkere sein. Der mit den besseren Genen.

Das war die These, mit der der Wissenschaftshistoriker Frank Sulloway für den Durchbruch der Geschwisterforschung sorgte: Darwins Gesetz gilt eben nicht erst, wenn wir in die große Welt hinausstapfen und gegen Säbelzahntiger kämpfen. Darwin beherrscht schon das Kinderzimmer.

Im Grunde kannst du froh sein, dass du unsere Krabbelstube überlebt hast. Wären wir nämlich nicht als Menschen geboren, sondern sagen wir als Sandhaie, wäre das nicht der Fall. Jeder kleine Sandhai wird als Sippenmörder geboren. Die Jungen fressen sich in den Eileitern des Muttertieres so lange gegenseitig auf, bis ein einziges wohlgenährtes Exemplar übrig bleibt. Von Haien hätten wir vielleicht ohnehin keine Liebkosungen erwartet. Aber auch wenn wir uns weiter im Tierreich umschauen, sehen wir, dass es auch mit der viel zitierten »Nestwärme« nicht weit her ist. Reiher zum Beispiel legen ihre Eier nicht auf einmal, sondern mit je zwei Tagen Unterschied. Die Küken schlüpfen im 48-Stunden-Takt. Der kleine Vogel, der als Erster kommt, hat also zwei Tage Entwicklungsvorsprung, der Zweite muss sich schon mit einem durchsetzungsfähigeren Geschwister um die Fische balgen. Wer als Dritter in die Nestgemeinschaft eintritt, hat schon deutlich schlechtere Überlebenschancen. Wenn er Pech hat, wird der von der älteren Brut einfach aus dem Nest geschmissen. In der Natur macht das durchaus Sinn: Der Reiher bringt mehr

Küken auf die Welt, als er normalerweise ernähren kann. Falls das Futter nicht für alle im Nest reicht, sollen darunter nicht alle darben – der Schwächste tritt einfach vorzeitig ab. Die schlechte Nachricht für dich, Benjamin: Immer ist das jüngste Mitglied der Brut das Opfer, nie das Älteste. Die Eltern greifen in diesen Geschwisterkampf nicht ein – es liegt nicht in ihrem genetischen Interesse. Im Gegenteil, oft nehmen sie sogar daran teil. Zum Beispiel indem sie das Jüngste daran hindern, zurück in das Nest zu klettern, wenn es verstoßen wurde.

Dass unsere Mutter immer angehastet kam, wenn du von mir Prügel bezogen hattest, um mich zurechtzuweisen, ist also einzig der Tatsache zu verdanken, dass wir Menschen sind. Als Blaufußtölpel-Mama wäre sie auf meinen Vorschlag, dich in den Sauteich zu werfen, schon eher eingegangen.

In der menschlichen Gesellschaft geht die Geschwisterkonkurrenz natürlich wesentlich zivilisierter ab – obwohl jemand, der uns beide beim Abendessen beobachtet hätte, nicht darauf kommen würde. Dort herrschte nämlich pures Barbarentum. Wir beide halten die Gabel heute noch rechts, Begründung: Mit der rechten Hand ist man schneller. Mit rechts zustechen, mit links – da ist das Messer – die Angriffe des anderen auf den eigenen Teller parieren. Glücklicherweise war die Ernährungslage in den Achtzigerjahren in Deutschland gut – sonst wärst du irgendwann vom Stuhl gesunken.

Nun magst du fragen: Was ist mit der Geschwisterliebe? Es gibt ja nicht nur die Rivalität, sondern auch die Solidarität unter Brüdern. Zeugt das nicht davon, dass wir eine höhere Moral haben?

Die Antwort der Wissenschaft: Auch die Geschwistersolidarität dient nur dem Selbsterhalt. Das versteht man am besten, wenn man sich den Menschen – mitsamt Abi, Rollkragenpullover und Gabel in der Hand – nur als Umverpackung seiner DNA vorstellt. In jedem ruht ein Gen-Code, und dieser Gen-Code möchte sich weiterverbreiten. Also streben alle Lebewesen nach Vermehrung. Natürlich denkt niemand: »Huh, ich bin nun geschlechtsreif geworden, nun muss ich mich dringend paaren, um meine Art zu erhalten« (außer vielleicht Britney Spears). Stattdessen treffen wir einen Menschen des anderen Geschlechts, kommen irgendwie zu dem Schluss, dass es Bestimmung sei, und verbringen den Rest des Lebens mit ihm, um Kinder zu zeugen. Das alles steuern unsere Gene. Sie richten unser Verhalten so aus. Unser Gen-Code möchte sicherstellen, dass er weiterexistiert, wenn wir schon tot sind.

Mitunter greifen die Gene zu rabiaten Maßnahmen. Um sich davon ein Bild zu machen, muss man nur mal Annoncen lesen wie jene, die ein »Hochschullehrer; 49; 1,89; 85« in einer deutschen Wochenzeitung geschaltet hat: »Wenn mir Pippi Langstrumpf im wirklichen Leben begegnet wäre, wäre ich längst verheiratet. Nun bin ich endlich bereit, Ersatz zu akzeptieren.« Nicht der Hochschullehrer will das. Seine Gene sind es, die langsam in Panik geraten, weil sie sich trotz Uni-Professor-Umverpackung nach 49 Jahren noch in keinem anderen Lebewesen fortpflanzen konnten.

Und hier kommen die Geschwister ins Spiel: Hätte der Uni-Professor nämlich wie ich einen Bruder, wäre er weniger verzweifelt. Denn meine Gene existieren nicht nur in den Zellen meines Körpers, sondern auch in deinem. Im Schnitt haben Geschwister fünfzig Prozent der Gene gemeinsam. Und das erklärt unser zwiegespaltenes Verhältnis zur Verwandtschaft.

Der beste Weg für uns, um unsere Gene weiterzugeben, ist erst mal dafür zu sorgen, dass wir selbst überleben und uns paaren können – dabei konkurrieren wir um begrenzte Ressourcen wie Essen oder die Aufmerksamkeit der Eltern.

Neben der Konkurrenz habe ich aber auch ein Interesse daran, dass mein Bruder überlebt – denn sollte mir eines Tages ein Klavier auf den Kopf fallen, kann ich mich damit trösten, dass das nur für fünfzig Prozent meiner Gene das Aus bedeutet. Wenn ich noch die Gene hinzuzähle, die unsere Schwester Annette mit sich herumträgt, könnte zumindest theoretisch mein gesamtes Genom in meinen Geschwistern fortexistieren, ohne dass ich mir die Mühe machen müsste, selbst weiterzuleben. Also lieben wir unsere Geschwister und wollen ihnen helfen.

Frank Sulloway schreibt aber auch: »Weil Geschwister im Durchschnitt nur die Hälfte ihrer Gene gemeinsam haben, stößt der beträchtliche Altruismus zwischen ihnen an Grenzen.« Er zeigt auf, dass Geschwister dazu neigen, ein verschobenes Bild von Gerechtigkeit zu entwickeln. Eltern halten ihre Nachkommenschaft normalerweise dazu an, gerecht miteinander zu teilen. Die Kinder allerdings neigen dazu, mehr für sich zu beanspruchen als sie bereit sind, an die Geschwister abzugeben. Als fair wird es in der Regel bereits empfunden, wenn der Bruder statt der Hälfte von einem gemeinsamen Gut ein Drittel abgibt. Die Zuneigung gilt eben – vereinfacht gesagt – nicht den Geschwistern im Ganzen, sondern nur den Genen, die man mit ihnen teilt.

Deswegen unterstellte Sulloway auch, dass Eltern vor allem für das älteste Kind sorgen. Schließlich wollen auch die Eltern das Überleben ihrer Gene sichern. Und da sei nun mal die Wahrscheinlichkeit, dass die älteren Kinder diese weitergeben, am höchsten. Zudem haben die in die älteren Nachkommen schon die meisten Ressourcen investiert.

Ich kann mir vorstellen, dass du das nicht sehr gerne hörst, Benjamin: Aber für die Letztgeborenen sieht es nicht sehr gut aus. Leute wie du sind gewissermaßen die Ersatzräder der Geschichte.

Bei seinen Forschungen an der University of California wertete Frank Sulloway 6000 Lebensläufe aus. Er verfolgte, was aus den jeweiligen Kindern geworden war und welche Position in der Geschwisterrangfolge sie innehatten. Er kam zu eindeutigen Ergebnissen: Je früher man dem Mutterleib entschlüpft, desto besser. Der Erstgeborene hat eine 13 Prozent höhere Chance, auf eine bessere Hochschule zu gehen. Von den fast ausschließlich männlichen Vorstandsvorsitzenden großer Unternehmen sind zu 43 Prozent Erstgeborene, zu 33 Prozent mittlere Geschwister und nur zu 23 Prozent jüngste Geschwister. Das muss deprimierend für dich sein, Benjamin.

Dazu hat die amerikanische Wirtschaftswissenschaftlerin Sandra E. Black errechnet, dass jeder Platz in der Geschwisterreihenfolge ein Prozent Einkommensunterschied ausmacht. Warum? Ältere Brüder sind eben intelligenter. Petter Kristensen und Tor Bjerkedal von der Universität Oslo fanden dies in zwei Studien heraus, und zwar mit Hilfe von fast einer Viertelmillion norwegischer Rekruten, die routinemäßig einen IQ-Test absolvieren. Älteste Kinder schaffen im Durchschnitt 2,3 IQ-Punkte mehr als zweite Kinder, Zweitgeborene 1,1 Punkte mehr als dritte.

Die Forscher gehen davon aus, dass der ältere Bruder immer einen Vorsprung hat. Er bekommt mehr Aufmerksamkeit, er muss weder die Zeit noch das Geld, das die Eltern für die Kinder aufwenden, mit anderen teilen. So erklärt sich auch, warum der Erstgeborene in der bäuerlichen Erbfolge natürlicherweise den elterlichen Hof übernahm und die Geschwister eher seine Angestellten wurden. Es wird vermutet, dass dies daher kam, dass der Älteste in der Regel auch die meiste Erfahrung, Verantwortung und das beste Geschick gehabt hat.

Kleine und große Brüder treten eben in einem Wettlauf gegeneinander an – und der größere hat den Vorteil, dass er schon laufen kann, während der kleine damit beschäftigt ist, zu sabbeln.

Es gibt genügend Beispiele, die zeigen, dass es genau so laufen kann. Etwa Michael und Ralf Schumacher. Der Große führte Ferrari von Weltmeistertitel zu Weltmeistertitel, wurde der größte Rennfahrer aller Zeiten. Sein kleiner Bruder fuhr in der Formel 1 so zweitklassig, dass er schließlich ganz ausschied und mittlerweile nur noch Tourenwagen-Meisterschaften fährt. Oder das Beispiel der Maradonas: Der große Diego schießt Argentinien an die Weltspitze und galt auch dann noch als Superstar, als er nur noch als kokainbepuderte Fettleber in den Swimmingpools dümpelte, der kleine Bruder Hugo rackerte sich bei Rapid Wien ab und blieb unbekannt.

Vielleicht hätte es auch so kommen können wie bei Teddy und Elliot Roosevelt. Als der ältere Bruder Teddy schon sein erstes Buch geschrieben hatte und in die New York State Assembly gewählt worden war, begann sich Elliot der Depression hinzugeben. Diesen Zustand frischte er wahlweise mit Alkohol oder Morphium auf. Acht Jahre später war er bereits in klinischer Behandlung, während Teddy zum U.S. Civil Service Commissioner aufstieg. Drei Jahre später starb Elliot als Vierunddreißigjähriger an Alkoholismus. Wiederum sieben Jahre später war Teddy Präsident, im Alter von 42 Jahren.

Wenn sich die frühen Erkenntnisse der Geschwisterforschung also verallgemeinern ließen, dann müsstest du, Benjamin, langsam auf deine erste Leberzirrhose zusteuern, während ich mittlerweile zumindest Junge-Union-Vorsitzender sein sollte. Allerdings machst du einen durchaus lebenstüchtigen Eindruck – und ich bin weiterhin weit davon entfernt, König von Deutschland zu werden.

Irgendwie schien sich die Evolution bei uns vertan zu haben. Der kleine Benjamin hielt sich überhaupt nicht an ihre doch recht deutlichen Vorgaben. Er schien mir nicht wie ein biologischer Notnagel, sondern eher wie eine überarbeitete Neuauflage von mir. Ich war schmächtig und hohlkreuzig, mein Bruder knuffig. Mein Haar war dünn, das meines Bruders lockig. Mein Bruder war ein Kind, das immer strahlte, ich war ein Kind, das immer heulte.

Sicher, ich war mit fünf Jahren Vorsprung auf die Welt gekommen. Trotzdem würde ich ihn verdammt gut brauchen können.

Benjamin

Tillmann, ich weiß, dass seit unserer Kindheit auf deiner Seele einige Felsen lasten. Neben dem Goldlocken-Trauma (»Unsere Eltern mochten Benjamin lieber, weil er Locken hat!«) hast du auch ein Suppengrün-Trauma.

Ich möchte dieses zweite Trauma nochmal überprüfen. Man wird mir vielleicht unterstellen, dass es kindliche Entrüstung sei, die mich zwingt, mich gegen deine Behauptung zu wehren, ich sei nie einkaufen gegangen. Nein, dem ist nicht so, mein Handeln ist höherer Natur, es steht vollkommen im Dienste der Wissenschaft. Denn dein Suppengrün-Trauma ist ein perfektes Beispiel, um die Auswirkungen darwinscher Konflikte im Zusammenleben von Brüdern zu verdeutlichen.

Eigentlich will ich dir gar nicht widersprechen, sondern zustimmen. Du bemerktest, dass zwei Brüder, die ein Gut teilen müssen, aufgrund der darwinschen Gegensätze grundsätzlich der Ansicht sein werden, sie hätten jeweils nur ein Drittel bekommen. Und wenn sie jeweils die Hälfte der Arbeit aufgehalst bekommen haben, werden sie der Meinung sein, sie hätten jeweils zwei Drittel machen müssen.

Es gab einen klar geregelten Plan, der festlegte, wer von uns Kindern an welchen Wochentagen einkaufen gehen musste. Mutter behandelte uns in dieser Beziehung absolut gleich, obwohl wir nicht gleich alt waren. Und deshalb bin ich auch ganz gerne einkaufen gegangen – für mich bedeutete dies, dass sie mir die gleiche Verantwortung gab wie dir. Und damit stellte sie uns, zumindest in dieser Beziehung, auf eine Stufe. Außerdem radelte ich nie zum Geschäft der »Gemüsefrau«, die so schreckliche gelbe Zähne hatte und immer Schmutz unter den Fingernägeln. Ich fuhr zu diesen zwei großbusigen italienischen Schwestern. Deren Laden war viel weiter weg und die Tomaten waren dort teurer, aber dafür verstanden die beiden etwas von Customer Relationship Management: Hin und wieder schenkten sie mir Überraschungseier – übrigens musste ich mich dafür noch nicht mal auf den Boden werfen und heulen. Und dafür kaufte ich gerne ihre Tomaten.

Aber natürlich habe ich hin und wieder statt eines Endiviensalats einen Kopfsalat mitgebracht. Oder statt eines durchwachsenen Specks einen gekochten Schinken. Und wenn ich dann vom Einkaufen zurückkam, rief Mutter Vater in der Praxis an und sagte ihm, er solle auf dem Weg nach Hause noch kurz zum Supermarkt. Wenn er dann mit einem Endiviensalat in der Hand nach Hause kam, sahst du, was du sehen wolltest: »Benjamin ist nicht einkaufen gegangen. Er muss nie einkaufen, aber ich muss immer einkaufen!« Ist es nicht überraschend, wie sehr die Aussagen des Forschers Sulloway von unserer persönlichen Erfahrung gedeckt werden?

Und so war es immer, wenn unsere Eltern dir eine Hausarbeit übertrugen: Du fingst sofort eine Diskussion an, bist rot angelaufen und hast mit den Füßen auf den Boden gestampft. Grundsätzlich warst du der Ansicht, dass du viel mehr Arbeit machen musstest als ich und Annette. Wenn Vater dich dann nach langem Hin und Her schließlich doch dazu zwang, dann hast du sie aus Protest so schlampig wie möglich gemacht. Ein Zeugnis ist noch heute der Gartenzaun vor dem Haus unserer Eltern, den du einmal streichen solltest: Die Hälfte der Farbe befindet sich auf dem Bürgersteig. Deshalb bekamen ich und Annette regelmäßig die gleiche, bühnenreife Aufführung zu sehen: Vater steht neben dir, um sicherzugehen, dass du auch wirklich tust, was du tun sollst. Und du wischst die Treppe, leise Zischlaute ausstoßend, im Blick den verachtenden Stolz eines Verdammten dieser Erde.

Aber es stimmt natürlich, dass es im Alltag eines Neunjährigen oft Dinge gab, die interessanter waren als Endiviensalat und durchwachsener Speck – meistens Stofftiere oder Bücher. Dann sagte ich zu Mutter, wenn sie mit dem Einkaufszettel vor mir stand: »Ja, ja …« oder auch »Jahaaa…« Das hieß so viel wie: »Ihr Gesprächspartner ist gerade geistig abwesend, lässt Ihnen aber ausrichten, dass er Ihnen wahrscheinlich zustimmt. Oder auch nicht. Ihre Nachricht wurde erhalten und gespeichert. Sie wird zu gegebener Zeit bearbeitet. Vielleicht auch nie.« Aber Mutter war nicht so blöd, sich davon einlullen zu lassen – sie hatte »Psychologie heute« abonniert. Am Ende ging ich doch immer einkaufen. Trotzdem wurde »Ja, ja …« die Zauberformel meiner Jugend. Wenn unsere Eltern mich wegen irgendetwas zur Rede stellten, hörte ich mir einfach an, was sie zu sagen hatten, und sagte dann »Ja, ja …« – und konnte gehen. Es signalisierte Verständnis und Zustimmung, war dabei aber so diffus, dass ich mich auf keine Aussage festlegen musste.

Offensichtlich ist, dass wir mit der gleichen Situation völlig unterschiedlich umgingen. Du suchtest die maximale Eskalation, um an dein Ziel zu kommen, ich versuchte zu deeskalieren und mich zu meinem Ziel durchzuwurschteln. Warum hast du immer die Auseinandersetzung gesucht, während ich der Konfrontation aus dem Weg ging? Die Antwort hält ebenfalls der von dir zitierte Frank Sulloway in seinem Buch »Born to Rebel« parat. Aber ich habe Verständnis dafür, dass du sie uns vorenthalten hast, Intelligenzbestie. Er kam nämlich bei seinen Forschungen zu ein paar nicht schmeichelhaften Erkenntnissen über ältere Brüder. Als Wissenschaftler neigt Sulloway natürlich nicht zu plump vereinfachenden Aussagen, ich aber schon! Stark überzogen kann man seine Erkenntnisse folgendermaßen zusammenfassen: Wenn irgendetwas in der Weltgeschichte richtig, richtig schiefgelaufen ist, war fast immer ein älterer Bruder schuld.

Er schreibt, dass Geschwister unterschiedliche Charaktereigenschaften ausbilden, da sie miteinander um die Aufmerksamkeit der Eltern konkurrieren. Die Brüder und Schwestern in einer Familie seien wie Darwins Finken auf den Galapagos-Inseln. Die verschiedenen Vogelarten kämpfen um ein begrenztes Nahrungsangebot auf den Inseln. Daher sucht sich jede eine ökologische Nische – sie spezialisieren sich auf unterschiedliche Nahrungsquellen. Manche Finken bilden dicke Schnäbel aus, mit denen sich Samen knacken lassen, andere lange dünne Schnäbel, mit denen sie Würmer aus moderndem Holz picken können. Auf einer Insel kommen niemals zwei Arten vor, die sich auf eine gemeinsame Nahrungsquelle spezialisiert haben. Interessanterweise bezeichnet man diese Arten, die sich äußerlich sehr ähnlich sind, aber unterschiedliche Lebensräume bewohnen, auch als »Geschwisterarten«.

Mit uns Geschwistern ist es wie mit den Darwin-Finken: Heute wohnen wir zwar in Häusern, schlafen in Ikea-Bettwäsche und kaufen unser Essen im Supermarkt oder beim »Käsemann«. Aber wenn wir unseren Brüdern und Schwestern gegenüberstehen, springen Instinkte an, welche sich zu einer Zeit herausbildeten, als wir noch ziemlich haarig waren und Lagerfeuer für eine Modeerscheinung hielten. Die Erstgeborenen suchen sich als Nische die Rolle des Musterkindes. Für sie ist es naheliegend, sich mit den Eltern zu identifizieren, um deren Aufmerksamkeit zu bekommen. Erstgeborene neigen dazu, den Status quo zu akzeptieren. Sie sind erfolgsorientiert, und wie das Alphatier bei den Primaten sind sie dominant und defensiv – sie verteidigen ihre Nische. Sie können daher schlecht Fehler zugeben. Außerdem gewöhnen sie sich im Umgang mit den Spätergeborenen an ein autoritäres Gehabe an, das sie nie wieder loswerden. Dass sie, einst im Alleinbesitz der Elternliebe, nun mit den Jüngeren konkurrieren müssen, schmerzt sie und lässt sie reizbar werden. Sie neigen zu Eifersucht, Rachegelüsten und plötzlichen Gewaltausbrüchen.

Und was ist mit den nachfolgenden Geschwistern? Sie finden die Nische des »Musterkindes«, das den Eltern alles recht macht, schon besetzt vor. Die Aufmerksamkeit der Ernährer können sie also nur erlangen, wenn sie ihnen widersprechen. Zudem müssen die Jüngeren feststellen, dass die Älteren, begünstigt durch den Altersvorsprung, ihnen in allen Fähigkeiten überlegen sind. Je mehr sich die Jüngeren also neuen Feldern zuwenden, desto besser können sie direkten Vergleichen mit den Älteren entgehen. Sie müssen sich also auf andere Felder spezialisieren. Und dabei ist ein hohes Maß an Offenheit für neue Ideen und Erfahrungen hilfreich. Deshalb haben jüngere Geschwister eine größere Offenheit gegenüber neuen Erfahrungen – denn dadurch erhöhen sie die Wahrscheinlichkeit, ein Talent zu finden, das sie in den Augen ihrer Eltern nützlich erscheinen lässt. Wenn der größere Bruder gut im Speerwerfen ist, macht es für den kleineren keinen Sinn, ebenfalls Stöckchenwerfen zu üben. Ein zweiter Speerwerfer ist überflüssig, und wer überflüssig ist, bekommt am Lagerfeuer wenig zu essen und wird vom Rudel schnell mal zurückgelassen. Es ist für ihn besser, das Fallenstellen oder das Fischen zu erfinden.

Dabei bleiben sie immer freundlich und friedlich: Als die körperlich Schwächsten in der Familie lernen sie früh, gewaltsame Konfrontationen zu vermeiden; sie ziehen Kompromisse vor und tendieren im Streit zu einem versöhnlichen Ausgleich. Andererseits entwickeln die geborenen Underdogs einen hochempfindlichen Sinn für Gerechtigkeit, der treibt sie leicht in die Rebellion – und macht sie zu sanften Widerständlern, die sich, vor allem in der Politik, nicht selten zwischen den Fronten wiederfinden. Diese unterschiedlichen Taktiken, um die Aufmerksamkeit der Eltern zu bekommen, prägen den Charakter. Und erklärt das nicht schlüssig, warum ich Konfrontationen immer aus dem Weg ging und sie mit einem nichtssagenden »Ja, ja …« abwürgte?

Auf den ersten Blick sieht man nur zwei Kerle, die inzwischen selbst Kinder haben und sich trotzdem noch immer darüber streiten können, wer in ihrer Kindheit wann und wie oft einkaufen gegangen ist. Zwei hoffnungslose Egozentriker. Wer sich aber tiefer in das Thema einarbeitet, wird erkennen, dass sich in uns zwei Steinzeitmenschen gegenüberstehen, für die es um Leben und Tod geht. Denn Sulloway erklärte die Geschwisterkonkurrenz sogar zu einem fünften darwinschen Konflikt. Er ist der Ansicht, dass die Geschwisterkonkurrenz zu einem selektiven Prozess führt – es geht also um Sein oder Nichtsein! Schließlich leben wir Menschen erst seit sehr kurzer Zeit in zentralbeheizten Eigentumswohnungen mit gefüllten Kühlschränken, und der größte Teil der Menschheit tut dies auch heute noch nicht. Während der meisten Zeit, die wir Menschen nun auf diesem Planeten verbringen, starb ein großer Teil der Kinder einer Familie. Ein Kind, das sich nicht der Aufmerksamkeit und Liebe der Eltern gewiss sein konnte, hatte schlechte Aussichten, alt zu werden. Und vor diesem Hintergrund macht die überraschende Ernsthaftigkeit, mit der Geschwister über die nebensächlichsten Dinge streiten können, auf einmal Sinn.

Man könnte glauben, dass das Gezanke, dem Geschwister sich oft ein Leben lang hingeben, eine nebensächliche Privatangelegenheit sei. Weit gefehlt: Frank Sulloway ist der Ansicht, dass es eine Triebfeder der Geschichte sei. Er ist überzeugt, dass die gesamte politische

Ordnung Europas Ergebnis eines riesigen Zoffs zwischen Geschwistern ist: der Französischen Revolution nämlich.

Alles begann im Jahr 1789. Der französische König Ludwig XVI. stellte fest, dass der Staat vor dem Bankrott stand. Die Pariser Bürger versuchten, diese Situation zu nutzen, um politische Reformen zu fordern. Nachdem sich die Nachricht verbreitete, dass der König Truppen nach Paris befohlen habe, beschlossen die Pariser, sich zu bewaffnen. Als die Menge in Richtung des Stadtgefängnisses Bastille marschierte, verlor dessen Gouverneur die Nerven und befahl, das Feuer zu eröffnen. 83 Bürger starben. Die Revolutionäre ermordeten drei Offiziere und den Gouverneur, spießten ihre Köpfe auf Lanzen und trugen sie durch Paris. Das war der Beginn der Französischen Revolution.

Man merkt, ich hatte Leistungskurs Geschichte. Hoffentlich langweile ich dich nicht, Tillmann. Ich versuche es kurz zu machen. Was als Kampf für Bürger- und Menschenrechte begann, stürzte Frankreich in ein Blutbad. Die Franzosen beschlossen, ganz Europa mit ihrer Revolution zu beglücken, durch Krieg. »Willst du nicht mein Bruder sein, so schlage ich dir den Schädel ein!«, sang man in Deutschland zu dieser Zeit voll Sarkasmus. Nach ihren ersten Erfolgen spalteten die Revolutionäre sich in zwei Fraktionen, die gemäßigten »Girondins« und die radikalen »Montagnards«. Nachdem die Letzteren den Girondins die Macht entrissen hatten, errichteten sie eine Schreckensherrschaft, während der 40 000 Menschen umgebracht wurden. Und die meisten der Opfer waren keine Anhänger des Königshauses, sondern Revolutionäre – wie ihre Henker. Die Historiker stehen diesem Massaker recht ratlos gegenüber. Sie fragen sich: Warum kam es zu dieser Spaltung der Aufständischen? Beide Gruppen, Girondins und Montagnards, stammten aus den gleichen Milieus und verfolgten das gleiche Ziel, die »eine, unteilbare Republik«. Sulloways Meinung nach war alles ein Riesenkrach zwischen Geschwistern – und die Schreckensherrschaft nichts anderes als die Diktatur der Erstgeborenen.

Die Auseinandersetzung sei nichts anderes als eine Auswirkung der Geburtenfolge: Die Erstgeborenen tendierten dazu, ihre Ziele durch Autorität und Kontrolle zu erreichen, und wenn notwendig mit Gewalt. Sie schlossen sich daher den Montagnards an, die für ein paranoides Überwachungssystem, für Terror gegen Andersdenkende und eine strikt kontrollierte Wirtschaft eintraten. Spätergeborene haben in ihren Kinderstuben dagegen die Erfahrung gemacht, dass sie meistens den Kürzeren ziehen, wenn es zu einer gewalttätigen Auseinandersetzung kommt, und dass Verhandlungen für sie daher besser sind. Sie traten daher den Girondisten bei, die auf die Verfassung pochten, für eine politische Mäßigung und freie Marktwirtschaft eintraten. Unter den 893 in den Nationalkonvent, der verfassungsgebenden Versammlung Frankreichs, gewählten Abgeordneten befanden sich sechzehn Brüderpaare, die zusammen aufgewachsen waren. In zwölf dieser Fälle schlossen sich die jüngeren Brüder den Girondisten oder der Ebene an, einer weiteren gemäßigten Fraktion, während die älteren den Montagnards folgten. In nur drei Fällen waren die Brüder in der gleichen Partei. Kein einziger jüngerer Bruder saß »links« von seinem älteren, also auf der Seite der radikalen Montagnards! Und selbst in den drei Fällen, in denen die Brüder in der gleichen Partei waren, zeigte sich der jüngere immer gemäßigter als der ältere.

Ein gutes Beispiel ist hier der kleinere Bruder von Maximilien Robespierre, Augustin. Maximilien Robespierres Name steht für die Schreckensherrschaft. Er war ein rechthaberischer Despot, unfähig, Kompromisse zu schließen, und darauf versessen, seine politischen Gegner zu bestrafen. Ganz anders der Kleine: Es sei kaum jemand zu finden gewesen, der sich von Maximilien mehr unterschieden habe als Augustin, schreibt ein Biograph von Maximilien Robespierre. Augustins Freunde nannten ihn »Bon Bon«. Er war Montagnard wie sein Bruder, versuchte jedoch die Exzesse zu zügeln und verteidigte sogar Feinde seines Bruders vor dem Konvent – zum Beispiel den ultra-linken Hébert im Januar 1794. Es überrascht nicht, dass Maximilien diese Aufmüpfigkeit des Kleinen nicht durchgehen ließ. Er tadelte ihn vor dem Konvent und ließ Hébert nun erst recht hinrichten.

Besonders deutlich wurden diese Geschwisterdifferenzen unter den Revolutionären bei jener Sitzung des Nationalkonvents im Dezember 1792, auf der Ludwig XVI. des Verrats angeklagt wurde. Hier sollte über seinen Tod entschieden werden. Insgesamt beteiligten sich 721 Abgeordnete. Ihr Votum wurde namentlich festgehalten, daher wissen wir heute, wer wie abgestimmt hat. Eine einzige Stimme gab den Ausschlag für die Hinrichtung des Königs. Die Spätergeborenen – besonders die mittleren Kinder – setzten sich für eine Abstimmung des Volkes über das Schicksal des Königs ein, gegen ein Todesurteil und für eine Begnadigung. Sulloway hat ausgerechnet, dass die Wahrscheinlichkeit, dass spätergeborene Deputierte für die Hinrichtung des Königs eintraten, lediglich bei 38 Prozent lag; bei einem erstgeborenen Abgeordneten dagegen lag sie bei 73 Prozent. Alles in allem also kein sympathisches Bild, das Sulloway hier von älteren Geschwistern zeichnet. Wenn wir nicht im Darmstadt des ausgehenden 20. Jahrhunderts aufgewachsen wären, sondern im Paris des ausgehenden 18. Jahrhunderts, würde ich wahrscheinlich meinen Kopf unter dem Arm tragen.

Seine These ist schlüssig. Wenn man erst mal damit angefangen hat, historische Personen in ältere und jüngere Geschwister zu trennen, kann man gar nicht mehr damit aufhören: Man sieht überall nur noch rechthaberische Erstgeborene und verzogene Einzelkinder. Mussolini? Ein Erstgeborener. Mao? Ein Erstgeborener. Stalin? Ein Erstgeborener. Churchill? Ein Erstgeborener. Und was war mit dem Oberbösewicht der Geschichte – Adolf Hitler? Hmmm, eine Ausnahme: ein Zweitgeborener. Aber wenn man sich sein Leben genauer betrachtet, stellt man fest, dass auch er wie ein Erstgeborener aufgewachsen ist. Er war ein Drittgeborener, der zum Ältesten wurde, nachdem seine älteren Geschwister gestorben und er seinen Halbbruder aus dem Haus geekelt hatte.

Ich frage mich, wie wir wohl zu Zeiten der Französischen Revolution gelebt hätten? Ich kann es mir vorstellen: Du wärst ein glühender Revolutionär geworden, entschlossen bis zum Äußersten, die Macht an dich zu reißen und nicht wieder herzugeben. Wahrscheinlich hättest du die Wände in deinem Zimmer mit revolutionären Parolen bemalt. Und Nachbildungen von kleinen Guillotinen auf deinen Schreibtisch gestellt. An den Wänden hingen wahrscheinlich Bilder der Königsfamilie – aber alle ohne ihren Kopf. Vielleicht hättest du auch die Wände mit Kunstblut beschmiert, um deinem Zimmer etwas mehr revolutionären Charme zu geben.

Ich dagegen wäre eher ein Sonntagsrevolutionär geworden: revoltieren sehr gerne, aber bitte ohne dieses ganze unappetitliche Blutvergießen. Wir hätten lange Diskussionen geführt, und du hättest mir vorgeworfen, dass es mir an revolutionärem Geist fehle. Dann hätte ich gesagt: »Ja, ja …«

Da fällt mir ein: In deinem Kinderzimmer stand ja tatsächlich eine Guillotine auf dem Tisch – du hast mit ihr Zigarillos geköpft. Und über deinem Bett stand lange Zeit in krakeligen Buchstaben an die Wand geschmiert: »Open your windows, open your doors, viva the revolution!« Und die Wände waren auch wirklich mit Kunstblut beschmiert. Und du hast tatsächlich mit großer Ernsthaftigkeit daran gearbeitet, die Weltherrschaft an dich zu reißen. Wahrscheinlich denken deine Kollegen in der Redaktion, du hättest schon mit dreizehn Fischgrätmuster-Jacketts und Rollkragenpullis getragen und darüber nachgedacht, aus welchem Holz die Küchenzeile deiner Eigentumswohnung sein soll. Nein, damals warst du anders.

Sehr anders.

3. Kapitel

Das große Kuscheln

Warum Brüder die besten Komplizen sind

Tillmann

Aber war unsere Kindheit denn wirklich ein solches Hauen und Stechen? Abgesehen von der Attacke mit der Kinderarmbrust bin ich nie mit Waffengewalt gegen dich vorgegangen. Als wir die Luftpistolen unseres Vaters in die Hände bekamen, schossen wir nicht aufeinander, sondern vielmehr miteinander. Nämlich auf die Schokohasen, die wir in unseren Osternestern gefunden haben.

Wir waren viel öfter Komplizen als Konkurrenten. Und das ist es doch, was es so schön macht, einen Bruder zu haben: Du hast einen Partner, der dich nicht verlassen wird, weil du deinen Haarschnitt änderst oder andere Musik hörst. Das ist viel wert.

Dass es wenig produktiv war, sich mit dir zu messen, musste ich ohnehin bald feststellen. Ein einziges Mal sind wir in einem Wettkampf gegeneinander angetreten. Es war im Urlaub. Unsere Mutter verträgt keine Sonne und Menschenmassen schon überhaupt nicht und hatte dazu auch noch zu viel Astrid Lindgren gelesen, also wurde Schweden unser natürliches Reiseziel. Temperaturen um die 20 Grad, einsame Buchten und jede Menge Smörgås und Ikea, das war die Welt, in der unsere Eltern entspannen konnten. Das Idyll konnte nur dadurch gestört werden, dass unser Vater sich pünktlich abends vor dem Abwasch verdrückte, um den Sonnenuntergang in allen möglichen Sequenzen zu fotografieren. Oder wenn wir mit Taschen voller Fisch- und Vogelknochen vom Strand wiederkamen, weil wir daraus neue Tiere zusammensetzen wollten.

Am meisten freuten wir uns beide auf das Meer. Es war nämlich nicht das In-die-Brandung-spring-Meer, das die Jungs toll finden, die später Surfer werden. Es war das Angeln-und-Schiffchen-fahren-lassen-Meer, welches Kindern gefällt, aus dem später solche Würmchen werden wie wir.

Wir hatten dort Großes vor. Unser Vater wollte mit uns eine Regatta mit selbstgebauten Segelschiffchen veranstalten. Also bauten wir schon zu Hause an den Segelbooten, die in Schweden in See stechen sollten. Ich sägte, feilte und schmirgelte mir einen Katamaran zurecht, der fähig sein sollte, das Blaue Band für das schnellste Schiff zu ersegeln: der Rumpf armlang, blutrot und schnittig wie ein Messer, dazu ein breites Segel, das einen ganzen Sturm einfangen können sollte. Auf den Bug malte ich grimmige Fratzen, deren Zähne keinen Zweifel ließen, wes Geistes Kind dieser Renn-Katamaran war.

Du hast auch einen Katamaran gebaut. Er bestand eigentlich nur aus zwei aneinandergenagelten Latten. Das Segel hattest du aus einer Edeka-Tüte ausgeschnitten. Das Bötchen war so winzig, dass mein Segler es mit einem Biss hätte verspeisen können.

Gleich am zweiten Tag nach der Ankunft in unserem

Ferienhaus gingen wir zum äußersten Winkel der Bucht, an der die Feriensiedlung stand, um von dort das Schiffsrennen zu starten. Der Wind ging landeinwärts, also würden unsere kleinen Segler mitten in die Bucht hineinschippern.

So war es auch. Jedenfalls was dein Schiff anging, Benjamin. Es segelte flink und ohne Umschweife dem Strand entgegen. Mein Kahn aber begann gegen den Wind zu kreuzen, weiß der Teufel warum. Er segelte geradewegs aus der Bucht hinaus, in Richtung der Fahrrinne der schwedischen Autofähre. Ich lief noch eine Weile am Ufer hinter ihm her, dann sprang ich ins Wasser, um es zurückzuholen. Erst als ich das untreue Boot erreicht hatte, fiel mir auf, dass ich ein ganz schlechter Schwimmer war. Ich strampelte mit letzter Kraft ans Ufer zurück. Du hattest also gewonnen, ich konnte froh sein, dass ich nicht ertrunken war. Danach hatte ich nie mehr Lust auf Wettkämpfe mit dir. Ich wollte lieber kooperieren.

Eine Brudergeschichte ist nicht nur von Konkurrenz bestimmt, sondern auch von Bündnissen. Warum ist das so? Bei allem, was wir bislang über Rivalität gelernt haben, scheint es für einen älteren Bruder doch das Praktikabelste zu sein, den Kleinen in einen Karton zu stecken und als Hilfspaket nach Armenien zu schicken. Warum sollte man sich mit ihm gutstellen?

Allein schon deshalb, weil es auf der Welt noch etwas anderes gibt als die Familie. Im Familienkreis rangelt man darum, ob man Platz eins, Platz zwei oder gar Platz drei in der Rangfolge belegt. Das ist unglaublich anstrengend und kann frustrierend sein. So glaubte ich jedenfalls. Aber seit ich in die Schule ging, musste ich erfahren, dass es noch viel anstrengender und frustrierender ist, wenn man darum kämpfen muss, Platz 14 in der Klassen-Rangliste zu halten, um nicht auf Platz 16 abzurutschen.

Es wird schnell klar, was man in solch einer Situation braucht: Alliierte. Das warst du, Benjamin. Ein kleiner Bruder mag ein Problem sein – aber wenigstens eines, das nie die eigene Autorität in Frage stellt. Auch dann nicht, wenn es der Rest der Welt tut.

Das Feedback meiner Mitschüler war zu deutlich, als dass ich mir Illusionen machen konnte, wie es um mich bestellt war. Ich war schmächtiger als die anderen Kinder, und außer meiner Schmächtigkeit gab es nichts an mir, das wirklich besonders war. Ich konnte bald feststellen, dass die Jungs in der Klasse die Wortführer waren, denen es am leichtesten fiel, andere in den Schwitzkasten zu nehmen, meistens mich. Wenn beim Sport die Fußballmannschaften gewählt wurden, war ich in jedem Fall der Letzte, der aufgerufen wurde.

Meine Mutter machte sich daher Sorgen und schickte mich in eine andere Lernanstalt. Mit elf Jahren ging ich nicht mehr in meinem Heimatort zur Schule, sondern in einem mehrere Kilometer entfernten Ort namens Seeheim. Auf meinen Status in der sozialen Rangfolge wirkte sich der Schulwechsel nur bedingt aus. Ich freundete mich mit Gábor an, einem ungarischen Jungen, der noch schmächtiger war als ich. Jetzt war ich nicht mehr der Letzte, der in die Fußballmannschaft gewählt wurde. Ich war der Zweitletzte.

Nun möchte sich aber niemand gerne damit abfinden, ein Anhängsel der Gesellschaft zu sein. Jemand, auf den man ganz gut verzichten könnte. Und wenn sie einen schon in der Schule nicht mitmachen lassen, dachte ich, dann doch bestimmt dort, wo es um reines Engagement geht. Weil jede Hand gebraucht wird. Weil ja die Welt gerettet werden muss. Ich trat als freiwilliger Unterstützer der Umweltschutzorganisation Greenpeace bei.

Greenpeace war damals noch keine Spendensammelorganisation mit angeschlossenem Ökogewissen. Es waren harte Jungs mit Bärten am Kinn und einem Regenbogen im Kopf, die auf umgebauten Fischkuttern gegen das die Umwelt vernichtende Großkapital antraten. Wir verteilten Greenpeace-Flugblätter und protestierten immer wieder mal. Etwa wenn der Chemie-Konzern Hoechst, er heißt heute Aventis, ein Kino mietete, um dort einen chemiekonzernverherrlichenden Film zu zeigen. Dann standen wir davor und forderten die Zuschauer auf, nicht in diesen Film zu gehen. Das kam mir damals unglaublich subversiv vor. So ließ es sich gut ertragen, dass ich in der Schule ein Niemand war – es gab ja eine Welt, in der ich ein Jemand war.

Und da war noch eine Welt, in der ich eine Bedeutung hatte. Sie war mir sogar noch wichtiger als der Greenpeace-Unterstützerkreis. Diese Welt hieß Benjamin.

In der Schule wird man neuen sozialen Gesetzen unterworfen. Ich mochte keines von ihnen. Etwa: Mädchen sind doof. Oder: Sport macht Spaß. Oder: Man spielt nicht mit Stofftieren. Diese Reglements demontierten mein gesamtes soziales Gefüge. Denn zuvor waren alle meine Kontaktpersonen Mädchen gewesen. Ich half mir, indem ich mit meinen Freundinnen weiter den Schulweg teilte, dann aber kurz vor dem Schulgelände davonstob und mich rasch der Gruppe von Jungs anschloss. Beim Sport drückte ich mich, wo es nur ging, und verwies auf allerlei Phantomschmerzen. Und die Stofftiere vermachte ich meinem Bruder.

Allerdings nur, um anschließend gemeinsam mit ihm damit zu spielen. Benjamin liebte Stofftiere. Am liebsten hatte er drei kleine kuschelige Drachen der Marke Sigikid. Einer war rot, einer war gelb, einer war grün. Wir nannten sie die Paprikabande. Die Paprikabande erlebte allerhand. Sie ging im Garten auf Entdeckungsreise, sie unternahm Höhlenexpeditionen im Keller des Hauses. Die Paprikabande gründete sogar eine Stadt. Überall im Zimmer meines Bruders bauten wir aus Schuhkartons die Häuser von Tierhausen. Zur Bevölkerung zählten allerlei Steiff-Tiere, und immer wieder kamen neue hinzu. Der Ort verfügte über ein elaboriertes Gemeinwesen. Es gab eine Seilbahn, ein Straßensystem, Geschäfte. Später bauten die Tierhausener sogar eine Umweltschutzorganisation namens Tierpeace auf.

Die Stofftiere legten sich mächtig ins Zeug. Tierpeace besetzte Urwaldriesen, die abgeholzt werden sollten. Dafür musste ein Ficus benjamini im Wohnzimmer herhalten. Schließlich fanden die Stofftiere auch einen Atomreaktor in unserem Haus, der sich selbstredend im Heizungskeller befand und von unseren Eltern als Gasboiler bezeichnet wurde. Es bedurfte einer lebensgefährlichen Mission, ihn lahmzulegen (die gottlob an technischen Hindernissen scheiterte, sonst wäre es im Haus kalt geworden).

Die Metropole Tierhausen wuchs und prosperierte. Immer mehr Stofftiere zogen dorthin. Es wurden fast siebzig. Schuhkarton um Schuhkarton wurde übereinander geschichtet. Im Rückblick muss ich zugeben, dass ich mich beim Aufbau der Stadt gebärdet habe wie ein Albert Speer im Kinderzimmer.

Aber Kritik war natürlich das, was ich bei dir am allerwenigsten suchte, Benjamin. In deinem Zimmer hatte sich eine kleine Zeitkapsel gebildet, in der ich meine eigene Frühkindheit nachleben konnte. Natürlich war mir irgendwo bewusst, dass das nicht meinem Alter angemessen war. Ich war ja schon auf dem Gymnasium. Aber ich versicherte mir immer wieder, dass ich das ja alles für meinen Bruder tat. Das ist überhaupt das Schöne am Großer-Bruder-Sein. Man definiert immer selbst, was das alles gerade bedeutet.

Daher bildete ich mir auch ein, dass ich ein ganz hervorragender Bruder war. Für die anderen Kinder in meiner Umgebung fanden die jüngeren Geschwister entweder gar nicht statt, oder sie nervten. Die Kleinen wollten überall mit, wo die Größeren hinwollten, mussten mühsam auf Abstand gehalten werden. Sie nahmen sich die Eltern als Anwalt, um ihre Interessen durchzusetzen. Kleinere Geschwister waren Lebewesen, die ständig einen Tritt verdienten, die man aber leider nicht treten durfte.

Außer mein Bruder natürlich. Du, Benjamin, bekamst meine ungeteilte Zuneigung. Es war ein bisschen so, als würde ich jeden Tag Bruderzeit nehmen. Ich hätte Brudergeld dafür beantragen können, für all die Zeit, in der ich davon absah, Karriere zu machen, und mich der

Bruderschaft widmete. Sicher, ich hätte einem Fußballverein beitreten können oder einem Tennisclub. All das schlug ich in den Wind, um meiner Rolle als Bruder gerecht zu werden. Hätte es damals schon das Internet gegeben, ich hätte vielleicht ein Bruder-Blog geführt: Ich hätte im Detail darüber berichtet, wie glücklich und stolz ich war, dass mein Bruder schon die Halbwertzeit von Cäsium 137 aufsagen kann und weiß, wie man Strontium 90 buchstabiert.

Wolltest du dich eigentlich aus freien Stücken zusammen mit mir der Atomkraft entgegenstellen? Hattest du denn eine Wahl? Wenn ich dem französischen Kinderpsychologen Marcel Rufo glauben darf: nein. »Das letztgeborene Kind bewundert das Erstgeborene fast immer. Je mehr das jüngere Kind das ältere bewundert, umso selbstverständlicher identifiziert es sich mit ihm.« Ich habe also schamlos ausgenutzt, dass du als jüngerer Bruder ohnehin immer gut finden würdest, was ich dir vorlebte. Hätte ich mir eine Glatze geschnitten und antisemitische Parolen an die Hauswände geschmiert, hättest du dir das wohl auch zum Vorbild genommen. Es ist in der Wissenschaft auch bekannt, dass sich jüngere Geschwister sogar mit ihren kranken älteren Geschwistern identifizieren. Wenn das ältere Kind Bettnässer ist, will das jüngere auch die Laken vollmachen. Insofern ging die Sache glimpflich für dich aus.

Brauchbarer wäre es natürlich gewesen, ich hätte mich für Sport, Physik oder Rechtswissenschaft interessiert. Oder wenigstens für das, was andere Jugendliche damals auch toll fanden, Julia Roberts etwa. Aber Marcel Rufo sagt auch, dass du dich nicht beschweren solltest: »Letztgeborene haben einen enormen Vorteil gegenüber Einzelkindern: Sie haben einen Bezugspunkt, an dem sie ihre Zukunft ausrichten können.« Es gibt bestimmt bessere Bezugspunkte, als einem dürren Heranwachsenden mit pinken Hosen und zerrissenen senfgelben Pullovern nachzueifern, der sich überall unbeliebt macht, weil er so vorlaut ist. Aber vielleicht besser so einer als keiner.

Es hatte sich eine Geistesverwandtschaft gebildet, zu der es nur bei Brüdern kommen kann – wenn sie einmal darüber hinweg sind, sich gegenseitig umbringen zu wollen. Wir dachten einfach oft an dasselbe, wie an dem Tag vor Weihnachten. Mutter hatte eine Ente gekauft, die sie am ersten Weihnachtstag zubereiten wollte. Wir waren zu der Zeit beide überzeugte Vegetarier und weigerten uns, tote Tiere zu essen. Also versteckten wir die Ente im Keller und zimmerten aus Protest ein Kreuz, auf das wir »Enti« schrieben. Das Kreuz platzierten wir in einem Beet im Garten und wühlten die Erde etwas auf, als hätte dort gerade eine Bestattung stattgefunden. Ich werde nie Mutters Blick vergessen, als sie nach langem Suchen nach ihrem Weihnachtsbraten das Grabmal im Garten entdeckte. Ich glaube, sie fand das nicht so lustig wie wir. Natürlich wanderte Enti dann doch noch in den Backofen – oder wie wir gesagt hätten, in das Krematorium. Mutter bereitete uns Fleischhassern ein Champignongratin, schließlich war Weihnachten.

Aus der Identifikation, sagen Geschwisterforscher, kann sich eine tiefe Seelenverwandtschaft bilden. Ein unverbrüchliches Bündnis zwischen Gebrüdern, das durch nichts aufzubrechen ist: ein Selbstverständnis, dass ein Zweierbund allein gegen alle steht. Und auf die erste tiefgreifende Erfahrung, dass man eigentlich allein gegen die Welt steht, muss man auch gar nicht lange warten: Sie heißt Pubertät.

In der Pubertät kann sich eine neue Geschwister-Solidarität herausbilden. Wer als Junge pubertiert, löst sich aus dem Wertgefüge der Familie heraus und fängt an, alles zu hinterfragen. Eltern, die einstmals als fürsorglich und selbstlos erschienen, entpuppen sich plötzlich als Egoisten, die ihre eigene Weltsicht in die Schädeldecke ihres Nachwuchses pressen wollen. Trachten die Eltern danach, genau das zu vermeiden und geben sich betont pluralistisch und liberal, bekommt man als Kind den Eindruck, sie seien desinteressiert und scheuten die Auseinandersetzung. Erwachsene können also nur alles falsch machen. Pädagogen legen dann beruhigend die Hand auf die Schulter der verzweifelten Väter und Mütter. Sie erklären, dass ihr Kind diese Phase der Auseinandersetzung dringend braucht, um zu lernen, dass es einen eigenen Willen und eine eigene Verantwortung hat. Kinder schließlich müssen ein Individuum werden – sich selbst finden. Dafür ist es Voraussetzung, dass man sich von allem möglichen anderen mit aller Gewalt lossagt. Und das ist nun einmal auch das Elternhaus.

Wer pubertiert, erntet Verständnislosigkeit und Befremdung. In dieser Einsamkeit, Benjamin, ist der kleine Bruder der einzige Besuch. Er ist der Einzige, mit dem man gemeinsame Erfahrungen hat und eine Welt teilt. Von den Eltern muss man sich innerlich entfernen, vom kleinen Bruder nicht.

»Mit dem kleinen Geschwister kann sich aus solchen Momenten heraus eine große Vertrautheit entwickeln«, sagt Rufo. »Die Eltern sind von diesen Momenten ausgeschlossen, während das jüngere Kind sie teilt oder zumindest ins Vertrauen gezogen wurde und weiß, womit der Jugendliche sich beschäftigt.« Man ist also nicht nur Bruder – man ist auch Komplize.

Ich selbst hatte die Pubertät meiner großen Schwester miterlebt. Sie hatte sich vor allem darin geäußert, dass sie zickig wurde und sich damit beschäftigte, beleidigt zu sein. Für unsere Eltern lief die Pubertät ihrer Tochter vergleichsweise harmlos ab. Sie mussten sich nicht mit solchen Problemen auseinandersetzen, wie sie aus den Grusel-Annalen der Pubertätserscheinungen manchmal berichtet werden. Dass die Kinder blutüberströmt zu Hause erscheinen. Oder ohne Schneidezahn von einer Party zurückkommen. Oder in der Nachbarschaft randalieren. Oder die Weltherrschaft an sich reißen wollen. Mit derlei Phänomenen mussten sie sich nicht herumschlagen.

Aber das würde noch kommen.

Habe ich schon erwähnt, dass es für dich, Benjamin, vielleicht etwas anstrengend gewesen sein könnte, mich als kleiner Bruder durch die Pubertät begleitet zu haben? Und dass unsere Eltern sich manchmal gefragt haben müssen, warum um Gottes willen du mir ausgerechnet auf diesem Pfad folgen musstest?

Besonders werden sie sich das gefragt haben, als ihr neunjähriger Schützling mit einer knallgelben Verkleidung auf einer Schulfaschingsfete erschien, die man allenfalls auf Anti-Gorleben-Solidaritätsveranstaltungen tragen würde. Aber nur, wenn man die Medien schockieren wollte.

Benjamin

Lieber Tillmann, ich muss an dieser Stelle leicht korrigierend eingreifen. Die legendäre Segelregatta wurde nicht zwischen dir und mir ausgetragen. Sondern zwischen dir und unserem Vater. Denn inzwischen hatte sich mein anfängliches Misstrauen dir gegenüber in grenzenlose Bewunderung verwandelt. Ich hätte es nie gewagt, mein Idol, meinen älteren Bruder, in einem offenen Wettkampf herauszufordern. Niemals.

Ich fand euch beide eine Woche vor unserer Abfahrt nach Schweden im Hobbykeller vor, mit verbissenen Mienen Holz sägend und schmirgelnd. Da ich nicht ausgeschlossen sein wollte, habe ich mich entschieden, auch noch mitzumachen. Allerdings habe ich mir nie auch nur den Hauch einer Gewinnchance ausgemalt. Eure Rennboote waren einfach viel zu furchteinflößend. Vaters Katamaran war handwerklich perfekt: vollkommene Symmetrie, nichts wackelte, nicht die kleinste Unebenheit bot dem Wasser einen Widerstand. Deiner war etwas unförmiger, aber dafür hatte er eine Fratze, und das Segel hattest du mit germanischen Runen beschrieben, du hattest damals so eine spirituelle Phase (wie du eigentlich immer irgendeine Phase hattest). Als unsere Boote fertig waren, fragte ich euch, auf welche Namen ihr sie taufen würdet. Papa nannte seines »Kon-Tiki«, nach jenem Floß, mit dem der Archäologe Thor Heyerdahl über den Pazifik gefahren war. Du nanntest deines »Draco«, mit dem Hinweis, dass dies lateinisch sei und »Drache« bedeute. Ich nannte meines bescheiden »Hering«. Es war noch nicht mal halb so groß wie deines und löste bei euch vor allem Mitleid aus. Ich hatte gar nicht vor, euch beide zu schlagen.

Und dann kam der große Tag. Wir standen knietief im eiskalten Wasser der Ostsee. Papa rief: »Auf die Plätze! Fertig! Los!« Und in diesem Moment betete ich, dass es dort oben einen Gott gäbe, der Mitleid mit kleinen Brüdern hätte. Was soll ich sagen? Er hat noch einen bei mir gut. »Kon-Tiki« machte eine 90-Grad-Wende und segelte auf die andere Seite der Bucht. »Draco« fuhr sogar gegen den Wind aus der Bucht hinaus – vielleicht hattest du bei den Zauberrunen etwas verwechselt? »Hering« steuerte wie an einer unsichtbaren Schnur gezogen auf das Ziel, den Strand zu. Als wir dorthinliefen und ich mein Schiffchen auf mich wartend vorfand – während eure sehr schnell, aber auch sehr ziellos über die Bucht kreuzten –, konnte ich mein Glück kaum fassen. Der Underdog hatte gewonnen!

Dieses Erlebnis schmälerte aber meine Bewunderung für dich nicht. Nach dem Rennen liefen wir zurück zum Ferienhaus. Du prahltest damit, wie dein ingenieurtechnisches Meisterwerk quer zum Wind, ja sogar *gegen* den Wind kreuzen konnte. Ich konnte dir nur zustimmen: Wie antriebslos hatte mein Schiffchen einfach das getan, wofür es gebaut wurde, die dreißig Meter bis zum Strand zu schippern. Während dein Rennboot derart ausgereift war, dass es sich zu höheren Aufgaben berufen fühlte und aufbrach, ein zweites Mal Amerika zu entdecken. In meinen Augen warst du der Gewinner.

Ich weiß noch, was meine Reserviertheit dir gegenüber in bedingungslose Zuneigung verwandelte. Es war der Ernst des Lebens. Sehr genau erinnere ich mich an den Tag, an dem ich ihn kennenlernte. An diesem Tag kamen unsere Eltern mit einem Geschenk zu mir, obwohl ich überhaupt nicht Geburtstag hatte. Es war ein blauer Schulranzen der Marke »Scout«. Ich wusste nicht wirklich, was ich damit machen sollte. Zuerst probierte ich, ihn als Garage für Spielzeugautos zu verwenden, aber dafür war er zu groß. Dann wollte ich ihn als Haus für Playmobil-Männchen nutzen, aber er hatte ja keine Fenster. Mutter sagte nur: »Ja, ja, bald fängt der Ernst des Lebens an.« Und wuschelte mir durch die Haare. Der Ernst des Lebens? Was sollte das denn heißen? Dann waren die ersten fünf Jahre also der *spaßige* Teil gewesen? Ich wurde mit dem Tod durch Ertrinken bedroht, mit Murmeln beschmissen und mit Pfeilen beschossen. Und nachdem ich diese Jahre mit Ach und Krach überlebt hatte, sagte man mir: »So, und jetzt hört der Spaß auf!« Na, vielen Dank.

Abgesehen von den gelegentlichen »Unfällen« war meine Existenz bis dahin eigentlich ganz angenehm gewesen. Der Kleinste wird von allen geliebt. Und alle wollen, dass der Kleinste sie lieb hat. Und alle wollen auf keinen Fall, dass man einen anderen ein bisschen mehr lieb hat als sie. Dann sind sie beleidigt. Wenn die Familie sich streitet, versucht jeder, den Kleinsten auf seine Seite zu ziehen. Wenn mich jemand aus unserer Familie fragte, wen von ihnen ich denn am liebsten hätte, sagte ich immer ausweichend: »Den Ede!« Das war unser Hund, ein Boxer. Auf den war keiner eifersüchtig. Ede war damals mein bester Freund.

Und Basti, der war auch mein bester Freund. Er hieß eigentlich Sebastian, wohnte auf der anderen Straßenseite und hatte am gleichen Tag wie ich Geburtstag. Zudem war er auch ein kleiner Bruder. Und diese Fakten verliehen unserer Freundschaft in unseren Augen einen Hauch von Bestimmung, eine mythische Überhöhung. Obwohl Basti immer alles kaputt machte. Aber diesen Charakterfehler glich er durch die Tatsache aus, dass seine Eltern Kabelfernsehen hatten. Als Kind einer Grundschullehrerin, die »Spielen und Lernen« abonniert hat, wird man zwangsläufig zu einem weltoffenen, kommunikationsfreudigen Menschen. Denn man muss sich mit anderen Kindern befreunden, um den ganzen Kram zu bekommen, der nicht gerade als »pädagogisch wertvoll« gilt. Wir hatten nur Brio-Eisenbahnen, Bauklötze aus unbehandeltem Holz und Stofftiere. Andere Kinder hatten »Masters of the Universe«-Figuren. Das war zum Beispiel He-Man, ein Muskelprotz aus Plastik mit einem Topfhaarschnitt, der ein Schwert hatte und auf einem grünen Tiger ritt. Er kämpfte immer gegen Skeletor, der, wie der Name schon sagt, ein Skelett war. Bastis Eltern arbeiteten bei der Lufthansa. Deshalb hatten sie immer die neuesten technischen Errungenschaften aus den USA in ihrer Wohnung. Ein schnurloses Telefon. Eine Mikrowelle. Einen Videorekorder. Einen Computer. Alles Dinge, die unsere Eltern als »überflüssig« bezeichneten. (Heute ruft mich Vater regelmäßig an, weil die Vernetzung ihrer vier Computer nicht klappt. Sie haben einen Festplatten-DVD-Rekorder, einen VHS-Rekorder, ein schnurloses Telefon, und ohne ihre Mikrowelle wären sie längst verhungert.) Aber viel wichtiger war das Kabelfernsehen.

Es wird immer gesagt, die erste sexuelle Fixierung im Leben eines Jungen sei seine Mutter. Wieder so ein freudscher Blödsinn: Meine erste sexuelle Fixierung war Jody aus der Serie »Ein Colt für alle Fälle«. Sie war eine Freundin des Kopfgeldjäger-Stuntman Colt Seavers, eine langbeinige Blondine. Im Vorspann der Serie sah man sie für eine Sekunde in einem Bikini. Das mag jetzt für viele befremdlich wirken, aber ich bin mir sicher, dass sie eine ganze Generation kleiner Jungs geprägt hat. Schließlich war dies Mitte der Achtzigerjahre, »Tutti Frutti«, »Baywatch« und »Basic Instinct« waren noch nicht erfunden. Auf der Titelseite des Spiegel waren damals noch Politiker abgebildet. Wenn man als Junge eine Frau im Bikini sehen wollte, musste man »Ein Colt für alle Fälle« gucken. Fragte mich damals jemand, was ich werden wolle, sagte ich: »Stuntman!« Aber das war nicht die ganze Wahrheit. Mir war damals schon klar, dass kleine Jungs aus Darmstadt-Eberstadt, die von ihrem großen Bruder Murmeln an den Kopf geworfen bekommen, nicht Stuntman werden.

Wenn wir nicht »Ein Colt für alle Fälle« guckten, spielten wir auf Baustellen. Kohl war an der Macht, die Wirtschaft florierte und in unserer Nachbarschaft wurden die Wiesen plattgewalzt, um Einfamilienhäuser für Ärzte zu schaffen. Auf den Baustellen hingen immer gelbe Schilder. Die älteren Kinder, die schon in der

Schule waren, sagten uns, dass dort «Betreten verboten! Eltern haften für ihre Kinder!« steht. Sie sagten, dies hieße, wenn wir erwischt würden, holte die Polizei nicht uns, sondern Papa und Mama. Prima, uns konnte also nichts passieren. Ich stellte mir vor, wie es wäre, wenn ich als einziges Kind in der Nachbarschaft keine Eltern hätte, weil die im Knast wären. Da wurde mir klar, dass ich dann wahrscheinlich alleine mit Tillmann wäre. Ich passte also doch auf, dass ich nicht erwischt wurde.

Doch wenig später kam der Ernst des Lebens. Irgendwann sagten unsere Eltern mir, der Tierarzt habe Ede eine Spritze geben müssen, weil er sehr krank gewesen sei. Und dann setzten sie mir den Scout-Ranzen auf und drückten mir eine blaue Schultüte mit weißen Wölkchen in die Hand. Kurze Zeit später saßen wir auf Stühlen in einer Turnhalle, die voller Eltern und anderen Kindern war. Mein Name wurde aufgerufen, und Mutter sagte mir, ich solle nach vorne gehen. Als ich den Gang zwischen den langen Stuhlreihen hindurchging, fingen alle an zu lachen. Sie müssen wohl meinem Gesicht angesehen haben, wie ich mich fühlte. Natürlich war ich in meiner Klasse der Jüngste – eine Rolle, die mir ja bereits vertraut war.

Zum Glück war ich vorbereitet. Das ist der große Vorteil, wenn man ein kleiner Bruder ist: Man weiß immer, was auf einen zukommt. Ich wusste bereits von Tillmann, dass die Schule kein Spaß ist. Schließlich hatte ich immer beim Abendessen zugehört, wenn wieder einmal von seinen Erlebnissen die Rede war. Meistens ging es darum, dass der Klaus ihn wieder einmal verhauen hatte, und unsere Eltern redeten auf ihn ein, er solle ihn doch nicht immer provozieren. Daher wusste ich: Da draußen gibt es Typen, die hauen so einer halben Portion wie mir auf die Nuss. Und wie man mit Älteren, die einem auf die Nuss hauen, umgeht, wusste ich: Körperlicher Widerstand ist zwecklos. Es gibt andere Wege.

Eine weitverbreitete Klischeevorstellung über kleine Brüder besagt, wir würden sorgenfrei aufwachsen, da wir immer drohen könnten: »Hör auf, sonst hole ich meinen großen Bruder!« Stimmt gar nicht. Ich hätte höchstens drohen können: »Hör auf, sonst hole ich meinen großen Bruder, der dir verbal haushoch überlegen ist und der sagt dann was ungemein Freches – bevor du uns beide ungespitzt in den Boden rammst.« Außerdem waren Tillmann und Annette damals schon weit weg, nämlich auf dem Gymnasium.

Doch ich wusste, was ich zu tun hatte: Im Unterschied zu älteren Brüdern schlagen die Prügler an der Schule, um Aufmerksamkeit zu bekommen. Ältere Brüder hauen, wenn niemand hinschaut. Raufbolde wollen, dass man sich auf dem Boden herumrollt und heult. Sie wollen, dass man sich wehrt, dass sich eine Traube aus Kindern um die Prügelnden bildet. Dass andere Kinder ins Lehrerzimmer rennen und rufen: »Kommen Sie ganz schnell, der Klaus verhaut wieder einen!« Und dann würden alle wissen: Der Klaus, uiii, das ist ein ganz Gefährlicher. Ich wusste: Man darf nicht heulen und nicht schreien. Das gibt den Prügelnden nur Bestätigung. Stattdessen muss man sich passiv verhalten, und die Taktiken des Schwächeren anwenden: kleine Finger nach hinten biegen, beißen, an den Haaren ziehen. So, dass ihnen die Lust vergeht. Eltern erzählen ihren Kindern gerne: »Wenn du in der Schule bist, gehörst du auch zu den Großen!« Dann werden die Kleinen eingeschult und finden sich am Anfang der Nahrungskette wieder, vielen Dank. Ich werde meinen Kindern etwas anderes sagen: »Heul nicht und schrei nicht! Konzentriere dich auf Haare, Ohren und kleine Finger! Und natürlich – den Unterleib!« Das wird ihnen eine echte Hilfe sein.

Aber die Raufbolde waren nicht mein Problem. Denn die Schule stellte sich als noch viel schlimmer heraus, als ich sie mir vorgestellt hatte. Sie war langweilig. Tödlich langweilig. Ich musste kleine Quadrate und Dreiecke aus Plastik sortieren. Das nannte man damals Mengenlehre. Endlose Kringel in exakt den gleichen Bögen in Schulhefte malen. Sie quälten uns mit genau den gleichen Dingen, mit denen sie bereits fünf Jahre zuvor Till gefoltert hatten. Die Langeweile sickerte in mein Gehirn und machte darin alles taub. Meistens sah ich aus dem Fenster und sah Eichhörnchen und Amseln, die frei waren. Ich träumte von Jody und einem Leben als Stuntman.

Wenn ich nach Hause kam, fragte ich die Eltern, wie lange ich denn in die Schule gehen müsse? Und sie antworteten mir: dreizehn Jahre. Das waren mehr Jahre, als ich Finger an den Händen hatte. Also eine unvorstellbar hohe Zahl. Für mich hieß das: Sie hatten mich zu lebenslänglich verknackt. Und dann ging ich in die Küche, schaute in den Ofen und fand dort Essen, das Mutter nach Rezepten aus dem Brigitte-Kochbuch »Fleischlos glücklich« zubereitet hatte. Tillmann war nämlich Vegetarier geworden. Das war also der Ernst des Lebens.

Die Schule und ich, das konnte einfach nicht gutgehen. Wir wissen nun bereits, dass ich durch die Geburtenreihenfolge dazu verdammt war, etablierte Werte und wissenschaftliche Theorien in Frage zu stellen. Um als Jüngster einen einigermaßen eigenständigen Charakter entwickeln zu können, muss man einfach stur und widerspenstig werden. Und wo bekommt man mehr etablierte Werte und wissenschaftliche Theorien zum stumpfen Auswendiglernen vorgesetzt als in der Schule?

Allerdings hat der Kleinste in der Familie als Rebell ein Problem: Er ist allen anderen hoffnungslos unterlegen. Tillmann zum Beispiel ist ganze fünf Jahre älter als ich. Und zwischen einem Fünfjährigen und einem Zehnjährigen liegen Lichtjahre. Der Ältere ist dem Jüngeren nicht nur körperlich überlegen, natürlich ist er ihm auch intellektuell weit voraus. Der Zehnjährige kann dem Fünfjährigen zum Beispiel eine Murmel an den Kopf werfen und danach die Wahrheit verdrehen, wie er will: »Warum musstest du auch gerade da stehen, wo meine Murmel vorbeigeflogen kam? Du hast Glück, dass sie nicht kaputtgegangen ist! Das war meine Lieblingsmurmel! Und jetzt willst du auch noch zu den Eltern rennen und bei denen rumheulen und mich anschwärzen! Na, ein toller Bruder bist du!« Als Fünfjähriger ahnt man natürlich, dass irgendwas an dieser Argumentation faul ist. Aber man kann es nicht in Worte fassen. Also bleibt einem nichts anderes übrig, als zu heulen.

Und was macht man als Rebell, der gegen einen in jeder Beziehung überlegenen Gegner antreten muss? Schlagen Sie im Lexikon unter »Mahatma Gandhi« nach. Er hat mit einem Haufen Vegetarier eine der größten Militärmaschinerien seiner Zeit in die Knie gezwungen, das britische Commonwealth. Und wie? Mit passivem Widerstand! Das Online-Lexikon Wikipedia beschreibt passiven Widerstand wie folgt: »Eine Protestform von einzelnen Menschen oder größeren Menschengruppen. Kennzeichen ist, dass sie Aufforderungen, Befehlen oder Gruppennormen nicht folgen, sondern einfach nicht mitmachen.« Und das wurde mein Rezept: Einfach nicht machen, was die Großen wollten, ihnen aber gleichzeitig auch keinen Anlass geben, mir eins auf die Nuss zu hauen. Das Ganze mit Ausdauer durchführen, so lange bis der Gegner entnervt aufgibt und nach Hause fährt, um Earl Grey zu trinken. Wo, glauben Sie, hat Gandhi seine Strategie entwickelt? Vielleicht während seines Studiums in London? Oder während seiner Zeit als Anwalt in Südafrika? Nein, schon viel früher: Er war das jüngste von vier Geschwistern.

Ich gab allen das Gefühl, sie hätten Autorität, und wartete, bis sie sich endlich trollten, damit ich dann machen konnte, worauf ich Lust hatte. Dann verhielt ich mich ruhig, in der Hoffnung, dass sie mich übersehen würden, schaute aus dem Fenster und träumte von Jody und Colt. »Ja, ja …«, das wurde meine Standardantwort. Ich glaube, keine anderen Worte hat meine Familie so oft von mir gehört.

Meine Strategie des passiven Widerstandes funktionierte in der Schule ganz hervorragend. Ich konnte sehen, wie ich die Lehrer von Tag zu Tag mehr verunsicherte. Jede Woche fiel mehr und mehr Unterricht aus, weil sie sich zu Fortbildungen und »Supervisionen« trafen. Dann wurde ich eines Tages ins Lehrerzimmer gerufen. Dort fand ich alle versammelt. Die Direktorin trat vor mich und sprach: »Benjamin, dein Verhalten hat uns die Augen geöffnet. Uns ist klar geworden, dass unser Unterricht so hirnerweichend langweilig ist, dass es an Körperverletzung grenzt. Wir haben deshalb beschlossen, die Welt zu einem besseren Ort zu machen. Daher werden wir geschlossen in den Vorruhestand treten und von nun an Tulpen züchten. Du bist frei!« Dann öffnete sie die Tür, und ich rannte ins Freie, zu meinen Freunden, den Amseln und Eichhörnchen.

Na ja. Schön wäre es gewesen.

Die Realität sah anders aus. Die Lehrer kamen bald überein, dass ich ein sonderbares Kind sei. Immer freundlich und kooperationsbereit, wahrscheinlich auch nicht dumm, aber nie lieferte ich das ab, was sie von mir verlangten. In meinen Zeugnissen standen immer Sätze wie: »Benjamin ist verträumt und schaut oft aus dem Fenster. Er vergisst oft seine Unterrichtsmaterialien.« Sie stimmten überein, dass ich irgendwie überfordert, unreif, zu sensibel und außerdem lernbehindert sei und zudem auch noch so ungeschickt im Sportunterricht, dass es quasi als körperliche Behinderung durchgehe. Das Letzte stimmte – nur in einer einzigen Sportart war ich gut: Völkerball. Ich war immer der Letzte auf dem Feld. Schließlich war ich als Kleinster aufgewachsen. Ich wusste, wie man es schafft, übersehen zu werden, wenn man übersehen werden will.

Wenn ich aus der Schule nach Hause kam, schmiss ich den Schulranzen in eine Ecke hinter der Tür, in der er nicht störte. Und meistens rührte ich ihn dann auch nicht mehr an, wenn mich unsere Eltern nicht gerade dazu ermahnten. Ich hatte keine Zeit für Hausaufgaben. Denn in meinem Kinderzimmer warteten eine Welt voller Abenteuer und etwa einhundert Freunde – meine Stofftiere. Und natürlich Tillmann.

Ich muss an dieser Stelle darauf hinweisen, dass meine Stofftiere keine gewöhnlichen Spielzeuge waren. Alle Kinder spielen mit Stofftieren und geben ihnen Namen, sie streicheln sie ein bisschen, aber die meiste Zeit sitzen sie stumpf in einer Ecke des Kinderbetts und starren vor sich hin. Aber meine waren ganz anders. Ich hätte sie niemals in eine Ecke geschmissen oder sie in einer Kiste eingeschlossen. Dafür waren sie viel zu selbstbewusst, das hätten sie nie mit sich machen lassen. Sie hätten auf das Schärfste protestiert! Meine Stoffhunde wedelten auch nie mit dem Schwanz und bettelten um Futter. Nein, sie hatten ihren Stolz. Sie dachten über weit höhere Dinge nach als Fressen und Kuscheln. Zum Beispiel überlegten sie, wie sie einen Atombombentest verhindern und den Sprengkopf außer Gefecht setzen könnten, ohne dass es zu radioaktiver Kontamination kommen würde.

Aber der Reihe nach. Meine Stofftiere schliefen nicht in meinem Bett, sondern sie hatten eine eigene Stadt. Für die hatte ich die erste Etage meines Hochbetts geräumt, und von dort wucherte der Ort über die drei Flötotto-Schränke. Der Ort war eine administrative Glanzleistung. Es gab ein öffentliches Nahverkehrssystem: Eine Holzseilbahn verband die Schränke und die »Rengreng« fuhr als Straßenbahn zwischen den Häusern hindurch. Die Stadt hatte auch einen Bürgermeister – einen Steiff-Affen mit einem entschlossenen Gesichtsausdruck, der früher einmal Tillmann gehört hatte. Es sah deshalb schon recht verlebt aus, was ihn in meinen Augen weise machte. Tillmann taufte ihn auf den Namen Monki.

Nur kleine Stofftiere, die nicht viel größer als eine Faust waren, wurden in Tierhausen aufgenommen. Das hatte einen einfachen Grund: Die großen konnten keine Flugzeuge fliegen, keine Schiffe steuern und nicht in Schuhkartons wohnen. Dafür waren sie einfach zu groß. Sie waren für mich tatsächlich nur tote, plumpe Stoffsäcke. Ganz anders die kleinen Stofftiere. Alle Tiere einer Art wohnten zusammen in einem Haus: Die Affen hatten natürlich ein Baumhaus. Die Drachen wohnten in einem Vulkan aus Gips. Außerdem gab es sehr viele Hunde, Katzen und Mäuse, die in einem Bauernhaus wohnten.

Allerdings gab es auch Außenseiter. Das »Ich-bin-ich« zum Beispiel. Das war ein Stofftier, das ich im Sachkundeunterricht zusammennähen musste. Erst las uns die Lehrerin aus einem Kinderbuch vor: Das Ich-bin-ich ist ein komisches buntes Tier mit langen Ohren. Auf der Suche nach Freunden trifft es andere Tiere, Pferde, Fische und Schafe, aber die sagen ihm nur, dass es nicht sei wie sie. Am Ende erkennt es: »Ich bin ich!« und sagt: »Ich bin ich und wer nicht weiß, wie er heißt, der ist dumm, bumm!« Sofort akzeptieren alle anderen Tiere das Ich-bin-ich. Die pädagogische Botschaft der Lehrerin war klar. Leider lief sie bei mir ins Leere: Mein Ich-bin-ich führte in Tierhausen ein ähnliches Außenseiterdasein wie das Tier im Buch. Es war eben kein Affe, kein Hund und keine Maus. Deshalb musste es mit einem Igel zusammenwohnen, der eigentlich nur ein Wollknäuel mit Augen war. Meine Mutter hatte ihn auf einem Schulbasar gekauft, er war daher für mich ebenfalls mit dem Makel der Lehranstalt behaftet.

Wenn ich mir im Nachhinein diese Welt betrachte, mache ich mir nachträglich Sorgen um meine geistige Gesundheit. Sie war wie ein Gegenentwurf zu der Welt der Erwachsenen, die sich in mein Leben drängte. Tillmann stellt es heute so dar, als sei ich derjenige gewesen, der mit den Tieren gespielt habe und er … na ja, er sei halt hin und wieder aus seinem Zimmer herübergekommen und habe sich das Ganze angeguckt. Wahrscheinlich aus dem schamvollen Gefühl heraus, dass ein Gymnasiast nicht mehr mit Stofftieren spielen sollte. Ich war derjenige, der die Stofftiere hatte – aber er war derjenige, der ihr Dorf zu einer komplexen Parallelwelt ausbaute. Und er gab den Tieren eine Mission, eine einigende Aufgabe: Sie mussten die Welt retten.

Tillmann war damals bei Greenpeace. Ich hatte das »Treff Jahrbuch«, darin war ein Bild von ihnen. Bärtige, verwegene Jungs mit von Sonne und Salz gegerbter Haut, die ihre langen Haare mit Bandanas im Rambo-Stil zusammenbanden. Sie steuerten ein kleines Schlauchboot direkt in die Schusslinie eines Walfängers, ein rostiger, blutverschmierter Kahn, Bote einer brutalen und profithungrigen Welt. Sie hatten Bärte, weil es für sie Wichtigeres gab, als auf Äußerlichkeiten zu achten: Sie mussten die Welt retten.

Ich wusste: Tillmann trifft sich mit diesen Helden. Er war für mich der David, der sich den geldgierigen Goliaths in den Weg stellte, die diese ganzen possierlichen Tiere aus meinem WWF-Panini-Sammelbilderalbum zu Handtaschen verarbeiten wollten. In meiner Phantasie sah ich ihn, wie er sich mit den bärtigen Weltverbesserern inmitten von Schlauchbooten, Außenbordmotoren und frisch gepinselten Transparenten traf, um einen neuen Angriff auf das Böse in der Welt zu planen. Er war mein Idol. Er zeigte mir, dass es mehr als Darmstadt-Eberstadt mit seinen Streuobstwiesen, den Neubaugebieten, dem Freibad und der Ludwig-Schwamb-Schule gab – er stieß für mich das Tor zur Welt auf. Wie konnte ich anders, als ihn abgöttisch zu bewundern?

Ich war natürlich noch viel zu klein, um zu Greenpeace zu gehen. Aber wenn mich damals jemand fragte, was ich mal machen wolle, wenn ich groß sei, sagte ich: »Ich gehe zu Greenpeace und rette die Wale.« Dann entgegnete man mir oft, dass das doch kein Beruf sei. Aber das war eben etwas, was ich von Till gelernt hatte. Es geht nicht darum, einen Beruf zu finden, sondern um eine Berufung. Aber vorerst musste ich noch jeden Morgen in die graue, graue Schule gehen. Deshalb mussten die Stofftiere ausziehen, um stellvertretend für mich die Welt zu retten. Sie gründeten eine Organisation, die »Tierpeace« hieß – den Namen gab ihr Tillmann. Er war es, der meine Playmobilschiffe mit Regenbögen und Peace-Zeichen bemalte.

Die Stofftiere nahmen eine lange und beschwerliche Reise in den Playmobilschiffen in Kauf, um in ein französisches Atomtestgebiet zu segeln – immer beschattet von einem Kriegsschiff, das am Horizont herumlungerte. Das war ein Modell des Schlachtschiffs »Bismarck«, das Vater auf einem Flohmarkt gekauft hatte. Dann hängten sie sich mit einem Transparent an die Atombombe, die aus einem braunen Stoffpolster bestand. Auf dem stand »Stoppt die Atomtests!« Wir spielten hier einen Gründungsmythos der Organisation nach: Die Fahrt der Greenpeace-Gründer mit der Segeljacht »Vega« ins Atomtestgebiet Mururoa.

Mir fällt eine Sache auf: Meine Playmobil-Männchen hatten immer andere Playmobil-Männchen, gegen die sie kämpfen konnten. Die Kavallerie kämpfte gegen Indianer. Die Polizei gegen Bankräuber. Die Ritter kämpften gegeneinander. Nur meine Playmobil-Piraten hatten das Problem, dass sie niemanden hatten, den sie überfallen konnten. Denn der Plastikspielzeughersteller hatte es leider versäumt, neben dem Piratenschiff auch ein wehrloses Handelsschiff in die Regale zu stellen. In Ermangelung maritimer Opfer mussten die Piraten immer die Ritterburg überfallen, auch wenn sie wussten, dass das historisch nicht ganz korrekt war. Die Stofftiere dagegen hatten keine *bösen* Stofftiere, gegen die sie kämpften. Für mich waren sie per Definition immer gut. Sie kämpften gegen die Installationen im Heizungskeller, gegen die Abholzung des Regenwaldes und gegen Atomtests. Ihre Gegner waren keine Spielzeuge – sondern die Welt der Erwachsenen.

Tillmann weihte mich auch in ein Geheimnis ein. Er hatte einen Chemiebaukasten, mit dem er regelmäßig die Wasserqualität der Modau überprüfte, das war das trübe, nur knöcheltiefe Flüsschen, das durch Darmstadt-

Eberstadt floss, um später einmal in den Rhein zu münden. Da gab es eine Papierfabrik, aus der ein Abwasserrohr in die Modau führte. Er wollte mit seinem Chemiebaukasten feststellen, was in diesen Abwässern war, und sich dann mit einem Transparent vor die Fabrik stellen, auf dem stehen sollte: »Diese Fabrik leitet folgende Schadstoffe in die Modau: …« Aus dem Plan ist nie etwas geworden, aber das machte nichts. Es war ein Geheimnis, das ich mit ihm teilen und mit einem glühenden Gefühl in mir herumtragen konnte. Ich schenkte ihm auch ein Joghurtglas, an das ich ein Seil gebunden hatte. Auf das Glas hatte ich einen fröhlichen Fisch gemalt. Es sollte ihm helfen, Wasserproben von den Modaubrücken zu nehmen. Leider hat er es nie benutzt.

Es ist eigentlich unnötig zu erwähnen, dass ich ebenfalls Vegetarier wurde. Tillmann erzählte mir: »In den Fleischfabriken werden die Schweine in kleinen Käfigen gehalten, in denen sie sich noch nicht einmal rumdrehen können. Sie bekommen nie die Sonne oder Gras zu sehen!« Es fiel mir erst ziemlich schwer, auf Fleisch zu verzichten. An einem meiner ersten Tage als Vegetarier hatte Mutter Fleischbällchen mit Reis gemacht. Ich wurde schwach. Damit Tillmann es nicht sah, vergrub ich meine Fleischbällchen auf dem Teller unter einem Haufen Reis und aß sie ganz schnell auf. Danach fühlte ich mich eine Woche lang schuldig. Ich hatte die gemeinsame Sache hintergangen. Verräter!

Tillmann rettete durch seine Agitation meine schulische Laufbahn, wenn auch völlig unbeabsichtigt. In der Schule sollte jedes Kind einen Vortrag über Dinge halten, für die es sich in seiner Freizeit interessierte. Die anderen hielten Vorträge über Dinosaurier oder Flugzeuge. Ich dagegen baute aus Bauklötzen das Innere einer Massentierhaltung nach, kleine Holztiere sollten die Kühe und Rinder symbolisieren. Dann ließ ich eine dramaturgische Sekunde verstreichen, blickte drohend in die Klasse und sagte: »Sie können sich in ihren Käfigen noch nicht einmal rumdrehen. Sie kriegen nie die Sonne oder Gras zu sehen! So werden die Würste gemacht, die ihr esst!« In meiner Klasse gab es Kinder, denen wurde von ihren Eltern verboten, die Tagesschau zu sehen – ihre Kindheit sollte »ungetrübt« und »behütet« sein. Das fand ich schon damals sehr seltsam, denn ich sah mir mit meinen Eltern jeden Tag die Tagesschau an, und so bekam ich die Challenger-Katastrophe, Tschernobyl und das Massaker auf dem Platz des Himmlischen Friedens in Peking mit. Und nun stand ich vor diesen Kindern, die dachten, dass das Leben eine endlose Folge von »Die Kinder aus Bullerbü« sei, und hielt Bilder aus Schweine-KZs, von missgebildeten Kindern aus Indien und ölverklebten Vögeln hoch. Und ich genoss, ehrlich gesagt, mit grimmiger Zufriedenheit das blanke Entsetzen, das sie auslösten. Meine Klassenlehrerin überzeugte ich mit diesem Vortrag davon, dass ich doch nicht hypersensibel und überfordert sei, sondern schlicht faul. Und in meiner Faulheit sah sie keine Eigenschaft, die mich grundsätzlich vom Gymnasium ausschloss.

Meinen Ruf als seltsames Kind unterstrich ich noch an der Fastnachtsfeier in der vierten Klasse. Als unsere Eltern mich fragten, als was ich mich verkleiden wollte, musste ich nicht lange nachdenken. In Tillmanns Zimmer hatte ich in Ausgaben des Greenpeace-Magazins geblättert und Bilder von einer Demonstration gesehen, in der Mitglieder der Organisation in weißen Anzügen gelbe Fässer durch die Straßen rollten. Ich sagte meinem Vater also, ich wolle als Atommüllfass gehen. Ich weiß nicht mehr, wie die Reaktion meines Vaters ausfiel, wahrscheinlich hatte er mit so etwas bereits gerechnet. Er baute mir mit seinem für ihn typischen handwerklichen Geschick aus Wellpappe ein Fass, das eine Öffnung für meinen Kopf und zwei für die Arme hatte. Die Oberflächen beklebte er mit strahlend gelbem Tonpapier. Auf die Vorder- und Rückseite malte er zwei große Radioaktivitätssymbole. Es war ein Traum.

Bevor ich morgens in die Schule ging, machte unser Vater ein Bild von mir. Auf dem sieht man mich in meinem Atommüllfass stecken, das weiß geschminkte Gesicht mit den aufgemalten roten Augenringen wirkt durch das Blitzlicht noch bleicher als es war. Basti steht grinsend neben mir, er ging als Cowboy. Man muss sich die folgende Situation vorstellen: eine typische Grundschul-Faschingsfeier, es gibt mit Smarties beklebten Marmorkuchen und Fanta. Die anderen kamen als Indianer oder Prinzessinnen, und ich saß dazwischen, in meinem Atommüllfass steckend und bröseligen Kuchen kauend. Meine Lehrerin kam zu mir und fragte, ob mein Auftritt nicht etwas seltsam sei, denn schließlich sei Fastnacht ja ein Fest, an dem man Spaß haben und nicht über die Probleme in der Welt nachdenken solle. Ich widersprach heftig. Für mich war mein Auftritt das Selbstverständlichste in der Welt. Und außerdem – ich hatte ja meinen Spaß.

Das ist das Besondere, wenn man ältere Geschwister hat: Man beobachtet sie und man lernt von ihnen, die ganze Zeit. Dadurch ist man seinen geschwisterlosen Altersgenossen immer ein Stück voraus. Ich meine damit nicht, dass ich den Kindern irgendwie intellektuell überlegen oder gar besser in meinen schulischen Leistungen gewesen wäre. Doch ich beschäftigte mich eben mit anderen Sachen als die meisten Kinder in meinem Alter. Und ich glaube, das ließ mich in ihren Augen immer ein wenig sonderbar erscheinen.

Damals dachte ich, dass Tillmann und ich immer mit Stofftieren spielen würden, bis in alle Ewigkeit. Doch dann platzte unsere gemeinsame Phantasiewelt ziemlich plötzlich. Ich kann mich noch genau an den Tag erinnern. Er war auf einer Klassenfahrt von ihm nach West-Berlin gewesen, damals noch zu Zeiten der deutschen Teilung. Dabei hatten sie natürlich auch den Osten der Stadt besucht. Nach seiner Rückkehr hörte ich beim Abendessen zu, was er von dieser Fahrt erzählte. Es erschien mir wie ein unerhörtes Abenteuer: ein Ausflug in das Reich des Bösen.

An diesem Abend wollte ich ein einziges Mal die Initiative beim Spielen übernehmen. Bisher hatte immer Tillmann bestimmt, was wir gemeinsam machten. Er beobachtete mich mit den Stofftieren, dann kam er zu mir und schlug vor, was wir zusammen spielen könnten. Und ich lehnte niemals ab. Diesmal sollte es anders herum sein. Ich baute in dem Flur vor unseren Kinderzimmern eine Mauer aus Polstern auf. Ich klopfte an die Tür seines Zimmers und sagte: »Lass uns ›Flucht über die Mauer‹ spielen!« Aber auf seine Reaktion war ich nicht vorbereitet. Er herrschte mich an: »Weißt du, wie dreckig es den Leuten dort geht? Das ist kein Spiel!«

Für mich war dies der Tag, an dem wir aufhörten, miteinander zu spielen. Ich weiß nicht, ob meine Erinnerung korrekt ist. Wahrscheinlich gab es nicht einen einzelnen Moment, in dem wir plötzlich und für immer aufhörten, in Tierhausen zu verschwinden. Vermutlich war es eher ein Prozess, ein langsames Einschlafen.

Tillmann hatte jetzt eine Freundin. Sie war ein Punk und hieß Nucki. Es war ein spektakulärer Auftritt, als sie sich zum ersten Mal unseren Eltern vorstellte. Das Bild von ihr, das ich als Erinnerung gespeichert habe, ist aus der Froschperspektive aufgenommen. Ihre Schuhe, mit einem weißen Lackstift bekritzelte Doc Martens mit Stahlkappen, schallten über die Terrakotta-Fliesen unserer Küche. Sie war über und über mit Ketten, Nieten und Piercings behängt, bei jedem Schritt schepperte und klimperte etwas an ihr. Es war offensichtlich, dass eine Freundin und das Spielen mit Stofftieren sich gegenseitig ausschlossen. Sogar, wenn sie ein Punk ist.

Natürlich war ich enttäuscht. Aber ich hatte verstanden, dass es Zeit war. Ich selbst kam auf das Gymnasium. Als ich nach meinem ersten Tag auf der neuen Schule nach Hause radelte, war ich sehr stolz: Jetzt war ich auch einer von den Großen! Tillmann und ich waren nun schließlich beide auf derselben Schule, und das machte uns in meinen Augen so gut wie gleichberechtigt. Ich musste natürlich schnell feststellen, dass dies eine sehr naive Annahme war. Neben meinem Stolz spürte ich auch einen Stich: Wer ein Großer ist, kann natürlich nicht mit Stofftieren spielen. Doch der Abschied fiel mir schwer. Zuerst verschwand Tierhausen. Dann das Hochbett. Danach die Tiere in einer Kiste im Keller.

Bei der Faschingsfeier in der fünften Klasse wollte ich den Erfolg meines Auftritts vom letzten Jahr wiederholen und verkleidete mich als Fischgräte, um gegen die Verschmutzung der Nordsee zu protestieren. Dafür hatte ich mir einen großen Fischkopf aus Pappe gebastelt, den ich mit weißer Wandfarbe anstrich. Dazu trug ich ein Skelett aus Pappfischgräten am Körper. Allerdings musste ich feststellen, dass Faschingsfeiern auf dem Gymnasium anders abliefen als auf der Grundschule: Es gab zwar immer noch mit Smarties beklebten Marmorkuchen zu essen und Fanta zu trinken, aber dazu lief jetzt Musik, und man tanzte mit Mädchen. Dabei stellte sich das Fischgrätenkostüm als äußerst hinderlich heraus. Ich glaube, ich trug es nur fünf Minuten.

Das Gymnasium nahm mir die Stofftiere, doch es gab mir im Austausch etwas viel Besseres: Dort wurde über Politik diskutiert, es gab eine Schülervertretung und Gesellschaftskundeunterricht – endlich ein Forum für meine Agitation! Oder anders ausgedrückt: Ich stellte erfreut fest, dass ich nun endlich alt genug war, um die Wale zu retten. Wie Tillmann hatte ich mir als Oberbösewichte die Atomkonzerne ausgesucht. Sie betrieben riesige, geheimnisvolle Anlagen, und jede einzelne konnte in meinen Augen den Untergang der Welt herbeiführen; sie waren ein dankbares Feindbild. Schon in der fünften Klasse schrieb ich mein erstes Flugblatt.

Es war eine Kampfschrift gegen Atomkraft, die ich mit zwei Fingern auf der mechanischen Reiseschreibmaschine meiner Mutter tippte. Ich gab mir unglaubliche Mühe mit dem Formulieren. Was ich geschrieben hatte, schnitt ich auseinander und klebte es wieder neu zusammen, bis ich mir sicher war, dass es den maximalen Effekt erreichen würde. Das Ganze machte mir damals eine riesige Arbeit, denn andauernd musste ich Tippfehler mit Tipp-Ex korrigieren. Niemand hatte mir gesagt, dass »Word« und »Windows« bereits erfunden waren. Ich schnitt ein Foto aus einem Chronik-Kalender aus, das zwei Männer in Strahlenschutzanzügen bei Tschernobyl zeigte, und klebte es darauf. Ich glaube nicht, dass an diesem Tag Krisensitzungen bei RWE, der Kraftwerksunion oder Nukem einberufen wurden. Wahrscheinlich hat noch nicht mal jemand an der Viktoriaschule das Flugblatt gelesen, das dort einsam in einer Ecke am Schwarzen Brett hing. Aber ich ging jeden Tag dort vorbei und sah nach, ob es noch da war. Es hing erstaunlich lange da, denn für Schülervertretungen gab es in den Neunzigerjahren nicht mehr viel zu vertreten.

Und noch etwas bekam ich im Austausch für die Stofftiere: Tillmann schenkte mir seinen alten Kassettenrekorder und gab mir mein erstes Tape: »Talk! Talk!« Ich glaube nicht, dass er damit meinen Musikgeschmack beeinflussen wollte – es machte einfach keinen Sinn, mir einen Kassettenrekorder ohne Kassette zu schenken, und er hatte wenig Interesse an der Band. Ich verstand. Ich war jetzt auf dem Gymnasium, daher musste ich mich entscheiden, »was ich höre«. Wenn sich zwei Über-Dreißigjährige auf einer Party begegnen, fragen sie sich gegenseitig: »Was machst du?« Wenn sich zwei Über-Zwanzigjährige treffen, fragen sie: »Was studierst du?« Wenn sich zwei Teenager treffen, fragen sie: »Was hörst du?« Bands dienten als Orientierungshilfe in der Schulgesellschaft. Die Hippie-Mädchen hörten Simon and Garfunkel. Dann gab es die Bravo-Leser, die New Kids on the Block und Milli Vanilli hörten. Tillmann dagegen schenkte mir zum Geburtstag The Doors und Pink Floyd. Und damit war mein Schicksal beschlossen: Wer The Doors hörte, musste einfach ein Linker werden. Tillmann hatte das Cover kopiert und auf der gleichen Reiseschreibmaschine, mit der ich meine Flugblätter tippte, die Liste der Songs geschrieben. Es war das Mixtape-Zeitalter.

Heute habe ich eine kleine Plattensammlung. Ich höre weder Pink Floyd noch The Doors. Es wäre absolut peinlich. »The Wall« läuft regelmäßig auf Abipartys und alles, was dort gehört wird, hat in einer Plattensammlung nichts zu suchen. Es wäre auch unmöglich, die Doors aufzulegen, wenn man Besuch hat. Wer seine Jugend in einem linksalternativen Milieu verbracht hat, der hat auf unzähligen verkifften Partys Stücke von den Doors gehört. Sofort würde jeder in dem Raum sich an den Moment erinnert fühlen, als er zum ersten Mal hustend an einem Joint gezogen hatte. Und wäre zurückversetzt in diese Zeit voller Unsicherheiten und Selbstzweifel. Es wäre sehr peinlich.

Und doch … wenn ich in einen Plattenladen gehe, dann blättere ich erst mal beim Buchstaben »D«. Wenn mir jemand sagen würde, dass morgen die Menschheit ausgelöscht würde und ich nur einen einzigen Tonträger retten könnte, die beste LP aller Zeiten, die für die Ewigkeit bei allen Arten der Galaxis das Bild der ausgestorbenen Menschheit bestimmen würde, dann würde ich ohne zu zögern zu jenem selbst gestalteten, mit schwarzem Edding bemalten Tape greifen, das Tillmann mir damals geschenkt hat: »Weird Scenes Inside the Gold Mine«. Eine großartige Platte.

4. Kapitel

Der verlorene Sohn

Warum Brüder nie in der gleichen Familie aufwachsen

Tillmann

Das mit der Doors-Platte hättest du mir früher sagen sollen. Es ist nicht lange her, da hast du zum Geburtstag einen Plattenspieler geschenkt bekommen. Und ich stand in einem Plattenladen, so einem Laden, wo es nur Vinyl-Scheiben gibt, die von einem schlecht rasierten Männchen mit dicker Brille verwaltet werden, welches einen misstrauisch beäugt. Wie ein Museumsaufseher, der befürchtet, ein Kunstbanause könnte die alten Meister betatschen. In Berlin gibt es sehr viele seltsame Männchen, daher gibt es auch viele Plattenläden. Mir fiel auf, dass ich keine Ahnung hatte, welche Musik du hörst. Also kaufte ich Platten, die ich aus meiner eigenen Jugend kannte. Die Bands hatten Namen wie Cassandra Complex, Faith No More, Death in June, und ihre Musik hörte sich mitunter an, als ließe man eine Autoalarmanlage gegen einen Presslufthammer antreten.

Meine Plattenauswahl war als Geschenk nicht gerade ein Volltreffer. Du sagtest nur: »Hey, das ist doch alles der schreckliche Kram, mit dem du damals die Familie terrorisiert hast.« Erst da wurde mir klar, was für eine absurde Annahme es war, dass die Musik, die mir als Jugendlicher etwas bedeutet hatte, für dich auch wichtig gewesen sei. Für dich war es einfach Krach aus dem Nebenzimmer. Man kann in derselben Familie aufwachsen, am selben Tisch essen, Tür an Tür leben – und die Dinge doch gänzlich verschieden erleben.

Auch der Song, der mir als Heranwachsender der wichtigste war, war mir im Plattenladen in die Hände gefallen. Es ist eine Single der Elektro-Band Ministry: »Every Day is Halloween«. Das war meine Hymne, ich habe sie unzählige Male gehört und mitgesungen. Das Cover zeigt das Gesicht eines Mannes, mit großer Sonnenbrille und Weltschmerz-Zug um den Mund. Eine seltsame düstere Energie ging von der Platte in meinen Händen aus. Als wollte sie mich in ein finsteres Kapitel meines Lebens ziehen. Ich habe sie zurück in den Stapel eingeordnet. Und doch summten die Liedzeilen wieder in meinem Kopf: »Why can't I live my life for me / Why should I take the abuse that's served / Why can't they see it just like me / It's the same, it's the same on the whole wide world.«

Ganz genauso war mein Gefühl in der Lebensphase, die ich wohl Pubertät nennen muss. Aber wie kann ein so normales Wort etwas bezeichnen, das sich so schrecklich anfühlt? »Jugendhöllen« wäre ein passenderer Begriff. Dann wüssten Eltern und Geschwister auch eher, auf was sie sich vorbereiten sollen. Es war die Zeit, mein Bruder, in der wir wenig miteinander gesprochen haben, aber in der du mir wichtiger warst als in irgendeinem anderen Lebensabschnitt.

Rückblickend sehe ich vor allem viele Bilder vor mir.

Eines der absurdesten hast du selbst einmal geschildert. Vor einigen Jahren hast du ein Buch geschrieben und mir das Manuskript zum Lesen gegeben. Darin war eine kurze Beschreibung von mir. Du erwähntest, dass ich als Schüler einmal eine Performance vor der Klasse abgehalten hatte, bei der ich nackt, nur mit einem Müllsack über dem Kopf, durch die Turnhalle gerannt war. Ich habe dich damals gebeten, diese Episode nicht im Buch zu erwähnen. Du hast sie aus dem Manuskript gestrichen und irgendetwas von »Geschichtsklitterung« gemurrt. Ich glaube, für dich war es der ultimative Beweis, dass dein ehemals wilder und unberechenbarer Bruder nun um jeden Preis ein Spießer sein wollte.

Dabei war es viel simpler: Ich hatte damit gerechnet, dass jedes Mal, wenn ich irgendwo vorstellig würde, meinem Gegenüber einfallen würde: »Das ist doch dieser Müllsackfetischist aus dem Buch von Benjamin Prüfer, ich lass mir besser nichts anmerken, sonst versucht er noch, mit einem Dosenöffner meine Schädeldecke aufzumachen und mein Gehirn zu löffeln!« Ich möchte gerne selbst die Gelegenheit ergreifen, diese Geschichte zu erzählen.

Es trug sich in der zwölften Klasse zu. Ich hatte dieselbe Figur wie heute, nur längere Haare und weniger Freunde. Ich hatte die Schule über die Jahre nicht stärker lieb gewonnen, ich empfand sie als eine von Depressiven geführte Anstalt zur Eingrenzung von Lebensfreude.

Einer der wenigen Lichtblicke war der Kunstkurs. Ich war allerdings der Einzige, der das so empfand. Die anderen hielten den Kunstunterricht für überflüssig, besonders das Thema Performance erschien ihnen wie ein Witz. Mit einer Mischung aus Ausdruckstanz und Theater um gute Noten zu kämpfen, war ihnen geradezu zuwider. Und deshalb waren sie mir zuwider. Kursziel war es, eine eigene Performance zu entwickeln. Die anderen Schüler bestritten sie für gewöhnlich, indem sie sich zu Techno-Musik mit Spaghetti bewarfen oder auf der Bühne ein Bild malten. Ich wollte etwas anderes machen. Ich wollte es denen zeigen.

Also tat ich Folgendes: Zu dumpf wummernden Bässen aus einem Kassettenrekorder betrat ich die Turnhalle. Ich war tatsächlich nackt. In der Mitte der Halle lagen eine Rolle Müllsäcke und etwas Paketklebeband bereit. Ich umwickelte mich mit dem Klebeband und den Müllsäcken von Kopf bis Fuß. Nur ein Loch zum Atmen ließ ich frei. Dann öffnete ich eine Dose Isostar, ein isotonisches Erfrischungsgetränk. Es war besonders beliebt bei meinen Mitschülern, die alle gut im Sport waren. Anschließend rannte ich los. Ich hatte eigentlich vor, so lange sinnlos in der Halle umherzurennen, bis ich umfallen würde (ich war nicht sehr ausdauernd). Daraus aber wurde nichts, denn die Sicht durch die blaue Folie des Müllsacks war viel schlechter als gedacht. Bald krachte ich aus vollem Lauf in eine Sprossenwand. Ich rappelte mich auf und rannte weiter, wieder gegen eine Wand. So ging das immer fort, bis ich tatsächlich zusammenbrach.

Keiner meiner Mitschüler sprach mich je auf diese Vorstellung an. Aber in der nächsten Pause hat es schon die ganze Schule gewusst. Der Kunstlehrer musste beim Rektor vorsprechen, wegen Nacktheit im Unterricht.

Ich bekam eine Eins. Es war das erste Mal, dass sich Rebellentum für mich gelohnt hatte.

Davor hatte ich allerlei andere Variationen von Fundamentalopposition ausprobiert. Ich war ein kleines bisschen Punk, ein bisschen Hippie, ein bisschen Gothic, ich versenkte mich in Esoterik und gründete zusammen mit einem Schulkameraden einen Orden, der den Berg Watzmann anbetete. Während unsere Schwester an der Schule Theater spielte, nicht übermäßig trank, nicht rauchte und den Schuldirektor schon mal dazu bewegte, unseren Eltern zu ihrer Tochter »zu gratulieren«, war ich niemand, zu dem einem irgendjemand Glückwünsche aussprach. Stattdessen sagten die Lehrer auf Elternabenden: »Sind Sie die Eltern von Tillmann? Gut, dass ich Sie treffe, wir müssen reden.« Ich war der Querbürster, der Infragesteller, der Freche-Antworten-Geber.

Heute ist meine Beziehung zu unseren Eltern herzlich, anteilnehmend und liebevoll. In meiner Pubertät legte dieses gute Verhältnis allerdings eine Zwangspause ein. Ich erschütterte den Familienfrieden, das am meisten gehütete häusliche Gut, auf Jahre. Unsere Eltern hätten mir in dieser Zeit wohl alles zugetraut, und ganz unrecht hatten sie dabei nicht.

Zum Beispiel war ich oft mit meinen Kumpels auf Friedhöfen unterwegs, um die Grabschleifen mit den schönsten Sprüchen zu klauen und daraus Gedichte zu montieren. Noch heute habe ich eine stattliche Sammlung von Mercedes-Sternen, die ich mir zusammengeschnorrt habe. Ich habe nachts mit Freunden die Plakate von rechtsradikalen Parteien wahlweise beschmiert oder angezündet. Ich besuchte heimlich Rockkonzerte, die mir die Eltern ausdrücklich verboten hatten. Ich randalierte und feierte Partys mit Leuten, die Spaß daran hatten, sich die Arme mit Rasierklingen aufzuschneiden.

Ich glaube, dass Eltern sich den Traumsohn anders vorstellen. Eine Episode dürfte unseren Erziehungsberechtigten besonders in Erinnerung geblieben sein. Es war die Zeit, da alle in meinem Freundeskreis achtzehn wurden. Das wurde jeweils mit einer Party gefeiert. Heute würde man dazu vermutlich Komasaufen sagen. Damals erschien es uns aber ganz normal, nach 20 Uhr nicht mehr nüchtern zu sein und nach 24 Uhr nicht mehr ansprechbar.

Unsere Eltern hatten zu diesem Zeitpunkt schon aufgegeben, mäßigend auf mich einzuwirken. Aber um ein Uhr zu Hause sein, das musste ich doch. Ich machte mich also (viel zu spät) von der Komaparty auf den Heimweg. Leider nicht mehr in dem Zustand, in dem ich hätte Fahrrad fahren sollen. Der Radweg erschien mir mehrspurig. Das war okay. Nicht okay war, dass ich plötzlich den Horizont in eine auffällige Schieflage geraten sah. Als ich meinen Blick nach rechts wandte, erkannte ich, dass der Straßenasphalt bedenklich rasch näher kam. Ich hatte noch nicht recht darüber nachgedacht, was nun zu tun sei, da hörte ich auch schon ganz auf zu denken.

So richtig kam ich erst wieder im Krankenhaus zu mir. Müde Ärzte versuchten, mich unter einem Röntgengerät stillzuhalten. Mir wurde zweierlei klar: Zum einen hatte ich mir wohl wehgetan, außerdem würde ich zu spät nach Hause kommen. Die Eltern würden sich mal wieder Sorgen machen. Es wäre mir nie in den Sinn gekommen, dass die Eltern vielleicht wirklich Grund haben könnten, sich Sorgen zu machen, wenn der Sohn im Krankenhaus liegt. Viel mehr beschäftigte mich der Gedanke, dass mir niemand einen Spiegel reichen wollte. Als die Sanitäter mich schließlich mit dem Rettungswagen nach Hause brachten, waren unsere Eltern nicht da. Sie waren losgefahren, mich zu suchen. Im Bad erkannte ich dann auch, warum mir niemand einen Spiegel gebracht hatte. Ich hatte nämlich mit dem Gesicht gebremst.

In den Folgetagen schwoll meine Oberlippe an. Ich sah aus, als wollte ich zu einem Duffy-Duck-Doppelgängerwettbewerb gehen. Allerdings wurde eine Woche später eine andere Freundin achtzehn. Und zu dieser Party wollte ich unbedingt auch. Damit ich auch dort Bier trinken könnte, nahm ich Strohhalme mit. Das so konsumierte Bier machte mich recht schnell betrunken, weshalb ich bald eine Kellertreppe hinunterfiel und mir an einem Stahlbalken eine Platzwunde holte. Sofort wollten meine Freunde den Krankenwagen holen, doch ich fand, dass es keine gute Idee sei, schon wieder im Rettungswagen nach Hause gebracht zu werden. Ich fuhr also mit dem Fahrrad. Allerdings waren die Eltern keineswegs beruhigter, mich blutüberströmt im Wohnzimmer vorzufinden.

Das waren schon die schlimmsten Verletzungen, die ich mir zugezogen habe. Hinzuzufügen wäre höchstens, dass ich, wieder bei einer Party eines Freundes, versuchte, mit den Zähnen eine Bierflasche zu öffnen und dabei einen Schneidezahn einbüßte. Was wiederum nicht so schlimm war, schließlich ist unser Vater Zahnarzt.

Ich glaube aber, alle waren froh, als diese Zeit zu Ende ging. Ich kann in der Bilanz nur sagen: Alle haben überlebt.

Warum habe ich das überhaupt gemacht? Warum konnten meine Geschwister eine vergleichsweise normale Jugend erleben, während ich daraus eine Horror-Show machte? Es wäre natürlich übertrieben zu behaupten, die Pubertät sei über mich gekommen wie eine Krankheit. Im Grunde war ich schon immer ein schwieriges Kind gewesen. Ich fühlte mich schnell benachteiligt, war aufsässig und rang verbissen um die Aufmerksamkeit meiner Mutter. Einmal malte sie mich – als Strichmännchen mit einer Säge in der Hand. Neben das Männchen malte sie eine Sprechblase: »Manchmal bin ich eine Nervensäge.«

Ich hatte keinen wirklichen Grund, mich zu beschweren. Unsere Eltern waren immer darauf bedacht, dass sie alle Kinder genau gleich behandelten. Wenn sie uns ein Eis kauften, bekam jeder eines. Wenn sie uns zu Weihnachten beschenkten, dann bekam jeder genau den gleichen Warenwert. Damit sich niemand beschweren möge.

Aber das alles ist vergeblich. Es gibt keine Gleichbehandlung in der Familie. Als ich auf die Welt kam, hatten meine Eltern schon drei Jahre eine Beziehung zu Annette. Als du, Benjamin, geboren wurdest, hatten unsere Eltern schon eine achtjährige Tochter und einen fünfjährigen Sohn. Wie sollten sie dich mit all der Erfahrung genauso behandeln wie uns? Das ist unmöglich.

Geschwister leben nicht in der gleichen Familie, auch wenn die Eltern alles dafür tun. Denn alle Kinder erleben sie aus einer anderen Position. Meine Lage war undankbar, als du geboren wurdest. Ich hatte über mir eine große Schwester, die schon gute Noten aus der Schule brachte, und nun kam ein kleiner Bruder hinzu, der mich auch noch der Sonderstellung als Kleinster beraubte. Wer sich beraubt fühlt, wird geizig mit seiner Zuneigung und eifersüchtig auf alle. Du, Bruder, magst die Welt als Geschenk erfahren haben. Ich hingegen lebte in dem Gefühl, dass mir etwas weggenommen worden war.

Überall entdeckte ich Ungerechtigkeiten. Wir Kinder mussten für unser Taschengeld arbeiten. Jeweils am Samstag beteiligten wir uns daran, das Haus zu reinigen. Ich musste zwei Zimmer, eine Treppe, einen Flur und die Toilette sauber machen. Das fand ich zu viel. Also erledigte ich die Arbeit lustlos, als sei ich bei einem volkseigenen Betrieb in Wernigerode beschäftigt. Das wiederum brachte meinen Vater auf die Palme. Verärgert stellte er sich neben mich und überwachte, dass ich mein Zimmer saugte, auch in den Ecken fegte, die Fensterbretter abwischte. Ich fühlte mich dadurch nur umso mehr gedemütigt und damit besonders berechtigt, das nächste Mal noch schlampiger zu arbeiten. Diese Strategie war zugegebenermaßen nicht sehr clever. Logischer wäre es gewesen, die Arbeit so sorgfältig wie möglich zu machen, damit mein Vater froh gewesen wäre und in den nächsten Wochen nicht mehr die Notwendigkeit gesehen hätte, meine Arbeit zu kontrollieren. Aber schon mal irgendeinen Konfliktfall erlebt, bei dem es clever zugegangen wäre?

Dann waren da meine Freunde. In meinem Umfeld gab es niemanden, der so früh zu Hause sein musste wie ich. Es gab überhaupt niemanden, dem seine Eltern Vorschriften machten, wann er abends nach Hause kommen müsste. Aus heutiger Perspektive sehe ich darin eher, wie erodiert die Familien meiner Freunde schon waren. Es waren amorphe Verbände, wo man sich nicht sonderlich umeinander scherte, im besten Falle. Im schlechteren Fall machte man sich gegenseitig Vorwürfe, das Leben des anderen zerstört zu haben. Im schlechtesten Fall schluckten die Mütter Schlaftabletten. Das aber sah ich nicht. Ich sah: Freiheitsberaubung.

Ich erinnere mich noch an den Tag, als ich an meinem Schreibtisch saß und auf ein Blatt Papier einen schelmisch grinsenden Igel malte. So wollte ich sein: unbeugsam, stachelig, eigensinnig. Ich wollte fest darauf beharren, was ich vorhatte, nämlich mein Leben so zu führen, wie ich es wollte. Von dem Tag an schloss ich die Eltern davon aus, was in mir vorging. Und führte ein Leben, das effektiv auf ein Ziel ausgerichtet war: maximales Entsetzen.

Ich hatte keine harten Drogen genommen, Autoradios geklaut oder Männer geküsst. Ich war nicht von zu Hause ausgebrochen und hatte mich keinem Zirkus angeschlossen. Sogar meine Schulzensuren waren anständig. Hey, ich habe ein Abi von 2,0, das ist doch gar nicht so schlecht! Wer mich aber gesehen hatte, konnte schnell erkennen, dass ich nicht auf dem Weg zu einem Bewerbungsgespräch für eine Banklehre war. Meine Haare hingen über die Schultern und waren so fettig, dass man damit Kugellager hätte schmieren können. Ich trug als Schal eine bunte Wollwurst um den Hals, und meine Hosen bestanden aus Löchern, die von etwas Jeansstoff in Form gehalten wurden. Um nicht zu erfrieren, musste ich lange Unterhosen tragen, die ich wiederum pink färbte, was mich nicht gerade männlicher wirken ließ. Mein Anblick war so anstößig, dass schon meine Anwesenheit im Raum provokativ war. Ich musste gar nicht mehr frech werden, wurde es aber doch.

Du, Annette und unsere Eltern, ihr alle fragtet euch: Wogegen rebelliert Tillmann eigentlich? Dabei war mir gar nicht nach Rebellion zumute. Ich wollte weder das Haus niederbrennen noch den Familienfrieden zerstören. Aber ich hatte gespürt, dass es ein Leben außerhalb der Familie gab, und dass ich meine eigenen Maßstäbe setzen musste und nicht den Ansprüchen genügen wollte, die unsere Eltern an mich stellten. Ich wollte nicht mehr Kind sein. Aber als etwas anderes konnten unsere Eltern mich nicht akzeptieren. Die Familie, das war das Lebenswerk unserer Eltern. Die Familie war alles – und indem ich mich von der Familie abwandte, griff ich alles an. Dabei wollte ich niemanden attackieren, ich wollte die Dinge nur *my way* machen. Auch wenn ich natürlich gar keine Ahnung hatte, was mein Weg war, und noch weniger, wohin er führen sollte.

Ich reklamierte Freiraum für mich, mein Kinderzimmer baute ich zu einer Art Gegenwelt um. Dort war alles genau anders herum als in der Welt unserer Eltern. Unsere Eltern hatten beim Bau des Hauses unserer Familie darauf geachtet, dass alle Räume lichtdurchflutet waren. Ich verklebte die Fenster mit Transparentpapier, so dass kaum noch Tageslicht eindrang. Unsere Mutter war protestantisch erzogen worden, jetzt nagelte ich an meine Zimmerwand eine übergroße Jesusfigur, der Gummiorgane aus dem Brustkorb hingen. Unsere Eltern hatten mein Kinderzimmer mit einer Sternchen-und-Wölkchen-Tapete tapeziert, ich kleisterte Todesanzeigen aus dem Darmstädter Echo darüber. Ich bastelte mir eine Guillotine zum Köpfen von Zigarillos und bespritzte die Wände mit Kunstblut. Ich besaß ein Aquarium, in dem ein großer Fisch schwamm, ein Wels. Er hatte alle andere Fische gefressen und war nun einsam. Wie ich. Das gefiel mir gut. Alles war mit Kerzen und Lichterketten beleuchtet. Es war ein gruseliger Ort, ein Un-Ort. Aber das Wichtigste: Ein Ort, an dem ich mich wohlfühlte – und nur ich. War ich früher einmal ein Kind, das immer raus wollte, wollte ich mich nun vor allem in mein Zimmer verkriechen. Ich hatte eine hustende Kaffeemaschine, einen Vorrat an Dosenbier, sogar ein Reservoir an Fertignahrung. Ich hätte mich tagelang in meinem Zimmer verschanzen können. Meine Eltern trauten sich kaum herein, außer wenn ich schlief – um zu kontrollieren, ob ich an meinen Armen Einstichpunkte einer Heroin-Spritze hätte. Die hatte ich natürlich nicht.

Binnen kurzer Zeit hatte sich aus einem schmächtigen, vorwitzigen Jungen eine menschliche Naturkatastrophe entwickelt. Und niemand wusste so recht, was geschehen war und wie sie einzudämmen gewesen wäre. Die Geschwister begegneten meinem Ausfall genauso ratlos. Annette war wütend auf mich, schließlich zog ich mit meinem Verhalten die gesamte Aufmerksamkeit unserer Eltern auf mich. Die gemeinsamen Abendessen – das war der Termin, an dem die Familie einmal am Tag zusammenkam – gerieten zu Familientherapie-Sitzungen. Es war ein einziges Zur-Rede-Stellen, Aufrütteln und Appellieren. Einmal strickte mir Annette zu Weihnachten ein Stirnband. In das Muster war ein Wort eingestickt: »Egoist.«

Benjamin hingegen stand zwischen den Fronten. Der große Bruder, der vor Kurzem noch Zweiter Regierender Bürgermeister von Tierhausen war, erlebte hier einen unglaublichen Abstieg. Das Wenigste, was die Eltern sich wünschen konnten, war, dass Benjamin sich ein Beispiel an mir nehmen würde. Aber was hatten wir beide überhaupt miteinander zu tun? Wir sprachen nie über meine Schwierigkeiten. Wie hätte ich es tun sollen? Ich wollte meinen Bruder aus dem Konflikt heraushalten. Und das auch aus Eigennutz. Hätten wir darüber gesprochen, hätte Benjamin zwangsläufig Position beziehen müssen, vielleicht gegen mich. Für mich war mein Bruder am wertvollsten als jemand, der schwieg oder über Belanglosigkeiten redete. Benjamin war mein Ruhepol in der Familie. In ihm sah ich den Einzigen, der nicht gegen mich war.

Wenn ich geistig in diese Zeit zurückreise, tun mir unsere Eltern leid. Ich kenne keine Eltern, die sich mehr Gedanken um die Entwicklung ihrer Kinder gemacht haben als sie. Was haben sie falsch gemacht? Nichts.

Was hätten sie tun können? Nichts. Hätte ich das alles nicht einfach lassen können? Hätte ich nicht der vernünftige wohlgeordnete Sohn werden können, der ich heute bin, ohne zwischenzeitlich ein menschlicher Albtraum zu werden?

Nein. Mir ging es damals um Selbstbehauptung. Und genauso, wie ich als Micky-Maus-Fan mein gesamtes Zimmer mit Disney-Figuren dekorierte, wie ich als kindlicher Verehrer der Mainzer Fastnacht die Wochen vor Aschermittwoch zu einer einzigen Prunksitzung inszenierte, so war ich auch in meiner Selbstbehauptung radikal, wenn nicht fanatisch. Dass man auch mal Kompromisse machen muss, sollte ich erst später im Leben lernen. Man kann ja nicht alles gleichzeitig machen.

Ich muss immer wieder an einen Dialog denken, den ich damals mit einer Bekannten in der Schule geführt habe. Ich erzählte ihr vom Streit mit meinen Eltern, von den Mahnungen, den Restriktionen und Verboten, mit denen ich zu kämpfen hatte. Sie sagte: »Mann, ich würde mir auch mal wünschen, dass sich meine Eltern so mit mir auseinandersetzen würden. Denen ist immer nur alles egal.«

Ich habe damals kein Wort von dem verstanden, was sie gesagt hatte. Ich dachte, die Gute sei nicht ganz dicht. Heute verstehe ich es. Ich glaubte damals, ich hätte die schlimmsten Eltern der Welt. Dabei waren es die besten.

Tillmann, es beruhigt mich ungemein zu erfahren, dass jene Verletzungen, die deine legendäre Isostar-Performance mit sich brachte, nicht beabsichtigt waren. Ich hatte immer geglaubt, die Platzwunden und blauen Flecken seien von dir von vornherein einkalkuliert gewesen, um maximalen Schrecken bei deinen Lehrern auszulösen – Selbstverstümmelung als Mittel zur Selbstdarstellung. Vielleicht warst du ja gar nicht so durchgeknallt, wie ich immer gedacht hatte? Auf der anderen Seite frage ich mich aber: War die Feststellung, dass es in geschlossenen Räumen Wände gibt, für dich so überraschend?

Heute bist du ganz anders: Die letzten Reste von Zwietracht zwischen dir und den Eltern lösten sich spätestens auf, nachdem du ausgezogen warst. Ich glaube nicht, dass sie je eine Wunschvorstellung hatten, wie ihre Kinder sich in Zukunft entwickeln sollten. Aber wenn irgendjemand von uns drei Geschwistern dem Klischee eines perfekten Sohnes oder einer perfekten Tochter entspricht, dann bist das heute du: drei Töchter, beruflich erfolgreich, Eigentumswohnung mit Dachterrasse. Nur heiraten müsstest du langsam mal. Ich will damit nicht sagen, dass unsere Eltern auf so etwas Wert legen. Aber auf die Ironie, die dieser Entwicklung innewohnt, möchte ich hinweisen: Der Rebell der Familie verwandelt sich zum Bilderbuch-Sohn.

Ich will die Gefühle, welche diese Streits damals auslösten, nicht ironisieren. Es hieße die Ernsthaftigkeit, mit der ihr diese Auseinandersetzungen geführt habt, lächerlich zu machen. Und ernst waren sie, sehr ernst. Zudem hieße es, dass ich leugnen müsste, wie sehr mich diese Jahre geprägt haben. Vielleicht überrascht es dich, dies zu hören. Schließlich war es ein Streit zwischen dir und unseren Eltern. Was habe ich also damit zu tun? Sehr viel. Wir sind eine Familie und daher alle durch unsichtbare Bänder miteinander verbunden, ob wir wollen oder nicht. Keiner kann einen Schritt tun, ohne die anderen mit sich zu ziehen. Diese Zeit ist nicht an mir vorübergegangen, ohne Spuren zu hinterlassen. Ich habe alles mitbekommen und war dabei weit mehr als nur ein Zuschauer am Rande. Ich saß auf meinem Bett und hörte das Geschrei und das Türenschlagen. Oft stellte ich schon lange vor einem Streit fest, dass dicke Luft war. Dann schlich ich in den Flur vor unseren Kinderzimmern und versuchte zu verstehen, was Mutter und Vater im Wohnzimmer redeten. Wenn ich dann die Schritte unseres Vaters hörte, rannte ich schnell in mein Zimmer, setzte mich auf das Bett und lauschte weiter. Dann hörte ich ihn mit lauten Schritten die Treppe herunterkommen und durch den Flur schreiten. Die Tür zu deinem Zimmer flog mit einem Knall auf. Ihr habt euch angeschrien, er mit einem wütenden Bass und du mit deiner heiseren, hohen Stimme. Manchmal fiel etwas um, ein Stuhl oder ein Mülleimer. Oft verlagerte sich der Streit dann ins Wohnzimmer. Wenn alles wieder ruhig war, blieb ich noch eine Weile auf meinem Bett sitzen, zur Sicherheit. Dann kam Mutter und erzählte mir aus ihrer Perspektive, was passiert war. Wenn man als Vater oder Mutter einen Streit mit einem Kind hat, muss man den anderen Geschwistern natürlich erklären, was gerade vor sich geht. Ich saß da und guckte sie mit großen Augen an, sagte nie etwas dazu, sondern nickte nur. Und dann traf ich dich nachts in deinem Zimmer, aber meistens hast du nicht viel erzählt.

Wenn ich heute zurückblicke auf diese Auseinandersetzung, dann finde ich sofort wieder in die gleiche Position, die ich auch damals eingenommen habe: Ich bin neutral, stelle mich auf keine Seite. Aber ich wundere mich über die Radikalität deiner Rebellion. Sie war verblüffend in ihrer Aggressivität und Unnachgiebigkeit. Du bist niemals einen Schritt auf unsere Eltern zugegangen. Wenn sie dir verboten hatten, nachts wegzugehen, bist du einfach aus dem Fenster deines Zimmers geklettert. Natürlich stellten sie fest, dass du nicht in deinem Bett lagst. Nachdem das Davonschleichen nicht mehr funktionierte, gingst du einfach trotz ihres Verbots durch die Haustür und hast sie entgeistert stehen lassen. Bei deinen Aufständen suchtest du immer den Effekt, das Symbolische. Wenn sie dir untersagt hatten, dich mit linken Gruppen zu treffen, hast du sie angelogen und vorgegeben, dass du einen Freund besuchen würdest. Du musstest immer das letzte Wort haben, und zwar bis zu dem Tag, an dem du aus unserem Elternhaus ausgezogen bist.

Verglichen mit deinen Kreuzzügen wirkten Annettes und meine pupertären Phasen wie Schulhofkeilereien. Der Höhepunkt von Annettes Pubertät war, als sie während eines Abendessens mit einer schnippischen Geste eine Tasse auf den Boden fallen ließ, weil sie der Ansicht war, dass ihre Familie ihren Stimmungsschwankungen nicht genug Beachtung schenkte. Und ich – nun, ich war immer »das Kind, das keine Probleme macht«. Ich glaube, ich hatte nie eine Pubertät. Von deiner Rebellion wurden unsere Eltern dagegen völlig überrascht. Das ist immer so: Eltern erleben, wie ihr erstes Kind aufwächst, und leben von nun an in dem irrigen Glauben, dass sie nun alles über Kindererziehung wüssten. Wenn das zweite Kind kommt, wollen sie erlerntes Wissen auf dieses anwenden, und dann sind sie auf einmal mit dessen Individualität konfrontiert. Sie können mit dem Lernen wieder von vorne anfangen.

Gegen was hast du damals rebelliert? Ich weiß es bis heute nicht. Damit will ich nicht sagen, dass du keine Gründe für deinen Aufstand gehabt hast. Sondern: Wir beide haben das Aufwachsen in unserer Familie jeweils ganz anders erlebt, und deshalb kann ich diese Gründe für deinen Aufstand nicht sehen. Eltern verhalten sich ihren Kindern gegenüber unterschiedlich, weil diese unterschiedlich sind. Ich meine mit »unterschiedlich« nicht ungerecht. Und selbst wenn sie ihre Kinder gleich behandelten, würden diese die Behandlung ganz unterschiedlich erleben. Der US-amerikanische Schriftsteller Henry James sagte einmal: »Das Leben anderer Menschen nachzuerleben ist nichtig, solange wir nicht ihre Wahrnehmung, ihr Wachsen, die Veränderung, die wechselnde Intensität des Gleichen nacherleben – denn es waren diese Dinge, die ihr eigenes Leben bestimmten.« Mir ist es unmöglich, diesen Satz zu hören, ohne seine Logik auf dich anzuwenden. Henry James war das jüngste von mehreren Geschwistern, und er wurde von seiner Mutter deutlich bevorzugt. Er wusste, dass er in einer ganz anderen Realität aufgewachsen war als seine Brüder.

Ein Unterschied zwischen unseren Realitäten: Ich hatte mit viel weniger Verboten zu leben als du und daher weniger Gründe, gegen Beschränkungen zu rebellieren. Besser gesagt: Ich hatte mit den gleichen Verboten zu leben wie du, aber die Eltern legten sie mir gegenüber ganz anders aus. Mutter wollte zum Beispiel immer, dass wir abends um zehn nach Hause kommen. Wenn eines ihrer Kinder nicht in seinem Bett lag, machte sie sich Sorgen und wartete so lange, bis sie das Zufallen der Haustür hörte, erst dann konnte sie schlafen. Ich wollte nachts lange wegbleiben, sie aber sollte schlafen. Also fand ich einen Weg: Ich sagte ihr einfach, ich würde bei einem Freund übernachten. Dann musste sie nicht warten, bis ich nach Hause komme und konnte beruhigt einschlummern. Ich kam dann, wann ich wollte. Und sagte ihr am nächsten Morgen beim Frühstück, dass ich eben sehr früh morgens zurückgeradelt wäre. Was auch nie gelogen war. Ob ich sehr spät oder sehr früh nach Hause gekommen war, war damit eine Frage der Betrachtungsweise. Ich muss natürlich dazusagen, dass sie meine Freunde kannten, dass ich nicht nachts in der Nachbarschaft randalierte, nicht vom Krankenwagen bei ihnen abgeliefert wurde und nicht regelmäßig sturzbetrunken und blutüberströmt vor ihnen stand. Ich will damit sagen: Mit etwas Hartnäckigkeit und Kompromissbereitschaft hättest du vielleicht mehr erreicht.

Ich möchte nur kurz einige Fakten festhalten: Unsere Eltern haben uns nicht in kleine Käfige gesperrt oder uns im Keller Teppiche knüpfen lassen. Sie wollten, dass wir um zehn zu Hause sind. Sie hatten Angst, dass wir in der Schule sitzenbleiben könnten, haben von uns aber sonst nicht übertrieben gute Leistungen gefordert. Sie machten sich wie alle Eltern Sorgen, dass uns jemand dazu überreden könnte, Drogen zu nehmen. Sie wollten, dass wir unsere Hausarbeit machen. Ansonsten haben sie uns unsere Freiheiten gelassen. Wenn einer von uns beschloss, er müsste dringend lernen, wie man ein Instrument spielt, dann bezahlten sie für Jahre ohne zu murren Klavier- und Gitarrenstunden. Obwohl sie wussten, dass wir so gut wie nie übten. Ich kann heute den »Flohwalzer« auf dem Klavier spielen und du »O Susanna« auf der Gitarre – das Ergebnis von tausenden Mark Investition (und den »Flohwalzer« habe ich nicht im Klavierunterricht gelernt, Basti von gegenüber hat ihn mir beigebracht). Die meisten Kinder, die ich kannte, mussten Klavierspielen lernen, weil ihre Eltern dachten, sie könnten sie so zu erfolgreichen, musischen Menschen erziehen. Das wäre für mich in der Tat ein Grund für einen Aufstand gewesen. Die Kinder in unserer Nachbarschaft mussten mit viel mehr Zwängen und viel weniger Geburtstagsgeschenken leben. Ich kann voller Überzeugung sagen: Unsere Eltern hatten sich vorgenommen, die besten Eltern der Welt zu sein.

Vielleicht ist das das Einzige, was ich ihnen vorwerfen kann: Sie wollten die besten Eltern der Welt sein, und zwar mit Ehrgeiz. Beide sind nicht in harmonischen Familien aufgewachsen. Wenn Oma wütend war, schrie sie unseren Vater an. Und wenn Mutter sich als Teenager geschminkt hat, wurde das von Opa nicht gebilligt. Sie wollten alles anders machen. Sie wollten gute Eltern sein. Ihre Kinder sollten in einem harmonischen, kuscheligen Nest aufwachsen. Man hätte uns nur einmal an Weihnachten besuchen müssen, um dies zu erkennen: Keine Familie hat das Fest so zelebriert wie wir. Es war wie in einem schwedischen Kinderbuch. Aus irgendeinem Grund stellten sie immer zwei Weihnachtsbäume auf, sie legten einen Teil des Wohnzimmers mit Moos aus, zündeten Bienenwachskerzen an und häuften einen riesigen Berg von Geschenken auf; für unsere Präsente gaben sie regelmäßig ein Monatseinkommen aus.

Hast du dich einmal gefragt, warum sie das Fest so ausgiebig feierten? Es war ihr Symbol für den Frieden, den sie miteinander gefunden hatten. Bei ihrem ersten gemeinsamen Weihnachtsfest, das sie mit Annette feierten, waren wir beide nicht geboren. Ich habe mit ihnen nie darüber gesprochen, wie sie diesen Tag erlebt haben. Aber das musste ich auch gar nicht, um zu wissen, was in ihnen vorgegangen ist. Dazu reicht mir ein Blick auf unsere Weihnachtskrippe. Vater formte einen Tag vor dem Fest aus Ton ein Jesulein, eine Maria, einen Josef, einen Ochsen, einen Esel und ein Schwein, brannte sie im Herd und bemalte sie. Sie hätten damals auch einfach zu Karstadt gehen und eine Erzgebirgskrippe kaufen können. Doch Vater machte sie selbst. Und warum? Weihnachten war wichtig für sie. In den Familien, aus denen sie stammten, gab es nur Streit. Bei diesem Fest feierten sie den Frieden, den sie sich selbst geschaffen hatten, in ihrer eigenen kleinen Familie, mit ihrer eigenen selbstgemachten Krippe. Und jedes Jahr baut Mutter die Krippe am 6. Januar ab und wickelt das Jesulein wieder in das gleiche Stück Goldfolie, in das sie es schon nach dem ersten Weihnachtsfest gewickelt hatte.

Bei den Streits zwischen dir und unseren Eltern ging es immer darum, dass du mehr Freiheit und Unabhängigkeit wolltest, während sie versuchten, dich in deinem Drang nach draußen zurückzuhalten. Du wolltest hinaus und dich mit Freunden treffen. Du hast Denkweisen gesucht, die denen unserer Eltern widersprachen. Auf jeden Versuch der Eltern, dich vom Verlassen des Nestes abzuhalten, reagiertest du mit Empörung, Sturheit und Bockigkeit. Sie dachten, sie hätten irgendwas falsch gemacht und müssten diesen Fehler nun korrigieren. Hatten sie aber nicht. Ich würde vorschlagen, in diese Broschüren, die bei den Frauenärzten ausliegen und hilfreich sein sollen, unbedingt diesen Satz aufzunehmen: »Die Tatsache, dass Sie die besten Eltern der Welt sind, ist für Ihr Kind kein zwingender Grund, nicht gegen Sie zu rebellieren.«

Dein Protest wurde zur Quelle einer erstaunlichen und schauerlichen Kreativität. Du verwandeltest dich und dein Zimmer in ein Kunstwerk. Ich verwende diesen Begriff nur widerwillig, denn er erinnert an Andy Warhol oder Picasso – und die beiden hatten einfach nicht deine Konsequenz. Ich will es mal so ausdrücken: Die Gemälde von Hieronymus Bosch wirkten im Vergleich zu deinem Zimmer wie Ansichtskarten von Schweizer Kurorten. Vater hat bis zu deinem Auszug dein Zimmer nicht betreten. Wenn er mit dir reden wollte, öffnete er die Tür, blieb dort stehen und starrte in die apokalyptische Welt, die sich vor ihm auftat.

Überall deine Kunstwerke – schreckliche Erzeugnisse. Deine bevorzugten Materialien waren Draht, Kaffeesatz und mit Kleister durchtränktes Klopapier. Das, was daraus resultierte, sah fast immer aus wie eine verweste und vertrocknete Leiche. Deinen Wesen gabst du fast immer echte Zähne, entweder die vergilbten Kiefer von Tieren, die du im Wald gefunden hattest. Oder du bedientest dich ausgiebig aus den Kartons im Keller, in denen ausrangierte Gipsabdrücke der Gebisse von Vaters Patienten lagerten. Du wusstest instinktiv, dass der Anblick einer Zahnreihe ohne Lippen und ein dazu gehörendes Gesicht bei jedem Menschen Urängste weckt. Deine Kreaturen hatten also die Kiefer etlicher Zahnloser, und gerne auch riesige blutverschmierte Penisse. Rote Glasfarbe wirkte wie frisches Blut, auch wenn sie bereits eingetrocknet war. Oft hast du auch die Nadeln von Einwegspritzen verwendet, um deinen Monstern Hände zu geben. Wenn ich durch dein Zimmer schlich und sie anstarrte, hatte ich immer Angst, mich irgendwo zu pieksen, weil dir zuzutrauen war, dass du für deine Kunstwerke Nadeln verwendetest, die du in Gebüschen im Park gefunden hattest.

Alles in deinem Zimmer war darauf ausgerichtet, maximales Entsetzen auszulösen. Als Kleiderständer verwendetest du für dich eine benutzte Klobrille. Du hättest dir auch eine neue im Baumarkt kaufen können, aber du wusstest, dass nur eine benutzte Klobrille die gewünschte Reaktion bei den Eltern auslösen würde. Natürlich durchsuchtest du auch die Abfallbehälter des

Eberstädter Friedhofs, um benutzte Grablichter und die Schleifen von verwelkten Kränzen zu stibitzen. Entscheidend war der Tabubruch.

Wenn man provozieren will, dann ist die Blasphemie immer eine sichere Bank. Kein Wunder, dass die Kreuzigung Jesu Christi dein Lieblingsthema wurde. Eines deiner Werke war ein Kruzifix. Ein scheinendes goldenes Kreuz, aber an ihm hing eine vermoderte Leiche, die du aus Baumarkt-Silikon und Kugellagerfett modelliert hattest.

Die Wände waren mit Todesanzeigen tapeziert. Einer hattest du einen Ehrenplatz am Kopfende deines Bettes gegeben. Du hast grundsätzlich nicht gelüftet, deshalb standen in dem Zimmer immer der Mief und ein Nebel, der von deinen selbstgedrehten Zigaretten stammte, und der Geruch von erkalteter Asche, abgestandenem Kaffee und Rattenurin.

Und du selbst? Sagen wir, du bist in deinem Zimmer nicht weiter aufgefallen. Deine Haare flochtest du zu verfilzten Zöpfchen, die du mit Papas Lötzinn beschwert hast. Du hast dir die Fingernägel geschnitten, aber nicht so, wie die Eltern es dir beigebracht hatten. In deine Nägel hast du Kerben gesägt, sodass sie ganz ausgefranst waren. Dann hast du sie von unten schwarz angemalt. Am Ende sahen sie aus, als könntest du mit einem bloßen Fingerzeig die Beulenpest verbreiten.

Einmal traf ich dich in Mutters Grundschule. Manchmal bin ich mit ihr nachmittags dort hingegangen, wenn sie ihr Klassenzimmer aufräumen oder eine Projektwoche vorbereiten musste. Du musstest ihr irgendetwas bringen oder etwas abholen. Ihre Schule liegt in einer Hochhaussiedlung, in der ein großer Teil der Menschen von Sozialhilfe lebt. Und oft erzählte Mutter entsetzt, wie vernachlässigt einige von den Kindern seien. Manche von ihnen dächten, das Leben bestünde daraus, vor dem Fernseher zu sitzen und darauf zu warten, dass das Geld vom Amt komme. Eines der Kinder sah dich und zog angewidert die Nase kraus. Nachdem du gegangen warst, sagte es zu Mutter: »Dein Sohn ist aber dreckig!« Es war ihr schrecklich peinlich.

Es ist schwer für mich auszudrücken, wie ich diese Zeit erlebte. Ich habe damals ein Bild in mein Tagebuch gemalt, das dies vielleicht am besten zeigt. Es stellte eine auf dem Boden eines beengend kleinen Raumes liegende Gestalt dar. Alles in dem Raum brennt. Die Flammen klettern die Wände hoch und züngeln unter der Decke, ihre Wirbel füllen den ganzen Raum aus. Die Gestalt kauert sich zu einem kleinen Paket zusammen und hält die Hände über den Kopf, um sich vor dem Feuer zu schützen. Die Gestalt war natürlich ich.

Heute wüsste ich, was ich zu tun hätte. Wenn ich eine Zeitmaschine hätte, dann würde ich zurückreisen und mich bei den Prüfers an den Abendbrottisch setzen. Und dann würde ich mit der Faust auf den Tisch hauen, dass die Käseplatte einen halben Meter in die Luft fliegt. Und rufen: »RUHE JETZT, VERDAMMT NOCHMAL, UND ZWAR ALLE! IHR SETZT EUCH JETZT ZURÜCK AUF EURE STÜHLE UND BENEHMT EUCH WIEDER WIE ERWACHSENE! UND DANN LASST IHR EUCH ERST MAL AUSREDEN! DAMIT DAS KLAR IST: DER EINZIGE, DER HIER RUMBRÜLLEN DARF, BIN ICH. KAPIERT?«

So mache ich das, wenn es heute in meiner Familie Streit gibt. Manchmal muss der Friedensengel eben in der Gestalt des Erzengels auftreten und lauter brüllen als die Kriegsparteien zusammen. Funktioniert immer. Ich hasse es, wenn sich zwei voller Selbstgerechtigkeit streiten und mir damit den Tag versauen. Aber damals war ich elf Jahre alt. Ich war zu klein, um eingreifen zu können. Stand immer am Rande und konnte nichts tun. Ich fühlte mich schrecklich hilflos.

Annette stand natürlich auf der Seite unserer Eltern – warum solltest du mehr Freiheiten haben, als sie in deinem Alter gehabt hatte? Aber ich sah unsere Familie damals auseinanderbrechen. Du hast den Eltern gedroht, dass du weggehst, um bei irgendwelchen Kumpels zu leben. Und sie dachten sich: Wenn er sowieso nicht bei uns leben will, kann er ja auch in ein Internat ziehen, vielleicht werden die mit ihm fertig. Ich weiß nicht, wie ernst diese Drohungen gemeint waren. Aber sicher kann jeder verstehen, dass ein Elfjähriger in dieser Situation seine ganze Existenz zusammenbrechen sieht.

Also musste ein Plan her. Ich konnte in diesen Streit nicht eingreifen, da ich einfach zu klein war. Ich hatte keine laute Stimme. Aber eine Macht war mit mir: Ich war klein und süß. Schließlich war ich der Jüngste. Und alle lieben den Jüngsten, und alle wollen vom Jüngsten geliebt werden, zumindest solange er klein und süß ist.

Mir war immer klar: Wenn ich mich in diesem Streit auf eine Seite stellte, würde dies aus dem Spalt in der Familie eine Schlucht machen. Aber wenn ich mich auf keine Seite stellen würde, könnte ich dadurch ein verbindendes Element schaffen. Denn dann müssten beide Streitparteien Rücksicht auf mich nehmen. Wenn ich dir zeigen würde, wie wichtig du mir bist, würdest du nicht einfach weggehen. Und wenn die Eltern sehen würden, wie wichtig mein großer Bruder für mich ist, würden sie Rücksicht auf mich nehmen und vielleicht etwas nachgiebiger sein. Und deshalb blieb ich immer strikt neutral. Für mich lag die Verantwortung für den Zusammenhalt der Familie auf meinen Schultern.

Ich will das kurz unterstreichen, denn ältere Brüder sind oft der Ansicht, dass ihre jüngeren Geschwister sorglos in den Tag hineinleben und nie gelernt hätten, mit Verantwortung umzugehen. Ich fand, das war verdammt viel Verantwortung für einen Elfjährigen. Und ich bin mir sicher, dass dies nicht ausschließlich ein Produkt meiner kindlichen Phantasie war. Ich hatte ein kleines bisschen Einfluss auf euch. Zum Beispiel hat keine Seite jemals von mir verlangt, dass ich mich für eine Partei entscheide. Und beide mussten sich nach dem Streit für das, was geschehen ist, immer wieder bei mir rechtfertigen. Ich meine damit nicht, dass ich die Rolle eines Richters oder Staatsanwaltes gespielt hätte. Ihr musstet euch vor mir rechtfertigen, aber nicht so, wie man sich vor einem Gericht erklären muss. Sondern so, wie man sich vor einem verängstigten Kind rechtfertigen muss. Besonders die Eltern standen unter diesem Druck.

Auch du hast nicht versucht, mich gegen die Eltern aufzubringen. Du warst eher froh, dass du in mir jemanden hattest, der nicht gegen dich war, der mit diesem Streit nichts zu tun hatte. Ich war auch noch viel zu klein, um dir als Verbündeter irgendwie von Nutzen zu sein.

So ist es auch heute noch: Ich bin neutral. Immer. Wenn zwei sich streiten, stehe ich immer dazwischen, habe Verständnis für beide Seiten. Seien es Pepsi und Coca-Cola, die Israelis und die Palästinenser, die Kurden und die Türken. Grundsätzlich habe ich für beide Seiten Verständnis. Ich wäre der ideale UN-Generalsekretär – wenn da nicht mein beklagenswerter Mangel an Ehrgeiz wäre.

Allerdings hatte meine Position als Vermittler einen krassen Nachteil. Wer ein Vermittler sein will, der darf selbst keine Probleme machen. Er darf selbst keinen Streit auslösen. Was wäre passiert, wenn ich jetzt meinerseits gegen die Eltern rebelliert hätte? Wenn ich die Wände meines Zimmers mit den Mercedessternen der Autos der Nachbarn geschmückt hätte? Oder regelmäßig blutüberströmt nach Hause gekommen wäre? Es ging nicht. Zudem hätte ich deine Rebellion an Radikalität noch übertreffen müssen, um einen Eindruck bei den Eltern zu hinterlassen. Um sie zu beeindrucken, hätte ich Neonazi oder heroinabhängig werden müssen. Aber das erschien mir übertrieben. Deshalb bin ich so ein kreuzlangweiliger, vernünftiger Mensch geworden. Du bist schuld.

Und ich war auch ein bisschen neidisch auf dich, Tillmann. Du standest immer im Mittelpunkt des Interesses der Familie, immer warst du das Gesprächsthema. Was hat Tillmann gesagt? Wann ist er nach Hause gekommen? Mit welchen Freunden hat er sich getroffen? Was hat er gemacht? Was haben seine Lehrer über ihn berichtet? Was zieht er an? Was sollen wir mit ihm machen? Wie sollen wir uns ihm gegenüber verhalten? Bestimmt hättest du diese Position liebend gerne mit mir getauscht. Aber du musst zugeben: Du hattest die maximale Aufmerksamkeit der Eltern, und für mich war das ein guter Grund, neidisch zu sein. Das ist dir vielleicht gar nicht klar. Dein Leben erschien mir wie ein großes Abenteuer, voller Geheimnisse und Verschwörungen: Heimlich nachts abhauen, um dich mit Freunden zu treffen, denen du berichten konntest, was die Alten dir schon wieder angetan hätten. Partys feiern, sich besinnungslos betrinken, die Lehrer provozieren – rebellieren, um der Rebellion willen. Ich hätte mich auch gerne getraut, was du dich getraut hattest. Gerne hätte ich einmal erlebt, dass ich nach Hause komme, die Familie am Abendbrottisch versammelt vorfinde und bemerke, dass alle mich anblicken, weil sie noch Sekunden zuvor über mich gesprochen hatten. Aber über mich gab es nie viel zu erzählen. Ich war immer »das Kind, das nie Probleme macht«. Ich hätte mich auch gerne mal mit den Eltern gestritten. Oder wäre gerne mal weggelaufen oder betrunken zu Hause aufgetaucht. Und ich hätte gerne gesehen, dass sich die Eltern mir gegenüber so engagiert zeigten, wie sie es dir gegenüber waren.

Ich weiß nicht, ob bei dir irgendwelche Reste schaler Gefühle gegenüber unseren Eltern aus dieser Zeit überlebt haben. Wenn dies der Fall sein sollte, dann werfe an Weihnachten einfach einen Blick auf unsere Krippe. Jedes von uns drei Geschwistern hatte eine Figur zu ihr beigesteuert. Meine ist ein Engel aus Pappe und Servietenresten, den ich in der Schule basteln musste. Annette hat die Kastanientiere geschaffen. Und auch von dir ist eine Figur dabei. Aber deine ist anders. Es ist ein Teufelchen, etwas größer als mein Daumen. Du hast es aus Ton geformt und heimlich im Moos versteckt. Es hat die Hände in die Hüfte gestemmt und lacht breit in Richtung des Jesulein, als wollte es sagen: »Komm nur her, dann fängst du dir eine!« Es ist der Satan, die Inkarnation des Bösen, der den frisch geborenen Heiland verhöhnt – dein Kommentar zum Fest der Liebe. Mutter hat das Teufelchen an einem 6. Januar entdeckt, und sie legte es in die Kiste mit dem in Goldfolie eingewickelten Jesulein und den anderen Figuren. Und jedes Jahr holt sie in der Adventszeit die Kiste aus dem Keller und baut die Krippe. Und sie nimmt es und versteckt es wieder im Moos. Jedes Jahr.

5. Kapitel

Brüder, zur Sonne, zur Freiheit

Wie Geschwister ihren Platz in der Geschichte finden

Tillmann

Das Teufelchen, mein lieber Bruder, suche ich jedes Jahr wieder im Moos, wenn ich bei unseren Eltern zu Weihnachten zu Besuch bin. Es war übrigens nicht die einzige Figur, die ich für die Krippe gebastelt hatte. Jahre zuvor hatte ich einen Polizisten aus Filz geschaffen, der beim Jesuskind nach dem Rechten gucken sollte. Der Beamte ist seit etlichen Jahren vom Dienst suspendiert. Komisch, oder? Heute bin ich ein ordnungsliebender Mensch, der sich ärgert, wenn die Sprayer in Berlin »Eat the Rich« an die Fassade des Hauses, in dem ich wohne, sprühen. Ich habe sogar schon einmal FDP gewählt. Manchmal zeige ich meinen Kindern auch die Bilder in der Familienbibel, die ich von unserem Großvater geerbt habe. Dort sind viele Bilder von Gott als großem, altem Mann mit Rauschebart und Nachthemd, der seine Füße auf die Weltkugel stellt, als wäre sie eine Wärmflasche. Unsere Mutter hätte allen Grund, den Polizeibeamten als meinen Stellvertreter aufzustellen. Aber Jahr für Jahr besucht der Antichrist das Jesuskind. Obwohl alle meine Kinder getauft sind – katholisch.

Teufelchen und Ordnungshüter – was bin ich? Und

wie bin ich das geworden, was ich bin? Diese Überlegung mag dich überraschen, Benjamin. Denn du musstest dich das nicht fragen. Du hattest einen großen Bruder. Ein großer Bruder kann ein Vorbild sein oder ein Schreckensbild. Man kann werden wollen wie er oder sich vornehmen, nie so zu werden wie er. Auf jeden Fall ist da einer. Bei mir war da: niemand. Ich musste also alles selber machen.

Natürlich sagt niemand: So, jetzt fange ich mal an, jemanden aus mir zu machen, jetzt bilde ich mal ein paar Charaktereigenschaften und Talente aus. Es ist ein Prozess, der die ganze Kindheit begleitet und an dem die Geschwister genauso beteiligt sind wie die Eltern.

Brüder und Schwestern sind ständig im Wettbewerb miteinander. Die Eltern sind die Organisatoren dieser Arena. Wenn sie es richtig machen, versuchen sie nicht, diese Rivalität zu unterdrücken oder ein Kind gegen das andere in Schutz zu nehmen. Stattdessen fördern sie bei jedem Kind ein eigenes Talent. Man kann sich Erziehung wie modernen Boxsport vorstellen. Man hat eine Gewichtsklasse für jeden, sodass man ständig alle zu Siegern erklären kann. Jedes Kind bekommt seine Nische. Wladimir und Vitali Klitschko können sich also ganz gut vertragen, weil sie nie um dieselbe Weltmeisterschaft kämpfen müssen.

Ich kann mich noch gut daran erinnern, wie ich meine Nische fand. Eines Tages, ich war sieben Jahre alt, nahm ich mir ein Stück Wellpappe und krakelte darauf mit einem roten Filzstift: »Weihnachten steht vor der Tür / Was schenk ich nur? / Meinem Bruder ein Ruder / meiner Schwester ein Orchester / Meinem Vater einen Kater / Meiner Mutter ein Pfund Butter.« Unsere Eltern waren begeistert. Sie lobten mich über alles für meine Dichtkunst. Und lasen das Gedicht immer wieder. Von da an war mir klar, dass ich immer Lob zu erwarten hatte, wenn ich ein Gedicht schrieb. Meine Eltern würden mir in jedem Fall Talent zusprechen.

Was ich unseren Eltern damals natürlich nicht gesagt habe: Die Reime waren gar nicht von mir. Ich hatte sie in der »Sendung mit der Maus« im Fernsehen mitbekommen und einfach aufgeschrieben. Der einzige Reim, den ich selbst gebildet hatte, war »Tür« auf »nur« – und der war falsch.

Leider reicht es für die Persönlichkeitsausbildung nicht, Gedichte abzuschreiben. Zumal andere Kinder sich davon nicht annährend so beeindrucken lassen wie Erziehungsberechtigte. Es gab wenig, was ich war, und vieles, das ich nicht war. Ich war nicht groß, nicht breit, ich war nicht stark, ich war nicht sportlich, ich war nicht hübsch, ich war nicht intelligent. Ich war nicht einmal schwul.

Es gab nichts, was ich besonders gut konnte. Doch, da war etwas. Ich konnte andere Menschen unglaublich gut gegen mich aufbringen. Ich hatte wirklich ein Talent dafür, von anderen nicht gemocht zu werden. Das kam paradoxerweise daher, weil ich so gerne von anderen gemocht werden wollte. Es gab leider keinen Grund, weshalb irgendjemand sich mit mir hätte beschäftigen müssen. Wäre ich ein super Fußballspieler gewesen, hätte es einen natürlichen Grund gegeben, sich mit mir abzugeben. Denn wenn man Fußball spielen will, braucht man so jemanden. Wenn ich Klassenbester in Mathe gewesen wäre, hätte es Vorteile gehabt, neben mir zu sitzen. Aber all das hatte ich nicht zu bieten. Ich wollte aber trotzdem gerne dabei sein. Also versuchte ich mich an andere dranzuhängen, so gut ich konnte. Aber wie macht man das? So etwas bringt einem ja niemand bei. Also drängelte ich mich einfach auf dem Schulhof zu Gruppen anderer Kinder und versuchte, mit allen Mitteln auf mich aufmerksam zu machen. Am liebsten, indem ich kleine Frechheiten verteilte. Ich besaß also die Fähigkeit, innerhalb von Minuten zur unbeliebtesten Person im Umkreis zu werden. Mit diesem Talent hätte ich hessischer Ministerpräsident werden können. Aber ich kam zu spät darauf.

Meine Beliebtheit beim Lehrkörper war entsprechend mäßig. Ich erinnere mich daran, wie ich es schaffte, die Zuneigung meiner Klassenlehrerin binnen Sekunden zu atomisieren. Ich widersprach ihr im Unterricht und verbesserte sie. Es ging um das Detail, dass die Walnuss in Wahrheit keine Nuss ist, sondern der Kern einer Frucht. Und insofern sei es völlig falsch, wenn sie uns auf die Frage, welche Nüsse wir so kennen, als Antwort »Walnuss« gelten ließe. Sie bedankte sich knirschend für meine Belehrung, worauf ich quittierte: »Sehen Sie, von mir können sogar Sie noch etwas lernen.« Einen anderen Lehrer machte ich nicht glücklicher, indem ich ihm nach seiner ersten Stunde Sozialkundeunterricht erklärte, was ich von ihm als Lehrer im kommenden Jahr erwarte und dass seine erste Stunde mir gute Hoffnung mache, er sich aber bitte noch steigern möge. Nach diesem Jahr gab der Sozialkundelehrer die Klasse ab. Angeblich wegen mir. Dass er mich später einmal fast mit seinem Volvo überfahren hätte, hielt ich für einen Zufall.

Ich war also jemand, von dem man zunächst einmal kaum Notiz nahm, aber kaum hatte man meine Anwesenheit bemerkt, wünschte man mich schon gleich wieder weg. Das sind anspruchsvolle Voraussetzungen zur Charakterausbildung.

Mit der Unbeliebtheit im Allgemeinen konnte ich ganz gut leben. Alle großen Geister waren einmal unbeliebt, dachte ich mir: Jesus, Sokrates, Clark Kent. Schlecht zurecht kam ich damit, dass ich wenig Erfolg bei den Mädchen hatte. Seit ich mich erinnern kann, war ich ständig dabei, um irgendein Herz zu kämpfen. Ich stand natürlich auf genau die gleichen Mädchen wie alle Jungs. Aber ich musste bald feststellen, dass die weiblichen Objekte meiner Begierde vor allem die Jungs gut fanden, die völlig anders waren als ich: sportlich, ehrgeizig, groß, mit Fremdsprachenkenntnissen.

Die Dinge besserten sich für mich erst an einem Abend, als ich zum Videogucken in der Nachbarschaft eingeladen war. Dort sollte ich meine erste Freundin kennenlernen: Nucki.

Du hast Nucki erst am nächsten Morgen kennengelernt, als sie an unserer Haustür klingelte, nach mir fragte und ihr Irokesen-Haarschnitt bei unseren Eltern mit einem Schlag alle Befürchtungen bestätigte, ich hätte einen verheerenden Umgang.

Aber du hattest ja keine Ahnung, was für eine tolle Nacht ich hinter mir hatte. Ich war zuvor noch nie auf einem Videoabend gewesen. Da lag ich nun vor einem Fernseher, und neben mir lag diese Punkerin. Es lief

»Wir Kinder vom Bahnhof Zoo«. Die Eltern der Gastgeberin waren nicht da. Nucki robbte näher an mich heran. Ich wusste gar nicht, ob ich Nucki wirklich so hübsch finden sollte. Aber das war auch gar nicht die aktuelle Fragestellung: Da war ein Fernseher, da war eine Flasche Bier, da war ein Mädchen, das hoch erfreut war, als ich ihr erzählte, dass ich zu Hause eine zahme Ratte namens Morbit beherbergte (die Ratte war auch kein Projekt, über das unsere Eltern allzu glücklich gewesen waren). Irgendetwas passierte hier. Hinter uns lag ein Typ quer über dem Sofa, der grölte: »Küsst euch doch endlich.« Das letzte Mal, dass jemand das zu mir gesagt hatte, war, als ich noch keine fünf Jahre alt war und meine Sandkastenfreundin Annika küssen sollte – auf Befehl ihres großen Bruders. Das hier war anders. Er wollte selbst gerne knutschen und war unwirsch, weil nicht er, sondern ich neben einem Mädchen vor dem Fernseher lag. Im Film war gerade zu sehen, wie Christiane F. einen Freund tot in der Wohnung fand, der sich eine Überdosis Heroin in die Venen gepumpt hatte. Sie nahm den Käfig mit dem Kanarienvogel aus seiner Wohnung mit. Später zog sie mit einem Freund los, um sich selbst neuen Stoff zu besorgen und ließ den Vogel einfach auf der Straße stehen. Ich dachte mir noch, der arme Vogel, was wird jetzt aus dem, da schob Nucki ihre Zunge in meinen Mund.

Ich musste bald nach Hause. Aber schlafen konnte ich ohnehin nicht, das Blut jubelte in meinen Adern. Das Endorphin spülte alle Zweifel aus mir heraus, wie Essigessenz den Kalk einer Kaffeemaschine wegfrisst. In der nächsten Nacht traf ich Nucki wieder, ich schlich mich aus meinem Zimmer, wir hatten uns auf einem Spielplatz verabredet. Diesmal hatte ich Morbit mitgebracht. Ich erinnere mich nicht, ob Nucki mehr von meiner Ratte oder von mir fasziniert war. Ich wusste aber: Erstens, es gibt durchaus Frauen, die mich toll finden können – ich muss mich nur an die etwas seltsamen, verkrachten Modelle halten mit außergewöhnlichen Haarschnitten und klimpernden Ketten. Zweitens, nach diesem Gefühl würde ich süchtig werden, genau nach diesem Gefühl. Als Drittes stellte ich fest, dass dieses Gefühl flüchtig war. Die Beziehung mit Nucki dauerte nur vier Wochen. Aber diese kurze Zeit brachte eine wichtige Weichenstellung in meinem Leben. Nucki kannte nämlich noch mehr Leute mit Irokesen-Haarschnitten. Nucki hörte Musik mit Texten wie »Deutschland muss sterben, damit wir leben können« und verkehrte mit Jugendlichen, denen es gefiel, schon nachmittags auf Darmstadts öffentlichen Plätzen Bier zu trinken oder noch lieber Whisky Cola. Es waren auch welche dabei, die sich, wenn sie betrunken waren, gegenseitig tätowierten. Einer soll seinem Kumpel im Vollrausch einen Kühlschrank auf den Rücken geprägt haben. Ich konnte nicht einmal in nüchternem Zustand einen Kühlschrank zeichnen.

Es war eine faszinierende Gemeinschaft für mich. Jeder dufte dabei sein, wie in einem Schwarm betrunkener Fische. Die Voraussetzung war, dass man irgendein Attribut von Gesellschaftsverweigerung trug, das konnte schon eine zerrissene Hose sein, und bereit war, Bier zu trinken. Ansonsten gab es keinerlei Zutrittsbeschränkungen. Jeder, der dabei war, stand für ein Schicksal. Es waren genug Leute dabei, die noch nicht einmal zwanzig waren, aber schon obdachlos und mit von Alkohol zerfressenen Gehirnen. Ständig war jemand unglücklich, dachte an Selbstmord. Das Wichtigste für mich war jedoch: Ich gehörte irgendwo dazu. Gut, es war der Abschaum, aber irgendwo muss man ja anfangen.

Eine Weile nach dem Ende meiner Beziehung zu der Punkfrau verloren auch die anderen Punks den Reiz an mir. Ich sah meine Bestimmung nicht mehr darin, Bier zu trinken und eines Tages mit einem Kühlschrank auf den Rücken tätowiert aufzuwachen. Das zelebrierte Außenseitertum hingegen wurde umso wichtiger für mich.

Wenn man wenig Zuspruch erfährt, stellt man sich jeden Tag die Frage, welchen Platz in der Welt man einnehmen möchte. Mein Gehirn behalf sich mit einem Trick. Ich folgte der völlig unbegründeten Annahme, ich sei einfach schlauer, besser und bedeutender als alle anderen. Das war zwar als Hypothese sehr, sehr unwahrscheinlich, aber es ließ sich prima damit arbeiten. In meiner Rechnung war ich nicht einer der Letzten in der Gesellschaft, sondern die Avantgarde – in einer Gesellschaft, die anders herum funktionierte. Einer besseren Gesellschaft, die es zu schaffen galt.

Wie schlecht sie war, demonstrierte die Welt damals deutlich. Es war die Zeit, als Amerika zum ersten Mal in den Irak zog, Operation »Desert Storm«. Man war noch nicht wie heute daran gewöhnt, dass immer irgendwo ein Krieg war, bei dem Humanität, Demokratie und die Werte des Abendlandes verteidigt wurden. Der Golfkrieg wurde sogar zum Anlass genommen, Fastnacht ausfallen zu lassen. Überall gab es Friedensdemonstrationen, in Darmstadt wurde eine Mahnwache vor einem Gebäude, das sich Kennedy-Haus nannte, errichtet. Natürlich wohnte im Kennedy-Haus kein amerikanischer Würdenträger, der durch den Anblick von zwanzig ungewaschenen Gestalten, die sich mit »Kein Blut für Öl«-Transparenten und einer Gitarre um ein Lagerfeuer versammelt hatten, dazu zu bewegen gewesen wäre, den Rückzug aus dem Irak anzuordnen. Das Haus hieß einfach nur wie Kennedy. Aber es kam ja auch nur auf die Symbolik an: Wir stehen hier und finden Krieg nicht gut.

Mir war es bald nicht mehr genug, den Krieg nicht gut zu finden. Ich war auf die Idee gekommen, die Ursache des Krieges mit Wurzel, Stumpf und Stiel auszurotten. Das war für mich der Kapitalismus. Der Kapitalismus war an allem schuld. An Hitler, am amerikanischen Imperialismus und wahrscheinlich auch daran, dass ich gerade keine Freundin hatte.

Es gab damals viele linke Gruppierungen, und bald fand ich eine, die zu mir passte. Sie war radikaler, grundsätzlicher und kompromissloser, was das Projekt Weltrevolution anging, als alle anderen. Diese Organisation hatte nichts gemein mit all den Fur-eine-bessere-Welt-Kiffern, mit denen ich bislang zu tun hatte. Man legte großen Wert auf Ordnung und Disziplin. Für die Weltrevolution gab es quasi einen Zeitplan. Und angesichts der scharfen Ermahnungen, die ich über mich ergehen lassen musste, wenn ich zum Gruppentreff mal zehn Minuten zu spät kam, hatte ich keinen Zweifel, dass man den Termin einhalten würde.

Die Gruppe war sehr engagiert, hatte aber dasselbe Problem wie ich: Sie wurde nicht wirklich wahrgenommen. Im Bundesverfassungsschutzbericht kam sie nicht vor. Nur im hessischen Verfassungsschutzbericht hatte man ihr eine Erwähnung geschenkt, und die war so mager, dass ich mir Gedanken machen musste, ob die geheimen Aufklärungsorgane des Staates ihre Aufgabe wirklich ernst nahmen.

Fortan ging ich zu Marx- und Engels-Schulungen, wälzte Lenins »Staat und Revolution« und diskutierte mit Leuten auf der Straße und bei Gewerkschaftsabenden darüber, dass es Zeit wäre, die Arbeiterklasse wieder auf die revolutionäre Spur zu bringen. Leider war die Arbeiterklasse nicht so schnell davon zu überzeugen. Wenn ich mit Flugblättern und Broschüren vor den Fabriktoren von Metallverarbeitungsbetrieben stand, wollte sich die Arbeiterklasse von mir nicht zur Revolution führen lassen. Sie wollte einfach nach Hause.

Dass das mit der Weltrevolution nicht ganz klappen würde, zeichnete sich also bald ab. Trotzdem ging es mir prächtig. Ich trug eine revolutionäre Arbeitermütze, und wenn ich mir die langen Haare darunter einige Tage nicht wusch, bekamen sie sogar ein paar Locken. Wie bei Benjamin.

Und wie ging es Benjamin? Inzwischen spielten wir wieder – mit Machtphantasien. Wir redeten stundenlang, während meine aus dem Sperrmüll besorgte Kaffeemaschine hustete. All mein Reden folgte einer einfachen Regel: In der Marktwirtschaft dreht sich alles um Waren, die verkauft werden sollen. Ganz egal, ob sie sinnvoll sind oder nicht. Ich sprach vom Computersystem MS-DOS, das den Markt beherrschte, obgleich es mehr Löcher hatte als meine Hosen. Und ich nannte die Glühbirne als Beispiel. Warum müssen wir uns immer neue Glühbirnen kaufen, die immer wieder durchbrennen, obgleich man sie längst durch solche ersetzen könnte, die Jahre halten? All das war das Werk eines verrotteten Systems, mit dem sich die Kapitalisten vor den Menschen schützten. Vor Benjamin und mir. Ich wusste nicht, dass Jahre später jeder einen Apple-Computer würde haben wollen, Microsoft von den Kartellbehörden gejagt würde und die europäische Kommission die Glühbirne verbieten würde. Hätte ich es gewusst, hätte ich vermutlich einfach andere Beispiele gesucht.

Unheimlich stolz war ich, dass du mir auf dem revolutionären Pfad folgtest, Benjamin. Ich war so ziemlich für niemanden ein Vorbild – außer für dich. Für dich war ich jemand, von dem man etwas lernen konnte. Du warst der Erste, der mich richtig ernst nahm (und für lange Zeit auch der Letzte). Und ich war voll von missionarischem Furor. Du hattest schon mit mir zusammen die Atomkraftwerke schlimm gefunden. Warum sollten wir nicht gemeinsam die kapitalistische Welt umstürzen?

Das hatten wir gemeinsam, und trotzdem unterschied uns etwas. Mich fanden alle um mich herum, die sich nicht zufällig auch dem revolutionären Kampf verschrieben hatten, reichlich befremdend. Dich, Benjamin, fanden sie niedlich. Nichts ist gemeiner, als niedlich gefunden zu werden. Wer niedlich ist, ist für niemanden eine Gefahr. Und wer niedlich ist, darf niemals den Fehler machen, eines Tages nicht mehr niedlich zu sein. Jeder hat eine genaue Vorstellung von dir und von dem, was du zu tun hast. Und falls du etwas anderes tust, ist die Enttäuschung groß. Wer süß ist, darf seine Rolle nicht verlassen. Er ist wie ein Kuschelhund, der nicht groß werden darf. Wer süß ist, muss sich nicht die Frage stellen, wer oder was er ist. Er bekommt von seiner Umwelt jeden Tag vorgemacht, was er zu sein hat. Und alles ist gut, wenn er sich nicht einmischt.

Ich weiß nicht mehr, wo ich den Spruch gesehen habe. War es auf deiner Schultasche, auf deinem Kalender, deinem Federmäppchen? Jedenfalls hatte eine Freundin von dir darauf geschrieben: »Rette die Welt!« Zu dieser Zeit warst du schon auf Veranstaltungen unterwegs, wo es um die angebliche Befreiung Kurdistans ging. Das Thema war also, eine Separatistengruppe zu unterstützen, die mit Waffen gegen die türkische Armee vorging. Überhaupt kein liebliches Thema. Aber deine Bekannten fand es einfach knuffig, wie du dich um die Gerechtigkeit auf Erden bemüht hast.

Mir hingegen hätte niemand auf die Tasche geschrieben, dass ich doch bitte wildromantisch um die Bewahrung der Erde besorgt sein soll. Ich hätte mir das selbst auf die Tasche gekritzelt.

Als ich diesen Spruch gelesen hatte, fiel mir zum ersten Mal auf, wie schwer du es haben musst. Ich glaube, mir ging es im Leben letztlich besser als dir. Wenn du das Gefühl hast, kämpfen zu müssen – um deinen Platz in der Familie, deinen Platz in der Gesellschaft, deinen Platz im Freundeskreis –, dann hast du immer eine sehr klare Idee, was du gerade zu tun hast. Wenn du mit einer Platzkarte auf die Welt kommst, sagen dir andere, was du machen sollst – nämlich, dich nicht zu bewegen. Und wenn du weiterwillst, hilft dir niemand. Es sind nur alle enttäuscht.

Nach Nucki lernte ich ein anderes Mädchen kennen. Es hieß Ela. Sie war eine Freundin von Nucki. Ela kam aus Jena und war zu Besuch. Wir wollten einfach im Supermarkt Kekse kaufen. Ela bemerkte: »Boa, hier kann man ja geil klauen!« Ich hatte einen Supermarkt noch nie aus dieser Perspektive betrachtet. Ela aber hatte sofort eine Tüte Gummibärchen unter ihrer Jacke. Sie wies mich an, Schmiere zu stehen, als sie sich gleich noch Schokolade und Kinderriegel nachschob. Ich selbst erwarb ein Verlegenheits-Mars. Ich erklärte später, das habe vor allem dazu gedient, den Verdacht abzulenken. Mir war das alles schrecklich unangenehm. Ich war zwar jetzt »dabei«, gleichzeitig aber ein Outlaw.

Später besuchte ich Ela in Jena. Es war um den 20. April herum, dem Jahrestag von Hitlers Geburtstag. Deutschland war gerade wiedervereinigt, und in Jena konnte man kaum auf die Straße gehen, ohne Gefahr zu laufen, von Rechtsradikalen angepöbelt zu werden. Es war eine Art pflichtschuldiger Kleinkrieg. Es gab viel zu viele »Rechte« und »Linke«, als dass man sich bei jeder Begegnung hätte gegenseitig verprügeln können. Einmal saß ich in der Straßenbahn, mit meinen langen Haaren unschwer als »links« auszumachen. Schräg gegenüber saß jemand, der mit seinen kurzen Haaren unschwer als »rechts« auszumachen war. Irgendwann stand er auf, schlurfte zu mir hin und fragte, ob er mir ein paar aufs Maul hauen sollte. Ich bedeutete ihm, dass ich darauf verzichten könne. Dann drehte er sich um und ging wieder zu seinem Platz.

Am 20. April war das natürlich anders. Ela und ich waren in einem besetzten Haus. Zusammen mit etwa zwanzig anderen »Linken« und etwa doppelt so vielen Molotowcocktails. Es war ganz klar, dass an »Führers Geburtstag« ein Angriff auf das Haus stattfinden würde. Und deswegen hatte man so viele Benzinbomben präpariert, dass man damit die ganze Stadt hätte niederbrennen können. Es kam dann doch nicht dazu. Es tauchten lediglich zwei Skinheads auf, die aus einem fahrenden Auto eine Leuchtrakete auf das Haus feuerten und einen Stein warfen. Die allgemeine Enttäuschung war spürbar. Nur mich störte das nicht. Ich war schon ein Outlaw. Musste ich auch noch ein Straßenkämpfer werden? Nur, um zu küssen?

Benjamin

Ich muss etwas gestehen: Bis hierhin habe ich immer versucht, den Eindruck zu erwecken, dass Tillmann seit meiner Geburt auf mich eifersüchtig gewesen sei, während ich in buddhistischer Gelassenheit aufgewachsen wäre. Nun, das stimmt nicht ganz. Auf eine Sache war ich sogar *sehr* eifersüchtig und bin es heute noch: Tillmann war immer Tillmann. Ich dagegen war immer »Tillmanns kleiner Bruder«. Was ich damals, kurz nach meiner Geburt, als ich nackt und gelb auf der Brust unserer Mutter lag, nicht ahnen konnte: Ich wurde geboren, um ein Leben lang ein kleiner Bruder zu sein. Und zwar nicht nur, wenn ich mit Tillmann zusammen bin. Sondern immer und überall. Komme ich zum Beispiel an einen neuen Arbeitsplatz, stelle ich mich ausdrücklich als »Benjamin Prüfer« vor. Aber spätestens nach zwei Wochen fangen die Kollegen ganz von selbst an, mich »Benni« zu nennen, so wie Tillmann und meine Eltern mich immer genannt haben. Es ist, als sei der Titel »Kleiner Bruder« auf meine Stirn tätowiert. Ich bin da besonders stigmatisiert, da man bei mir ja schon am Namen erkennt, dass ich ein kleiner Bruder bin.

Und nicht nur das: Ich werde nicht nur sofort als kleiner Bruder erkannt. Ich werde darüber hinaus auch noch als *Tillmanns* kleiner Bruder enttarnt. Ich trat ein Leben lang in seine Fußstapfen. Das kann man durchaus wörtlich nehmen: Überall, wo ich hinkam, war mein großer Bruder schon gewesen und hatte einen bleibenden Eindruck hinterlassen. Es war wie ein Fluch. In der Schule schlich ich durch jene endlosen Wüsten aus verbrannter Erde, die er mir hinterlassen hatte. Und man stelle sich vor: Man ist sechzehn und geht in eine Disco – also das, was man heute weltmännisch »Club« nennt. Aber damals in Darmstadt gab es keine Clubs, es gab nur Discos. Wer als Jugendlicher dahin geht, möchte rauchen, vielleicht sogar etwas Verbotenes, Verwegenes tun, Mädchen kennenlernen, kurz: ein Großer sein. Und dann kommt eine schöne Frau durch den künstlichen Nebel auf einen zu und sagt: »Du bist doch bestimmt der kleine Bruder vom Tillmann. Ihr seht euch ja sooo ähnlich!« Ganz schön ernüchternd.

Es stimmt ja auch, in einigen Dingen sind wir uns

sehr ähnlich. Und wer diese Gemeinsamkeiten sieht, muss uns zwangsläufig miteinander vergleichen. Dagegen habe ich auch gar nichts. Doch was mir aufstößt, ist die Art und Weise, wie wir miteinander verglichen werden: Tillmann ist der Referenzpunkt. Der Financial-Times-Redakteur würde sagen: der Benchmark. Er ist die Sonne, und ich bin ein Asteroid, der um ihn herum kreist.

Tillmann, ich weiß, du sieht das ganz genauso: Im Spaß hast du mich oft als dein »verbessertes Nachfolgemodell« bezeichnet. Anscheinend stellst du dir uns beide wie die Maschinen in Menschenform aus der »Terminator«-Filmreihe vor: Du bist der T-800 (Arnold Schwarzenegger) und ich die Folgeversion, der aus einer polymorphen Legierung gefertigte T-1000 (Robert Patrick). Ach, es ist zwar nett, dass du mich – warum auch immer – als deine *verbesserte* Version siehst. Aber gleichzeitig kann ich es nicht akzeptieren, dass du in mir an sich nur eine Variation von dir selbst erkennst. Ich weiß, du bist der Überzeugung, dass ich alles, was ich tue, dir nachmache. Und wenn ich etwas anders mache als du, glaubst du, ich hätte es nur getan, um mich von dir zu unterscheiden. Was soll man auf so eine Argumentation erwidern? Um es mal klarzustellen: Nein, ich stehe nicht jeden Morgen auf und denke mir: »Was könnte ich heute mal wieder *nicht so* machen wie mein großer Bruder?«

Und auf diese Eigenständigkeit, die man Tillmann immer zu- und mir absprach, war ich eifersüchtig. Wie sehr hätte ich mir gewünscht, dass er mal zu hören bekommt: »Du bist bestimmt Benjamins großer Bruder.

Du siehst ihm ja sooo ähnlich!« Aber meine Eifersucht war anders als seine. Nicht laut und aggressiv, sondern still und leise. Eine Konspiration mit mir selbst. Ich habe es nie jemandem erzählt. Denn als Kleinster lernt man sehr schnell, dass man seine Pläne niemandem verraten darf – sonst kommen die Großen mit gut gemeinten Ratschlägen, sie erzählen die Pläne herum, zerreden sie, wuscheln einem durch die Haare und sagen: »Ach, wie süß! Was sich der Kleine alles so ausdenkt!« Nein, nein, der Kleinste muss sich der Taktiken der Guerilla bedienen. Camouflage ist kriegsentscheidend. Nur nicht auffallen, immer schön unter dem Radar der Großen bleiben und im Stillen an der Strategie arbeiten. Geduld, Geduld, Geduld. Denn eines ist sicher: Irgendwann wird auch der Kleinste ein Großer. Dann würde ich den großen Wurf machen, und alle Welt würde auf mich schauen. Ich würde im Scheinwerferlicht stehen, alle Blicke würden auf mich gerichtet sein. Und Tillmann würde irgendwo im Publikum sein, aufgeregt aufspringen und rufen: »Und ich bin sein großer Bruder!!! Hallo? Hört mir jemand zu? Ich sagte, ich bin sein großer Bruder!!!!« Ja, so würde es sein.

Ich frage mich manchmal, warum es mir und allen anderen jüngeren Geschwistern auf der Welt so wichtig ist, uns von unseren älteren zu unterscheiden. Wäre mein Leben nicht viel einfacher gewesen, wenn ich Tillmann einfach alles nachgemacht hätte? Ich hätte mir nie den Kopf zerbrechen müssen, welchen Weg ich im Leben einzuschlagen hätte. Dann würden mein Bruder und ich uns heute hin und wieder in Berlin-Mitte begegnen, wenn wir unsere Kinder durch die Gegend schieben. Unsere beiden Kinderwagen der Marke Cruiser würden sich in einer geschmeidigen, choreographieartigen Bewegung auf dem Gehweg ausweichen. Wir würden uns mit einer lässigen Geste grüßen, wenn wir von den Displays unsere iPhones aufblicken. Hin und wieder würden wir uns gegenseitig zu unseren Partys einladen und uns Käsekuchen mitbringen. Am nächsten Tag würden wir uns beim andern beklagen, dass nun das Parkett unserer Eigentumswohnung kaputt sei. Es wäre die pure Harmonie! Aber nein, ich musste unbedingt alles anders machen.

Und daher versuchte ich, mich von Tillmann zu unterscheiden. Ein Beispiel. An jenem dunklen Tag, als ich in die Schule kam, musste ich in einem Heft Kästchen und Dreiecke mit Buntstiften ausmalen. Zufälligerweise war es das gleiche Schulbuch, mit dem auch Tillmann fünf Jahre vor mir an seinem ersten Schultag gequält wurde. Er versuchte, diese Arbeit so schnell wie möglich hinter sich zu bringen, füllte die Kästchen mit fahrigen Bewegungen aus und rutschte dabei mit seinem Stift immer wieder über den Rand. Ich habe sie langsam und sorgfältig ausgemalt. Als unsere Eltern das Buch sahen, sagten sie, dass ich die Kästchen schöner ausgemalt hätte als Tillmann an seinem ersten Schultag. Wie schön war das! Ich konnte etwas besser als Tillmann! Nämlich Kästchen mit Buntstiften ausmalen! An diesem Tag beschloss ich, ein guter Zeichner zu sein. Tillmann war der Dichter der Familie, und ich wurde der Zeichner. Es machte mir nichts aus, dass meine Schwester ebenfalls eine gute Zeichnerin war. Sie war ja ein Mädchen und dazu acht Jahre älter als ich. Keine Konkurrenz also.

Und das ist eine Gesetzmäßigkeit der Abgrenzung: Jüngere grenzen sich immer vom nächstälteren Geschwister ab. Je geringer der Altersabstand zwischen ihnen und dem Nächstälteren, desto stärker die Abgrenzung. Eine zweite Gesetzmäßigkeit lautet: Wenn aufeinanderfolgende Geschwister das gleiche Geschlecht haben, fällt die Abgrenzung ebenfalls stärker aus. Hat es irgendjemanden gejuckt, als Angela Merkel als Bundeskanzlerin in einer Ansprache darauf hinwies, dass die deutsche Frauenfußball-Nationalmannschaft bereits Weltmeister sei – und uns Männer so durch die Blume sagte, dass wir eben alle Flaschen seien? Nö. Also mich nicht, kein bisschen. Die sind ja schließlich Frauen und damit etwas ganz anderes als wir Männer. Ich gönnte ihnen den Erfolg. Aber wenn sie darauf hingewiesen hätte, dass die Franzosen Weltmeister seien und wir nicht, das hätte weh getan. Den Franzosen habe ich es nicht gegönnt. Schwestern sind eben etwas ganz anders als Brüder.

An dieser Stelle muss ich schon wieder etwas gestehen: Es war manchmal toll, Tillmanns kleiner Bruder zu sein. Denn jeder sprach seinen Namen mit einer bestimmten Betonung aus: »Du bist also der kleine Bruder von *dem* Tillmann.« Wenn sich in der Schule ein neuer Lehrer vorstellte, dann sprach er dieses *dem* so aus, also wollte er sagen: »Du bist also der Bruder von *dem Tyrannosaurus rex*!« Und ältere Schüler auf dem Schulhof sprachen den Namen aus, als wollten sie sagen: »Du bist also der kleine Bruder von *dem* Che Guevara.« Jeder hatte eine Meinung zu ihm. Man hielt ihn für genial oder verrückt oder für schlecht erzogen und ungewaschen – aber niemand hatte keine Meinung zu Tillmann oder wusste nicht, wer er war. Und das bedeutete natürlich, dass jeder sofort wusste, wer *ich* war.

Tillmann, du wirst mich verwundert fragen, was denn dieses ganze Gerede von Abgrenzung solle, wo es doch offensichtlich ist, dass ich dir ganz viel nachgemacht habe. Du wurdest Umweltschützer und Atomkraftgegner, ich wurde Umweltschützer und Atomkraftgegner. Du wurdest ein Linker, ich wurde ein Linker. Du wurdest Journalist, ich wurde Journalist. Das stimmt, oberflächlich betrachtet sieht es so aus, als hätte ich dir viel nachgemacht, zum Beispiel ging ich in die gleichen Discos wie du. Zu meiner Entschuldigung muss ich an dieser Stelle anführen, dass das Aufwachsen in einer hessischen Kleinstadt den Prozess der Abgrenzung für mich nicht gerade einfacher gestaltete. Es gibt nicht sehr viele Discos in Darmstadt (Darmstädter Patrioten werden selbstverständlich empört entgegnen, dass ihr Ort keine Kleinstadt, sondern eine *Wissenschaftsstadt* sei. Nun, die Tatsache, dass sie in einer Kleinstadt wohnen, ist der Grund, warum sie den Begriff Wissenschaftsstadt erfunden haben). Jedoch kann man durchaus sagen, dass ich dir nachgeeifert habe. Aber du musst dir genau betrachten, auf welche Weise das geschah. Man kann das Verhältnis unserer Jugend folgendermaßen zusammenfassen: Ich machte alles wie Tillmann – nur anders.

Das ist das Dilemma, in dem man als kleiner Bruder steckt. Der große Bruder ist ein Vorbild und man imitiert ihn unweigerlich, es wäre dumm, das nicht zu tun.

Schließlich gibt er dem Kleinen die Möglichkeit, seine persönliche Entwicklung auf der Überholspur zu machen. Gleichzeitig kämpft der Kleine um seine Eigenständigkeit. Kurz: Man möchte als Kleiner alles machen, was der Große macht, aber auf keinen Fall so, wie es der Große macht. Auf diese Formel kann man meine Jugend reduzieren.

Zum einen habe ich es immer vermieden, mich Gruppen anzuschließen, bei denen Tillmann bekannt war. Du warst bei Greenpeace und hast dich gegen Atomkraft engagiert. Ich ging zum Bund für Umwelt- und Naturschutz, um gegen Kernkraftwerke zu protestieren. Da wurde ich zum Atomkraftexperten und leitete den »Arbeitskreis Energie«. Mir war immer klar, dass ich in einer Gruppe, in der ich als »Tillmanns kleiner Bruder« gegolten hätte, nie diesen Respekt erlangt hätte. Seit dieser Zeit ist ein großer Teil meines Gehirns mit einem äußerst umfangreichen, aber heute leider völlig nutzlosen Fachwissen über Atomreaktoren blockiert. Niemand interessiert sich dafür. Ich hoffe immer, dass mich mal jemand mit einer nordkoreanischen oder iranischen Vorwahl anruft, damit ich erzählen kann, was ich alles weiß. Zum Beispiel wie eine Zentrifuge zur Anreicherung von Uran funktioniert, oder wie man Plutonium erbrütet. Aber die Einzige, die mich anruft, ist unsere Mutter.

Dann wurdest du »links«. Als du ein Linker wurdest, erreichte die Eskalation im Streit mit den Eltern ihren Höhepunkt. Du hast dir selbst ein T-Shirt gemalt, auf dem eine Faust ein Dollar-Zeichen zertrümmerte. Darunter stand: »Gegen Unternehmer!« Unser Vater merkte irritiert an, dass er selbst als Zahnarzt ja auch ein Unternehmer sei. Aber deine Ablehnung richtete sich offenbar nicht gegen solche Unternehmer. Du warst natürlich gegen große, böse Unternehmer aus den USA. Und trotzdem hinterließ das T-Shirt Argwohn bei unseren Eltern.

Manchmal, wenn du nicht da warst, schlich ich in dein Zimmer und sah mich in Ruhe um. In deinem Raum musste man immer nur auf die Wände gucken, und man wusste sofort, was in deinem Kopf vorgeht. Statt Peace-Zeichen maltest du nun Anarchie-Zeichen an die Wände deines Zimmers, ein A in einem Kreis. Jetzt stand über deinem Bett: »Nazis raus!« Daneben Fotos, auf denen sich vermummte Demonstranten mit der Polizei prügelten. Wenn ich durch dein Zimmer schlich, dann betrachtete ich diese Zeichen mit der gleichen naiven Verwunderung, mit der man die Schriftzeichen einer fremden Zivilisation untersucht. Da hingen die Mercedessterne, die du von den Autos der Nachbarn, die vermutlich eisern auf dieses Auto gespart hatten, abgebrochen hattest. In meinen Augen war das nur sinnlose Zerstörung: Nur weil man Autos beschädigt, macht man die Welt nicht zu einem besseren Ort. Deine Ratte Morbit zernagte alles im Zimmer und kackte in die Ecken. Die Zeichen an den Wänden lösten gemischte Gefühle bei mir aus. Mir war klar, dass sie Boten einer Veränderung waren, die über meine kleine Welt in Darmstadt-Eberstadt hereinbrechen würde. Etwas war dabei, sich radikal zu verändern. Etwas Aufregendes würde passieren.

Natürlich hast du angefangen, ein Palästinensertuch zu tragen. Ich fragte mich damals, ob das auch bedeutet, dass du es gut findest, wenn Menschen sich selbst mit einem Bus voller Israelis in die Luft sprengten? Aber ich habe mich nie getraut, dich das zu fragen. Du hättest mir bestimmt schonungslos gezeigt, für wie naiv du mich hältst.

Für unsere Eltern bedeutete »links« automatisch »RAF«. Sie hatten 1968 studiert. Sie wussten, »links« sein, das war in ihrer Studentenzeit mal chic gewesen – und endete im Terror. Sie verboten dir die politische Betätigung, aber du gingst trotzdem zu den Veranstaltungen und hast den Eltern eben eine Lüge aufgetischt. Sie fanden das heraus, denn sie telefonierten mit der Mutter deines besten Freundes. Jetzt ging es nicht mehr nur darum, wann du nach Hause zu kommen hattest, jetzt war es eine Auseinandersetzung um Weltanschauungen.

Da ich nun schon ein Atomkraftgegner war, war es von dort nur noch ein kleiner Schritt, um ein Linker zu werden wie Tillmann – aber ich bestehe darauf, dass ich ein ganz anderer Linker war als du! Mein Schlüsselerlebnis war ein Wintermorgen im Jahr 1991. Nachdem ich aufgewacht war, ging ich die Treppe von unseren Kinderzimmern nach oben zur Küche. Es war noch dunkel. Als ich am Wohnzimmer vorbeiging, sah ich dich vor dem Fernseher sitzen, dein Gesicht wurde von dem Gerät blau angestrahlt. Auf dem Bildschirm sah ich amerikanische Apache-Hubschrauber, die über eine Wüste flogen. Du sagtest: »Der Krieg hat angefangen.«

Ich weiß, was wir beide in diesem Moment dachten.

Hurra! Endlich Krieg! Jetzt gibt es jede Menge Arbeit für uns chronische Weltverbesserer! Aber das sagten wir natürlich nicht, stattdessen sagten wir: »Mein Gott, sie haben es wirklich getan! Oh wie schrecklich!« Wir waren Kinder. Hatten keine Ahnung von Krieg. Gewalt kannten wir nur aus dem Fernsehen oder von Schulhofprügeleien. Für uns war das, was jetzt begann, einfach ein riesiges Abenteuer.

Ich tat es dir nach und demonstrierte jetzt jede Woche gegen den Krieg, aber wir waren niemals gemeinsam auf einer Demonstration. Ich war erst zwölf, und unsere Eltern waren der Ansicht, dass ich noch etwas zu jung sei zum Protestieren. Doch wir setzten uns für den Weltfrieden ein – mit welchem Argument wollen Eltern das verbieten? Ich durfte zu Demos, musste aber trotzdem rechtzeitig zu Hause sein. Deshalb schlich ich mich immer nach einem Drittel des Weges aus den Reihen, joggte zurück zu meinem Fahrrad und radelte nach Hause. Ich stellte fest: Demonstrieren ist ein Riesenspaß. Und ich sah, dass auf diesen Demonstrationen alle Pali-Tücher trugen und sie daher wahrscheinlich kein Zeichen zur Unterstützung der Hamas seien. Und so freute ich mich riesig, als du mir zwei Palästinensertücher schenktest, eines hattest du grün gefärbt und eines rot. Ich trug sie fast meine gesamte Jugend hindurch. Sie waren schön warm im Winter, und nach einer Weile rochen sie gut nach einem selbst. Zudem machten sie einen ein bisschen breiter, als man war, und hatten etwas Schützendes, wenn man selbst ein bisschen schüchtern war.

Aber der Golfkrieg war nur der Auslöser für meine

Linkswende, nicht die Ursache. Wir hatten in unserer Familie immer ein Bündnis, ein Geheimnis, eine gemeinsame Sache. Wie auch immer man es nennt, es trennte uns von unseren Eltern und von Annette. Zuerst war es der Umweltschutz. Nachdem du ein Linker geworden bist, musste ich einfach nachziehen, sonst hätte ich mich selbst aus diesem Bündnis ausgeschlossen. Aber obwohl wir eine gemeinsame Sache hatten, waren wir selten einer Meinung. Ich habe dir also keineswegs alles unhinterfragt nachgemacht. Es hat immer gedauert, bis du mich überzeugt hattest. Wir führten nachts lange Debatten in deinem Zimmer, während du immer mit nikotingelben Fingern Zigaretten drehtest. Wenn ich dann nachts in meins zurückschlich, war mir schwindelig vom Zigarettendunst und den vielen Gedanken, die mir im Kopf umhergingen.

Ich musste zugeben, dass du viele gute Gründe hattest, ein Linker zu sein. Ich rede hier jetzt nicht von der Tatsache, dass der Kapitalismus ein auf Ausbeutung basierendes System ist, das die Welt regelmäßig in tiefe Krisen stürzt und so weiter. Ein Linker zu sein hat viele Vorteile für einen Jugendlichen. Nehmen wir zum Beispiel die Schule. Ich fand sie schrecklich. Und oft brachte ich schlechte Noten nach Hause, wenn ich überhaupt hingegangen war. Wenn man ein Linker ist, kann man sein Desinteresse am Lernen zu einer Form des politischen Widerstands erklären. Es klingt gut, wenn man sagt: »Ich habe schlechte Noten, weil die Schule eine korrumpierende Institution des herrschenden Systems ist, die uns zu willigen Quoten-Erfüllern einer profitorientierten Gesellschaft erziehen will. Und das lehne ich grundsätzlich ab.« Dagegen klingt es nicht ganz so gut, wenn man sagen muss: »Ich habe so schlechte Noten, weil ich so faul bin und morgens schwer aus dem Bett komme.« Zudem ist das Leben eines Teenagers vor allem von der Suche nach einer Identität bestimmt. Wer ein Linker wird, kann sich eine grundsolide Identität zulegen.

Tillmann, ich weiß, du denkst, ich hätte dir damals ungefragt alles nachgemacht. Aber das stimmt nicht. Du warst nämlich ein Kommunist. Natürlich konnte ich mir nicht genau die gleiche Ideologie zulegen wie du. Also wurde ich ein Anarchist. Genauer gesagt: ein Anarcho-Syndikalist. Ehrlich gesagt, ich kriege heute die Ideologie, die ich mir damals zurechtgestrickt hatte, nicht mehr ganz zusammen. Aber die Fragmente, an die ich mich erinnere, erwecken bei mir den Eindruck, als hätten sich kleine Brüder das Ganze ausgedacht.

Man kann sich ja denken, dass eine hessische Wissenschaftsstadt nicht gerade eine Brutstätte des Aufstandes ist, und entsprechend gab es für Weltrevolutionäre meist nicht viel zu tun. Meine revolutionäre Tätigkeit beschränkte sich darauf, dass ich jeden Dienstagabend zur »Volxküche« in den Infoladen ging. Der Infoladen war ein Treffpunkt der Linken, eine mit Sperrmüllmöbeln zugeramschte ehemalige Bäckerei. An den Wänden hingen unzählige Plakate, auf denen stand, mit wem man sich gerade zu solidarisieren hatte. Dann kochten die Revolutionäre Spaghetti mit Tomatensoße, und jeder saß in seinem Sperrmüllsessel und starrte auf das Schaufenster. Wenn ein Passant mehr als einmal am Fenster vorbeiging, rief jemand: »Da! Ein Polizeispitzel!« Wir fühlten uns in dem Moment schrecklich wichtig.

Natürlich wurde viel diskutiert. Zum Beispiel über so drängende Fragen wie diese: »Ist es gerechtfertigt, den Sozialismus einzuführen, wenn wir nur 50 und nicht 51 Prozent der deutschen Bevölkerung hinter uns haben?« Diese Diskussionen wurden hin und wieder von der Betreiberin des Treffpunktes unterbrochen. Sie hatte schwarz gefärbte Haare mit einer knallroten Strähne und immer einen großen, stinkenden Hund dabei (irritierenderweise hatten alle Frauen bei den Linken große, stinkende Hunde bei sich). Sie warf den Männern vor, dass sie »patriarchal« seien und »nur quatschen«.

Abendelang wurde diskutiert, ob die RAF »der Sache« schade, oder ob sie lediglich von ihrem »Recht auf Widerstand« Gebrauch mache. Die RAF war für mich immer wie Tillmann: Mir war nie richtig klar, gegen was genau sie eigentlich rebellierten. Spaghetti mit Tomatensoße essen und mit der Polizei Cowboy und Indianer spielen fand ich gut. Menschen in die Luft sprengen fand ich abscheulich. Auch wenn die wenigsten der Linken die RAF unterstützt haben, haben sie die inhaftierten RAF-Mitglieder nie als »Morder, die völlig zurecht im Knast sitzen« bezeichnet, sondern als »politische Gefangene«. Es blieb da immer ein Aber … Und dieses Aber und die Tatsache, dass die Frauen immer furzende Köter bei sich hatten, waren die Gründe, warum ich bald das Interesse verlor.

Oje, Tillmann, in was hattest du mich da hineingeritten?

In diese Zeit fielen die Diskussionen zwischen dir und mir in deinem Zimmer, eingenebelt von deinen selbstgedrehten Zigaretten. Du warst immer ein Idealist der schlimmsten Sorte. Einmal sagtest du zu mir, du würdest sogar Atomwaffen einsetzen, um die Weltrevolution zu verteidigen, nämlich wenn es hieße »sie oder wir«. Die Menschheit zu ihrer Befreiung vernichten? Das war für mich ein bisschen »over the top«. Wir waren doch die Guten! Jeder weiß doch, dass die Guten nie Kernwaffen einsetzen!

Natürlich warst du nicht gewalttätig. Dazu wurdest du als Grundschüler zu oft von Ibrahim ins Gebüsch geschubst. Deine abstrakte Legitimierung der Gewalt entsprang eher einer Unfähigkeit, Kompromisse einzugehen. Für dich war die Weltrevolution ein Kampf um Leben und Tod. Ich stellte sie mir anders vor: Alle Menschen würden sich zusammenschließen und übereinkommen, dass Ausbeutung abzuschaffen sei. Vielleicht würde es notwendig sein, ein paar Barrikaden zu bauen oder einige Schaufenster zu zerdeppern. Irgendwann würde die herrschende Klasse sagen: »Okay, wir haben verstanden, dass ihr wirklich keinen Bock mehr auf uns habt. Wir gehen dann mal.« Danach wäre es wie in diesem Song von Ton, Steine, Scherben: »Ich hab geträumt, der Krieg wär vorbei. Du warst hier, und wir waren frei. Und die Morgensonne schien. Alle Türen waren offen, die Gefängnisse war'n leer. Es gab keine Waffen und keine Kriege mehr. Das war das Paradies.« Gut, dass unser gemeinsamer Plan für die Weltrevolution gescheitert ist und du stattdessen heute eine Modekolumne für Die Zeit schreibst. Wir würden sonst ziemlich alt aussehen.

Ich kann noch hinzufügen: Schade, dass Stalin nicht auch eine Modekolumne hatte.

Und in dieser Beziehung, Tillmann, stehen wir beide exemplarisch für ein typisches Muster bei Brüderbeziehungen. Oft verfolgen Brüder die gleichen politischen Ziele, nur wenn es um das Wie geht, gehen ihre Meinungen auseinander. Siehe Französische Revolution.

Oder nimm den Terroristen Carlos und seine Brüder. Ihr Vater war ein fanatischer Kommunist, seine drei Söhne nannte er nach dem Anführer der russischen Revolution Iljitsch, Wladimir und Lenin. Doch nur der Älteste, Iljitsch, ging den Weg der Gewalt – er wurde des Vaters Lieblingskind. Später wurde er unter dem Namen Carlos als Terrorist berühmt. Als der Vater erfuhr, dass Carlos die Opec-Geiselnahme 1975 in Wien organisiert hatte, sagte er stolz: »Mein Sohn hat sich zum General gemausert.« Doch die beiden jüngeren blieben friedlich, Lenin wurde Ingenieur und Wladimir ein Geschäftsmann. 1976 gab Wladimir einem Reporter von The Observer ein Interview. »Natürlich halte ich zu meinem Bruder«, sagte er, »es gibt einen starken Zusammenhalt in unserer Familie. Aber ich selbst bin politisch so neutral, wie es nur geht. Früher habe ich mich mal für die liberale Partei in London interessiert. Neutraler geht es wohl kaum, oder?« In dieser Zeit schrieb ihm ein Schulkamerad: »Wlad, Kumpel, falls die Leute von der MI5 dich überwacht haben, müssen sie sich zu Tode gelangweilt haben. Du bist immer nur zum Fußball gegangen oder hast zwei Bier in den Windsor Arms getrunken oder warst mit deiner Freundin unterwegs.« In einer Familie, in der der Status quo verlangte, ein durchgeknallter Kommunist zu sein, war Normalsein seine Form der Abgrenzung vom älteren Bruder und der Rebellion gegen den Vater.

Ich kann mir schon vorstellen, wie es mal sein wird, wenn ich sterbe. Ich werde beruhigt entschlummern, in der Gewissheit, dass ich Kinder gezeugt, ein Haus gebaut, einen Baum gepflanzt und ein Buch geschrieben habe. Meine Seele wird langsam davonschweben und meinen Körper hinter sich lassen. Ich werde in ein strahlendes und doch nicht blendendes Licht treten. Dann werde ich in ein wunderschönes Gesicht blicken. Es ist ein Engel, er wird mir die Hand reichen und sagen: »Du bist bestimmt der kleine Bruder vom Tillmann! Ihr seht euch ja sooo ähnlich!« So stelle ich mir die Hölle vor.

6. Kapitel
O Brother, Where Art Thou?
Wenn Geschwister lernen müssen, ohneeinander auszukommen

Tillmann

Bald nach meinem Abitur sollte ich ausziehen. Seit Jahren hatte ich auf den Tag zugelebt, da ich meine eigenen Entscheidungen treffen würde. Die Vorstellung, mich dem Konflikt mit meinen Eltern zu entziehen, fiel mir leicht. Ich war es ja nicht, der sie verändern wollte, sie wollten mich verändern. Ich wollte nur in Ruhe gelassen werden. Ironischerweise war das Ergebnis das Gegenteil: Als ich ging, sollte ich zwei Eltern hinterlassen, die sich sehr verändert hatten. Aber nicht ich musste mich damit beschäftigen, sondern du, Benjamin. Du bliebst zurück. Ich war ja weg.

Ich machte Zivildienst in Mainz. Warum wollte ich nach Mainz? Ich hätte überall in Deutschland Zivildienst machen können, aber ich hatte auch Angst vor meiner eigenen Courage. Ich wollte weg aus Darmstadt, und Mainz war die einzige Stadt, die ich wirklich kannte. Dort bin ich geboren, dort hatten unsere Großeltern lange gelebt, dort hatte ich meine Schildkröte Paulchen geschenkt bekommen. Und war in den Apfelbaum in Großvaters Garten geklettert. In Mainz war die gute Welt, dort konnte ich hin.

Wer Zivildienst machen wollte, musste erst einmal den Wehrdienst verweigern. Für mich war vollkommen klar, dass ich nicht zur Bundeswehr gehen würde. Die Armee schien mir wie eine absurde Einrichtung, wo Leute durch den Schlamm robben und Eide schwören, wo man sich dem Willen cholerischer Unteroffiziere aussetzen muss, die sich an schwachen Bübchen wie mir den ganzen Tag dafür rächen, dass aus ihnen selbst nichts Besseres geworden ist als Soldat – und es nicht einmal Krieg gibt. Niemand, den ich kenne, ist zur Bundeswehr gegangen. Moment, einen kenne ich doch. Mein Bruder sollte sich später zum Wehrdienst melden.

Ich würde nicht zur Bundeswehr gehen. Was sollte ich da? Ich wollte ja unter weniger Autorität leben, nicht unter mehr. Was ich erst später begreifen sollte: Das ganze Leben ist voller Unteroffiziere. Sie können mit dir in einem Bett schlafen oder dir nur bis zum Knie reichen, sie warten auf dich im Büro und in der Meldebehörde. Es gibt gar keine Freiheit. Es gibt nur die Möglichkeit, selbst Unteroffizier zu werden.

Wer nicht zur Bundeswehr gehen will, der muss verweigern. Zur Musterung muss man jedoch auf jeden Fall. Der Besuch im Kreiswehrersatzamt war für mich wie eine erste Ahnung, wie die Welt da draußen funktionieren würde. Die Welt jenseits der Schule.

Dank des dreigliedrigen Schulsystems hatte ich mich nach Verbüßen der Grundschule kaum mehr mit Jugendlichen anderer sozialer Schichten beschäftigen müssen. Wo ich war, herrschte die Mittelklasse, da arbeiteten die Väter als Ärzte, Apotheker, Ingenieure, Anwälte. Ich lebte in einer Welt, in der es sich herrlich über die Diktatur des Proletariats diskutieren ließ, weil man mit dem Proletariat ja wenig bis nichts zu tun hatte. Man musste sich keine Gedanken darüber machen, wie es wäre, wenn die ganzen Leute, die man höchstens mal bei McDonald's traf, wo sie Hamburger mampften, alle Diktatoren würden.

Bei der Musterung sah ich es also wieder, das Proletariat. Es waren Typen der Art, wie sie mich in der zweiten Klasse über den Schulhof gejagt hatten. Aber wie hatten sie sich verändert! Sie wirkten, als wären sie gerade selbst vertrimmt worden. Junge Männer, die viermal so breit waren wie ich, klagten über all die Allergien, die sie hätten. Jeder, der hier auf seine Musterung wartete, hatte zumindest einen schlimmen Fuß, wenn nicht einen Herzfehler. Der Drang, für das Vaterland in die Schlacht zu ziehen, war sehr begrenzt.

Der Musterungsraum war gefüllt mit einem Schreibtisch, einer Zimmerpflanze, die nicht ihre beste Zeit zu haben schien, und einer Wand, hinter die man treten konnte, wenn man sich »unten frei« machen sollte. Er war von einer Kargheit, dass einem als Arzt, der dort täglich Dienst tat, schon mal Selbstmord in den Sinn kommen konnte. Und der zuständige Mediziner sah auch aus, als ob er sich in dieser Richtung keine Denkverbote auferlegen würde. Er prüfte mein Gehör, meine Hämorriden. Dass ihm meine körperliche Konstitution keinen außerordentlichen Respekt abverlangte, verbarg er nicht.

Am Ende war ich mit Tauglichkeitsgrad drei gemustert. Ich konnte also weder Jetpilot noch Kampftaucher werden. T3 hieß, dass man bei einem etwaigen Krieg schon mitmachen müsste, aber vielleicht nicht als Soldat, sondern als Vogelfutter oder so. Die Herren, die neben der großen Deutschlandflagge hinter dem mächtigsten Schreibtisch saßen, den ich bis dahin gesehen hatte, schienen von meiner erklärten Absicht, zu verweigern, nicht schockiert. Dieser Verlust an Wehrkraft war für sie verschmerzbar. Deutschland hatte offensichtlich keinen Krieg vor, und mit mir in den Reihen hätten sie ihn ohnehin nicht gewonnen.

Meine Zivildienststelle trat ich in einem Obdachlosenheim hinter dem Mainzer Hauptbahnhof an. Ich zog in einen kleinen Raum im Keller des Hauses meiner Großeltern. Ins Obdachlosenheim wollte ich nicht ziehen, und ein anderes Zimmer hätte ich nicht bezahlen können. Es war eine kleine Wohnung mit Waschbecken und einem schmalen Kellerfenster, durch das nicht so viel Licht kam, dass man eine Zimmerpflanze hätte halten können.

Es war paradoxerweise dieselbe Wohnung, in der auch Vater und Mutter gewohnt hatten, bevor unsere Mutter bei ihren Eltern endgültig auszog, um ein eigenes Häuschen für ihre Familie zu finden. Ich hatte also jeden Aufwand betrieben, mich von meinen Eltern zu distanzieren und alles anders zu machen – und nun wählte ich für meinen Start ins Erwachsensein exakt denselben Ausgangspunkt wie sie.

Da saß ich nun, und das war die Freiheit. Ich merkte dieser Freiheit deutlich an, dass es mit ihr ein Problem gab. Ich habe mir die Freiheit so vorgestellt: Ich würde am Abend Wein trinken, bis ich eine rote Nase haben würde. Deshalb würde ich am nächsten Tag erst gegen

Nachmittag wach, vielleicht weil ganz viele Freunde mit einer Schachtel Ferrero Küsschen vor der Tür stünden. Mit diesen Menschen würde ich über sehr coole Dinge reden und dann einen sehr coolen Abend an einem sehr coolen Ort verbringen. Vielleicht um danach in eine hotte Nacht in einem hotten Bett zu starten.

So war es aber nicht. Zwar schaffte ich es, bis spät in die Nacht hinein Wein zu trinken, tat das aber nicht in heißen Betten, sondern in meiner kalten Bude und zwar ganz allein. Schon mit dem Ausschlafen klappte es nicht mehr, denn mein Wecker klingelte um punkt 7 Uhr, schließlich war für 8 Uhr Dienstbeginn angeordnet. Mein Arbeitsplatz war ein Schreibtisch in einer Nische auf dem Flur. Er schien aus der Ur-Ausstattung aus den Fünfzigerjahren zu stammen und bot nicht mehr Fläche als eine Schulbank. Meine vornehmste Aufgabe war es, zu sitzen, zu sitzen, zu sitzen.

Ich hatte einmal einen Lateinlehrer, der von Zeit zu Zeit am Lehrerpult eingeschlafen war. Ich hätte nie geglaubt, dass mir das auch passieren könnte. Aber es passierte tatsächlich. »Das ist ja nicht zu glauben, der Zivi pennt schon wieder«, weckte mich dann eine Stimme. Sie gehörte meinem Chef, dem stellvertretenden Heimleiter, der darauf wartete, Heimleiter zu werden, wozu der amtierende Heimleiter erst in den Ruhestand gehen musste, was dieser aber beharrlich verweigerte, was die Laune seines Stellvertreters nicht eben besser machte, was wiederum ich zu spüren bekam.

Die Aufgaben, mit denen ich der Gesellschaft unter die Arme greifen sollte, überforderten mich nicht gerade. Mal musste ich die Listen kopieren, auf denen die

Sozialhilfe-Auszahlungen an die Obdachlosen verzeichnet waren. Oder ich wurde abkommandiert, bei Aldi 100 Rollen Klopapier zu besorgen oder Tiefkühltorten, wenn jemand mal Geburtstag hatte. Oder wenn Weihnachten war. An Wochenenden saß ich in der Pförtnerloge und betätigte den Türknopf, wenn jemand ein Bett brauchte.

Es gab auch einen zweiten Zivildienstleistenden, dem allerdings an meiner Freundschaft so viel lag wie an einem Pickel hinterm Ohr. Aber es war einer der Wenigen, mit denen ich überhaupt reden konnte, da wollte ich nicht wählerisch sein. Aus dem Weg gehen konnte er mir nicht, da wir immer wieder zusammen Aufträge erledigen mussten. Wenn zum Beispiel Bürger von Großmut gepackt wurden und sie ihre abgewohnte Schlafzimmereinrichtung spenden wollten, schlug unsere große Stunde. Dann bauten wir Betten und Schränke ab, schleppten alles fünf Stockwerke die Treppen herunter, ließen uns von den edlen Spendern anmotzen, dass es uns ja wohl an der angemessenen Dankbarkeit mangele und karrten den ganzen Kram dann ins kommunale Möbeldepot, wo er wahrscheinlich heute noch vor sich hinmodert.

Ansonsten war es meine Aufgabe, die Pornoheftchen-Sammlung der Heimbewohner zu entsorgen, wenn wieder einer von ihnen an Leberkrebs gestorben war. Ich musste mit dem Putzlappen anrücken, wenn in der Großküche ein Eierkarton zerplatzt war. Manchmal murrte ich, das stünde aber nicht in der Dienstbeschreibung. Aber im Grunde war ich der Willkür jedes Mitarbeiters ausgeliefert. Das waren depressive Sozialarbeiter, faschistische Küchenfeen und größenwahnsinnige Hausmeister. Ich war in einer Geisterbahn gelandet, direkt hinter dem Mainzer Hauptbahnhof.

Ich hatte mich absichtlich bei einem Obdachlosenheim vorgestellt, weil ich den Bodensatz der Gesellschaft kennenlernen wollte. Nun erkannte ich: Der Bodensatz der Gesellschaft, das war auf einmal ich. Interessanterweise sahen es die Heimbewohner ganz genauso. Schließlich trug ich zu dieser Zeit bunte Hosen und lange Haare. Damit war völlig klar, dass ich schwul sein musste. Schwule waren ungefähr so angesehen wie Ofenrohre, so bezeichneten sie Schwarze. Schwule und Schwarze galten hier als Probleme – das jedenfalls konnte ich als vorherrschende Meinung in der Obdachlosen-Szene vernehmen –, die Hitler nicht richtig gelöst hatte.

Irgendwann verriet mir ein Sozialarbeiter, dass ich mit meiner verständnisvollen Art hier nicht weiterkommen würde. Wenn ich freundlich und nachlässig zu den Obdachlosen sein würde, würden sie mich ausnutzen und nicht mehr respektieren. Ich bekäme sie nicht unter Kontrolle. Und das ist das Wichtigste, wenn man abends alleine als neunzehnjähriger Hänfling in der Pförtnerloge eines Obdachlosenheimes sitzt: Kontrolle.

Kurzum, ich wurde zu einem Biafra-Attila. Im Haus war Alkoholverbot, also machte ich zweimal am Abend Kontrollgänge. Wenn ich Schnaps fand, kassierte ich ihn und sprach Verwarnungen aus. Immer wieder kam es zu Schlägereien, dann musste ich dazwischengehen. Und beiden Prüglern ein einjähriges Hausverbot erteilen. Das ist ungefähr das Schlimmste, was einem Obdachlosen passieren kann, denn ein ganzes Jahr ist auch ein ganzer Winter. Entsprechend beliebt war ich in der Obdachlosenszene. Aber immerhin kam ich damit durch. Bis auf einen Abend, als ein Heimbewohner in einer reichlich übertriebenen Reaktion auf meine Mahnung, die Nachtruhe einzuhalten, versuchte, einen Standaschenbecher durch die Verbundglasscheibe zu schmeißen, hinter der ich saß. Sie brach nicht. Ich erteilte ihm selbstverständlich Hausverbot.

Das also war meine erste Lektion für das selbstständige Leben. Wenn du durchkommen willst, sei ein Arschloch. Und meine erste Bilanz: Es gab eine Menge Leute, denen ich völlig egal war – die anderen hassten mich.

Ich hatte lange auf die Welt da draußen gewartet. Aber die Welt da draußen hatte nicht auf mich gewartet. Ihre Erwartung war, dass ich um acht Uhr morgens da bin, um gegen eine Wand zu starren.

Man braucht nicht lange, um zu verstehen, warum es Eltern gibt. Sie sind die Menschen, denen du ein ganzes Leben lang nicht egal bist. Das erscheint als nicht wenig, wenn man erfährt, dass der Rest der Menschheit mehr oder weniger auf dich verzichten kann.

Und wo warst du, Benjamin? Ich wusste, dass es dort auch noch dich gab. Aber mit einem Mal wohntest du nicht mehr in einem anderen Zimmer, sondern in einer anderen Welt. Du gingst zur Schule, kamst nach Hause, bekamst ein Abendessen. Wenn ich nach Hause kam, konnte ich mir ein Nudelgericht aus der Tüte in einen Topf mit heißem Wasser rühren. Wenn ich dann noch die Energie hatte, ging ich manchmal aus. Aber wohin? Ich hing in irgendwelchen linksdrehenden Kneipen ab und las.

Ich versuchte auch, andere Menschen kennenzulernen, manchmal setzte ich mich einfach neben sie und sprach sie an. Es kam sogar vor, dass man sich dann etwas unterhalten hat. Aber wie sollte es dann weitergehen? Hätte ich sagen sollen: »Ich würde dich gerne wiedersehen«, zu jemanden, mit dem ich gerade mal einen Tee getrunken hatte? Hätte ich Telefonnummern einsammeln sollen? Die Leute hatten ja nicht einmal Handys. Jeden, der sagt, dass es so schrecklich ist, wenn Menschen sich heute im Internet digital kennenlernen, kann ich nur dazu einladen, sich einfach mal in ein Café zu setzen und zu versuchen, »analog« ganz viele Menschen um sich zu scharen.

In dieser Zeit fehltest du mir unglaublich, Benjamin. Ich war alleine in der Ignoranz. Ich hatte immer gedacht, die Hölle sei ein Platz, an dem alle ständig versuchen, an dir herumzuverbessern. Ich sah: Die Hölle ist ein Platz, wo niemand weiß, dass du da bist.

Zu meinen Eltern entspannte sich das Verhältnis, sobald ich ausgezogen war. Einige Monate lang war der Kontakt noch distanziert, dann erwärmte sich unsere Beziehung zusehends.

Aber wo war Benjamin? Mein Bruder zog sich zurück. Wenn ich die Eltern besuchte, warst du nicht da. Später erfuhr ich, dass du deine Geschwister absichtlich gemieden hast. Mit meinem Auszug hatte ich den Bruderbund gekündigt. Ich war nun jemand, der in der Selbstständigkeit war, du in der Abhängigkeit. Ich hatte dich alleine am Abendbrottisch zurückgelassen, an einem viel zu großen Abendbrottisch, wo niemand mehr mit der Gabel auf deinen Teller stach, um dort ein Stück Essen zu entwenden. Du konntest dir natürlich nicht vorstellen, wie neidisch ich war, dass dir jemand einen Tisch deckte, während ich von den Segnungen der Obdachlosenküche leben musste. Ein Menü übrigens, welches einem die Entscheidung für ein Leben auf der Straße nicht eben leichter macht.

Unsere Mutter sagt, du hättest die Zeit einfach weitgehend schweigend verbracht. Ich kann mir das gut vorstellen. Für dich gab es ja nie eine Familie mit weniger als fünf Leuten. Jetzt musste es dir vorgekommen sein, als wärst du der letzte Einwohner eines Abrisshauses. Du hast geschrieben, wie intakt unser Elternhaus war und ist. Tatsächlich war unsere Familie unverbrüchlicher als das Grundgesetz. Während alle meine Freunde in lockeren Verbänden groß geworden waren, wo man mehr oder weniger aufeinander achtete, wo die Väter sich schieden, weil sie es mit der Sekretärin netter fanden, die Mütter neurotisch wurden, die Kinder schulisch abstürzten, war bei uns alles bestens verfasst. Es gab feste Termine am Tag wie das gemeinsame Frühstück und das gemeinsame Abendessen, die Kinder mussten zu festen Uhrzeiten zu Hause sein. Geburtstage und Weihnachten wurden mit genauen Ritualen gefeiert, in einer Ausführlichkeit, wie sonst nur der Dienstantritt eines neuen Papstes. Und plötzlich war diese Familie nicht mehr da.

Für mich änderten sich die Rollen nun. Deine Schulnoten sackten ab, und unsere Eltern erlebten mit dir

Ungewohntes. Einmal musste unser Vater dir als Zahnarzt spät nachts ein Rezept für Morphium ausstellen und es in einer Notapotheke besorgen. Die Mutter einer Freundin von dir lag im Sterben.

Sie hatte Krebs im Endstadium. Sie hatte starke Schmerzen, aber ihre Freunde hatten das Morphiumrezept verloren. Vater hatte immer befürchtet, ich würde Drogen nehmen. Für dich musste er nun selbst welche beschaffen.

Ich habe mir nie vergegenwärtigt, was es für eine schwierige Zeit gewesen sein musste für dich. Für mich warst du der Kleine, der immer behütet war und nun mehr behütet war denn je, quasi exklusive Versorgung. Ich hatte die vergangenen Jahre damit verbracht, mit den Eltern zu streiten. Deshalb war ich nie auf den Gedanken gekommen, wie öde das Leben ist, wenn man niemanden hat, der mit einem streiten will.

Wenn du dich protestierenderweise gegen das Unrecht in der Welt auflehntest, deuteten unsere Eltern dies nicht als innere Abkehr von der Zivilisation. Sie halfen dir bereitwillig mit dem Waffeleisen aus, wenn du Waffeln bei einer Veranstaltung verkaufen wolltest. Ob davon möglicherweise Waffen für den kurdischen Freiheitskampf finanziert werden sollten, interessierte sie überhaupt nicht. Was solltest du schon für Probleme haben?

Aber du hattest sie genauso wie ich, vielleicht noch mehr. Ich hatte immer einen klaren Gegner, zu mir hatte jeder eine Meinung. Aber wie war das bei dir? Du hast bestimmt weniger polarisiert, aber trotzdem nicht weniger einstecken müssen. Ich erinnere mich, warum dein Übergang von der Grundschule ins Gymnasium gefährdet war. Ausschlaggebend bei deiner Einstufung war der Frust deiner Handarbeitslehrerin. Deine Klasse war ein ganzes Jahr lang damit beschäftigt gewesen, die Figur einer Hexe zu basteln, die man sich ins Fenster hängen sollte. Dabei warst du sehr nachlässig; deswegen hätten sie dich fast auf die Realschule schicken wollen.

Das ging dir öfter so. Unsere Mutter erzählte mir einmal von einem Referat über Diabetes, das du vor deiner Klasse halten solltest. Dafür hast du dir von unserem Vater Medizinbücher ausgeliehen, dich eingelesen und daraus einen Vortrag über die Blutzuckerkrankheit gezimmert, der keine Fragen offen ließ. Der Dank der Lehrerin war die Note Drei. Sie unterstellte dir, Vater habe das Referat geschrieben. Es muss alles sehr, sehr deprimierend gewesen sein, Benjamin.

Meine Eltern hatten ein neues Sorgenkind, das warst du. Öfters riefen sie bei mir an und fragten, was sie mit dir anfangen sollten. Ich sagte immer: »Der schafft das schon.« Dass ich einmal meinen Eltern Mut zusprechen und ihnen versichern würde, dass bei ihrem Jüngsten alles mehr oder weniger okay sei – ich hätte mir das nie träumen lassen. Aber hey, mir gefiel das. Denn plötzlich drang dort etwas aus dem Telefonhörer in meiner Zivibude heraus, was ich jahrelang vermisst hatte – Anerkennung.

Aber Anerkennung war mir in meiner Lage ein schwacher Trost. Ich hatte dem schulischen Stumpfsinn entfliehen wollen und war in der totalen Sinnlosigkeit gelandet. Ich hatte aufgegeben, die bundesrepublikanische Staatsordnung zerstören zu wollen, und was war der

Dank des Staates? Er trachtete danach, mich zu Tode zu langweilen. Er verlangte von mir, dass ich von der Bundeswehr ausgesonderte Socken für die Kleiderkammer sortierte. Er verdonnerte mich dazu, im Keller tote Ratten unter den Regalen hervorzukratzen. Er belegte meine Lebenszeit mit dumpfen Tätigkeiten. Ich war schon wieder gefangen.

Ich fieberte dem Ende des Zivildienstes entgegen, wie ich zuvor dem Auszug entgegengefiebert hatte. An meinen Abschied vom Zivildienst kann ich mich gut erinnern. Es war der Tag des Weihnachtsessens. Die Stimmung in der Mainzer Weinwirtschaft war einigermaßen fröhlich, vielleicht auch deswegen, weil man mich endlich loswurde. Ich verabschiedete mich überschwänglich. Zuletzt reichte ich der Küchenchefin die Hand. Dabei stieß ich ihren Rotwein um, und er lief über ihr Kleid. Ich drehte mich um und ergriff die Flucht. Ich glaube, hinter mir explodierte sie vor Wut.

Ich schrieb mich in Frankfurt für Politik und Soziologie ein. Die Studiengänge für alle die Menschen, die ganz gerne reden, aber sonst nichts so recht wissen. Betrieben von Professoren, die auch ganz gerne reden, aber sonst nichts so recht wissen. Die Seminare fanden in einem Hochhaus auf dem Frankfurter Campus statt. Ein Bau, der wohl nur noch durch den Sprühlack der vielen Graffities, die ihn bedeckten, zusammengehalten wurde. Es gab ein paar Aufzüge, die jeden Morgen unter der Aufgabe zusammenbrachen, Hunderte von Studenten auf die dreiunddreißig Stockwerke zu verteilen. Es bildeten sich Schlangen vor den Aufzügen, man musste oft zehn Minuten warten, bis sich die klapprigen Türen hinter einem schlossen und der Fahrstuhl mit einem losruckelte. Da ich meistens zu spät zu meinen Seminaren kam, musste ich die Treppe nehmen. Es war nicht unbedingt anstrengend, ich kam ganz gut durch. Ich konnte nicht sagen, dass mein Leben nun viel interessanter war als zu Zivildienstzeiten. Nur dass ich jetzt täglich 250 Stufen zu gehen hatte.

Inzwischen warst auch du ausgezogen, Benjamin. Du, der du in deiner Kindheit keinem Käfer etwas zuleide tun konntest, warst nun Bundeswehrsoldat. Ich sollte dich in Rekrutenuniform sehen. Wir trafen uns jetzt öfter zu Hause bei den Eltern, wenn du zum Wochenende nach Hause kamst.

Dann lauschte ich deinen Erzählungen, wie schlecht das Sturmgewehr G3 sei. Dass man immer daneben zielen müsse, um zu treffen. Du machtest dich über die miserable Ausrüstung der Truppe lustig. Dass die Offiziere Wehrübungen in Micky-Maus-Handschuhen durchführten, weil es im Kleiderbestand keine anständigen Handschuhe gab. Du hast mir davon erzählt, wie abartig es sei, den Befehl zu bekommen, einem Pappkameraden ins Gesicht zu schießen. Ich habe deinen Geschichten gebannt zugehört. Sie schienen mir viel interessanter als mein narkotischer Studentenalltag.

Wir redeten. Und doch hatten unsere Gespräche etwas Trauriges. Wir waren ausgezogen, aus unserem Elternhaus, aber auch aus Tierhausen. Es lag verpackt in irgendwelchen Kisten im Keller, die wir nie wieder öffnen würden. Eine neue Heimat hatten wir beide noch nicht gefunden.

Tillmann, ich wusste gar nicht, dass die Zeit nach deinem Auszug für dich schwer war. Denn ich, der Zurückgebliebene, lebte mit der Vorstellung, dass für dich nun der Spaß des Lebens begonnen hätte. Und ehrlich gesagt, als ich dies jetzt las, freute ich mich ein kleines bisschen. Du hast Recht: Für mich war es auch nicht gerade die schönste Zeit meines Lebens.

Ich habe noch eine Polaroid-Foto-ähnliche Erinnerung an den Tag deines Auszugs: Darin sehe ich dich, mit deiner ausgewaschenen grünen Batschkapp, die du damals ständig getragen hast, und deinen mit Henna gefärbten Haaren. Du steigst in den weinroten Espace von Vater ein, der dich nach Mainz bringen soll. Dessen Kofferraum ist vollgeladen mit deinen Sachen. In deinem Blick die aufgekratzte Vorfreude eines Entdeckers. Vielleicht ist es gar keine Erinnerung. Wahrscheinlich hat Vater tatsächlich ein Foto gemacht. Er schießt bei solchen Gelegenheiten immer ein Bild. Sie brachten dich weg.

Dann kehrten sie ohne dich zurück, und wir drei taten so, als sei nichts passiert. Wir gaben uns der Vorstellung hin, dass du bald zurückkehren würdest und alles so sein würde wie vorher. In den ersten Tagen war es gar nicht schlimm. Jetzt war morgens immer das Bad frei. Und ich konnte ungestört deine Comicsammlung durchblättern, ohne dich fragen zu müssen.

Warum fällt es großen Brüdern immer so schwer, mal zuzugeben, wie wichtig ihnen ihre kleinen Brüder sind? Ich kann es mir denken: Dein Auszug war der endgültige Triumph über die Eltern. Nun konnten sie dir nicht mehr vorschreiben, wann du zu Hause zu sein hattest, sie konnten dir nichts mehr verbieten. Du hattest dir diese Freiheit schwer erkämpft. Jetzt konntest du nicht zugeben, dass der Sieg ziemlich schal schmeckte. Natürlich hast du niemandem von uns gesagt, dass du einsam warst.

Für mich war die Zeit, nachdem du und Annette das Haus verlassen hattet, schrecklich. In meiner Erinnerung schien in diesen Jahren nie die Sonne. Das kann natürlich nicht stimmen. Aber so ist eben meine Erinnerung. Es war immer Winter.

Ich habe viel in den Büchern geblättert. Und musste feststellen: Nicht ein einziger Forscher schien sich mit der Frage beschäftigt zu haben, was in jüngeren Geschwistern vorgeht, wenn sie ihre Brüder und Schwestern an die Welt verlieren. Kein einziger! Sie kamen einfach und vorläufig zu dem Schluss, dass dies eine Glückssituation für den Jüngsten sei: Er habe die Liebe seiner Eltern noch einmal ganz für sich alleine. Bullshit.

Unsere Eltern sagen, ich hätte nach eurem Auszug ein halbes Jahr nicht mit ihnen gesprochen. Das ist sicherlich übertrieben, aber gelogen ist es auch nicht. Nachdem ihr ausgezogen seid, fehlte uns ein wichtiges Gesprächsthema. Vorher haben ja alle dauernd über dich gesprochen. Was ich machte, war nie so wichtig, da niemand befürchtete, dass ich Drogen nahm oder mich heimlich mit Bombenlegern traf. Jetzt interessierten sich die Eltern auf einmal dafür, was ich so machte und dachte, und stellten fest, dass sie das gar nicht so genau wussten. Das war für mich eine ungewohnte Situation. Es war mir äußerst unheimlich, im Mittelpunkt zu stehen. Deshalb sagte ich erst mal nichts.

Zudem beschlich mich das Gefühl, dass ich nun die alleinige Verantwortung für unsere Eltern hätte. Wenn ich ihnen beim Abendessen gegenübersaß, machte ich mir Gedanken, was aus ihnen werden würde, wenn ich erst mal ausgezogen und sie alleine in diesem großen, stillen Haus wären. Dieses Haus hatten sie gebaut, um darin mit drei Kindern zu leben. Es hatte drei nebeneinanderliegende Kinderzimmer, deren Türen zu einem großen, mit Teppichboden ausgelegten Raum führten, der »Spieldiele«. Der sollte uns Kindern genug Platz für wilde Spiele geben. Im Keller gab es einen Raum, den »Werkraum«, der mit einer Glaswand vom Rest des Kellers abgeschirmt war. Dort sollten wir Kinder hämmern, malen und sägen können, ohne die Eltern zu stören und den Rest der Wohnung zu verschmutzen. Wir Kinder hatten ein eigenes Bad und eine eigene Toilette. Nun lag alles verlassen da, wie eine stillgelegte Kohlegrube im Ruhrgebiet. Und ich selbst war nicht wild genug, um diese ganzen Räume mit Leben zu füllen. Ich fühlte mich selbst ganz still und verlassen. Mir war immer klar, dass ich so bald wie möglich ausziehen würde. Aber wie sollte ich ihnen das sagen?

Zum ersten Mal fühlte ich mich fremd in meiner Heimatstadt. Ohne meine Geschwister war ich hier nicht mehr zu Hause. Als Jüngster blickt man eben immer mit seinen Eltern seinen Geschwistern nach. Und das hieß für mich jetzt: Ich blickte in die Ferne. Darmstadt erschien mir auf einmal klein, provinziell und unbedeutend. Es war für mich bereits Vergangenheit, obwohl ich hier noch Jahre zu leben hatte. Nachdem du ausgezogen warst, zählte ich nur noch die Tage, bis auch ich endlich die Stadt verlassen konnte.

Dein Zimmer blieb zurück, mit seinen verwaisten Kunstwerken. Ohne dich wirkten sie noch seltsamer, als sie ohnehin schon waren. Du hast keines von ihnen mitgenommen. Jetzt brauchtest du sie auch nicht mehr.

Aber mir hattest du etwas zurückgelassen: den rückenschwimmenden Kongowels. Es war ein ganz erstaunlicher Fisch.

Tillmann hatte ihn in der »Angel- & Zoo-Ecke« gekauft, einem Laden für Heimtierbedarf, in dem wir als Kinder immer den Nachschub für unseren Tierfriedhof im Garten holten. Der Verkäufer hatte ihm gesagt, es sei ein »rückenschwimmender Kongowels«. Das sind niedliche kleine, braune Fische aus Afrika, die äußerst friedlich sind, sich von Mückenlarven ernähren und daher gut mit anderen Fischen zu »vergesellschaften« sind, wie es im Aquarianer-Slang heißt. Tillmann setzte ihn in sein größtes Aquarium. Er stellte bald fest, dass die Population in dem Becken stetig abnahm. Das ist nun nicht ungewöhnlich, denn Fische sind andauernd krank und sterben. Wenn man ein krankes Tier sieht, das mit hängender Schwanzflosse und glasigen Augen durch das Becken taumelt, muss man es fangen und sich überlegen, wie man es umbringt. Einfach zertreten konnten wir es nicht – schon die Vorstellung des Geräusches ließ uns zusammenzucken. Einfach in die Toilette schmeißen? Dann würden wir seinen Tod nicht mit ansehen müssen, aber nachts in unseren Betten liegen und uns vorstellen, wie es in einer dunklen Abwasserröhre inmitten von Fäkalien langsam erfror und erstickte. Nein. Wir kamen zu dem Schluss, dass es das Humanste sei, die Fische in hochprozentigen Alkohol zu schmeißen. Und so entwendeten wir viel von Vaters gutem Cognac, um damit Guppies und Schwertträgern den Gnadentod zu geben.

Aber dass sie spurlos verschwanden, war äußerst ungewöhnlich. Tillmann suchte den Boden um das Aquarium herum ab, insbesondere die Zebrabarben hatten die dämliche Angewohnheit, bei jeder Gelegenheit aus dem Becken zu hüpfen und dann auf dem Teppichboden anzutrocknen. Er schaute auch in die Pumpe des Filters, ob vielleicht einige Fische von dieser Maschine verschluckt worden seien – das passierte insbesondere neugierigen kleinen Welsen hin und wieder. (Ich kann allen Eltern nur empfehlen, ihren Kindern als Vorbereitung auf das Leben ein Aquarium zu kaufen. Sie werden innerhalb kürzester Zeit an die ganze Bandbreite von Grausamkeiten gewöhnt, die das Leben bereithält.) Irgendwann war nur noch ein Fisch übrig: der rückenschwimmende Kongowels. Der hatte sich inzwischen das Rückenschwimmen abgewöhnt. Er saß den ganzen Tag in einer Höhle und kam nur nachts raus. Laut dem Aquarien-Atlas, für Aquarianer so etwas wie die Bibel, sollte er nur acht Zentimeter groß werden. Tillmanns Fisch war inzwischen doppelt so groß. Und er sah nicht mehr aus wie ein rückenschwimmender Kongowels. Die haben niedliche braune Tupfen, er aber hatte sich eine hässliche graubraune Farbe zugelegt. Tillmann blätterte noch mal durch den Atlas und stellte fest, dass er nun aussah wie ein Synodontis schall, ein Fiederbartwels. Die werden bis zu einem Meter lang, sollten am besten mit Rinderherzstücken gefüttert werden, seien »nur etwas für Zoos und Schauaquarien« und würden als Jungtiere oft mit rückenschwimmenden Kongowelsen verwechselt.

Der einsame, weil schwierig zu vergesellschaftende Wels begleitete Tillmann durch alle Phasen. Trotz aller Vernachlässigung weigerte er sich konsequent, krank zu werden, um Papas Cognac zu schmecken. Tillmann hielt ihn in einem winzigen Becken, dessen Wasser immer eine gelbliche Farbe hatte, aber das schien ihn nicht im Mindesten zu stören. Der hässliche Fisch fügte sich wunderbar in die restliche Einrichtung von Tillmanns Zimmer ein. Er saß ohnehin den ganzen Tag in seiner Höhle und tat – nichts.

Nun, nachdem Tillmann ausgezogen war, übernahm ich den Wels von ihm. Und es war mir eine Ehre. Es war, als würde ich eine Tradition weiterführen. Der Vater eines Freundes schenkte mir ein gebrauchtes Aquarium, in das fast 200 Liter Wasser passten. So hatte er Platz zum Schwimmen. Aber seine neu gewonnene Freiheit schien ihm wenig zu bedeuten: Er saß weiter den ganzen Tag in seiner Höhle. Ich fragte in der »Angel- & Zoo-Ecke« nach Rinderherzstücken, und der Verkäufer drückte mir kommentarlos eine Tüte mit Hundefutter in die Hand. Eines Nachts kam er nicht mehr aus seiner Höhle, um sich sein Hundefutter abzuholen – er war fast zehn Jahre alt geworden, ein erstaunliches Alter für einen Fisch. Ich war kurz davor, mein Abitur zu machen, und damit eigentlich etwas zu alt für feierliche Tierbestattungen. Aber ich gab ihm trotzdem einen Platz auf unserem Tierfriedhof im Garten, neben Tillmanns Ratte Morbit, die an Krebs gestorben war. Ich fand, das war der Platz, an den er gehörte.

In die Schule ging ich immer seltener. Oft stand ich morgens vor der Schultür und stellte fest, dass ich bereits 20 Minuten zu spät war. Also machte es keinen Sinn mehr, überhaupt zur ersten Unterrichtsstunde zu erscheinen. Und da ich oft bei demselben Lehrer am gleichen Tag noch ein weiteres Fach hatte und zudem die Gefahr bestand, dass ich ihm zufällig auf dem Flur begegnete, war es besser, gleich gar nicht hinzugehen. Dann radelte ich durch die leeren Straßen zu einem Café und setzte mich an eines der Fenster. Bestellte mir einen Milchkaffee, rauchte Gauloises und las die »Einführung in den praktischen Journalismus«. Das Buch hattest du mir zu Weihnachten geschenkt, Tillmann. Wie einst schon die Pali-Tücher war dies ein sehr einflussreiches Geschenk. Kein Buch habe ich so oft gelesen wie die »Einführung in den praktischen Journalismus«. Es steht heute noch neben meinem Bett, zerfleddert und voller Eselsohren.

Ich schrieb mir noch nicht mal selbst Entschuldigungen für die Lehrer. Das war ein neues Spiel an der Schule. Da die meisten jetzt über achtzehn waren, konnten sie sich selbst vom Unterricht entschuldigen, oft mit Begründungen wie »Leider konnte ich am vergangenen Mittwoch beim Unterricht nicht anwesend sein, da ich von Außerirdischen entführt wurde«. Aber dieses Spiel war mir zu dämlich.

Dann näherte sich die Zeit meiner dreizehnjährigen Gefangenschaft ihrem Ende. Ich sagte unseren Eltern erst beim Frühstück, dass am Nachmittag desselben Tages die feierliche Überreichung der Abiturzeugnisse stattfand. Sie waren völlig perplex und fragten mich, wie lange ich das schon wüsste. Ich antwortete: »Keine Ahnung, vielleicht seit zwei Monaten?« Ich hatte einfach vergessen, es ihnen zu sagen. Sie erzählen es noch heute kopfschüttelnd. Wie kann man nur die Überreichung seines Abiturzeugnisses vergessen? Damals verstand ich nicht, warum sie der Ansicht waren, ich hätte es ihnen zu spät gesagt. Wir hatten ganze sechs Stunden Zeit, uns die Zähne zu putzen, zu diesem Ballsaal in der Stadt zu fahren, mein Zeugnis abzuholen und wieder zurückzufahren. Sie meinten natürlich, sie hätten mehr Zeit gebraucht, um mir einen Anzug zu kaufen und mich auf einen der wichtigsten Momente in meinem Leben vorzubereiten. Wichtig? Was sollte daran wichtig sein? Man bekommt ein Papier in die Hand gedrückt, die Hand geschüttelt und dann geht man wieder. Ich wollte nur dieses dämliche Papier haben, damit ich endlich gehen konnte. Wenn man aus dem Knast entlassen wird, zieht man ja auch nicht seine besten Klamotten an. Und man geht nicht nochmal von Zellentür zu Zellentür und verspricht den anderen Insassen, dass man ganz bestimmt Kontakt halten wird. Und man schüttelt den Wärtern nicht zum Abschied die Hand und bedankt sich. Wenn man entlassen wird, nimmt man wortlos seinen Kram, geht durch die Tür und blickt nicht zurück. Und genauso war es: Man schüttelte mir die Hand, gab mir ein Papier und dann ging ich, ohne zurückzublicken.

Ich träume fast nie, aber wenn ich träume, dann ist es meistens immer der gleiche wiederkehrende Albtraum. Dann träume ich, dass ich aufwache, der Wecker zeigt 6.30 Uhr an, und ich stelle entsetzt fest, dass mein ganzes schönes Leben nur ein Traum gewesen ist. In Wirklichkeit habe ich gar keine Frau und keine Kinder und ich bin auch kein Autor. In Wirklichkeit muss ich jetzt aufstehen, in die Schule gehen, und natürlich werde ich zu spät kommen und natürlich habe ich meine Hausaufgaben nicht gemacht, ich werde durch die Tür des Klassenraumes gehen und ein Lehrer wird mich schweigend angucken und dann werde ich durch die Stuhlreihen zu meinem Platz in der letzten Reihe gehen.

Und dann wache ich auf und stelle erleichtert fest, dass ich nicht zurück in die Schule muss, sondern ein sehr schönes und selbstbestimmtes Leben habe.

Nun hatte ich also mein Abiturzeugnis, ich persönlich bevorzuge den Begriff »Entlassungspapiere«. Und war die Verantwortung für den rückenschwimmenden Kongowels los. Ich konnte gehen. Aber wohin? Ich war das Letzte von uns drei Kindern, das von zu Hause auszog. Und das brachte mich in ein Dilemma. Ich wusste, dass es unseren Eltern schwerfallen würde, mich gehen zu lassen. Wir drei Kinder waren immer ihr Lebensinhalt gewesen. Was sollte aus ihnen werden, wenn ich als Letzter als dem Haus ginge? Mir jedoch war immer klar, dass ich sobald wie möglich aus Darmstadt und aus unserem Elternhaus wegziehen würde. Wie sollte ich das unseren Eltern sagen, ohne sie zu verletzten?

Die Lösung lag eines Morgens in unserem Briefkasten. Es war ein Brief vom Kreiswehrersatzamt, in dem ich aufgefordert wurde, zur Musterung zu erscheinen. Mir kam eine Idee: Wer zu Armee geht, der muss niemandem erklären, warum er nicht zu Hause wohnen bleibt. Soldaten wohnen in Kasernen, das weiß doch jeder.

Außerdem gab es für mich noch einen zweiten guten Grund, um zum Bund zu gehen. Ich konnte mir ziemlich sicher sein, dass man mich dort nicht mit den Worten: »Du bist doch bestimmt der kleine Bruder vom Tillmann!«, begrüßen würde; er hatte ja Zivildienst gemacht. Ich konnte in eine Welt vorstoßen, von der du keine Ahnung hattest. Ich wurde einer Kompanie der »Atom-, Bio- und Chemiewaffenabwehr« in Bruchsal zugeteilt. Du schienst tatsächlich neidisch zu sein. ABC-Abwehr, das klang entsetzlich spannend. Du hattest ja keine Ahnung, die Bundeswehr war fast so langweilig wie die Schule. Aber wenigstens lernte ich dort etwas.

Natürlich machte Vater ein Foto, als ich das Haus verließ. Auf dem sieht man mich mit einem Rucksack und den Einberufungspapieren in der Hand. Mutter umarmt mich, und sie wirkt schrecklich klein dabei. Auf dem Foto lächle ich. Aber es ist nicht das aufgeregte Grinsen, das ich bei dir erinnere. Ein bisschen traurig war ich. Ich wollte nicht, dass die Eltern mich zum Bahnhof brachten. Stattdessen ging ich einfach mit einem Rucksack aus dem Haus und die Straße runter.

Im Interregio fielen mir auf einmal viele junge Männer auf, die ebenfalls nur eine Sporttasche oder einen Rucksack dabei hatten, aber diesen nervösen, unsicheren Gesichtsausdruck besaßen. Ich wusste, wo sie aussteigen würden.

Einige Stunden später stand ich in leichtem Nieselregen auf einem Asphaltplatz, in den Händen eine Holzschublade mit vielen olivgrünen Sachen darin. Neben mir ein weiterer Grundwehrdienstleistender. Man sagte uns, wir sollten uns in einer Reihe aufstellen, und das verwirrte uns, schließlich waren wir nur zu zweit. Der Typ neben mir hieß Timo Hildebrand. Hätte ich damals gewusst, dass er Torwart der Nationalmannschaft werden würde, hätte ich ihn um ein Autogramm gebeten. Dann kam ein Unteroffizier und erklärte uns, dass Soldaten grundsätzlich in Reihen herumlaufen, selbst wenn sie nur zu zweit sind. Er rief dann: »Ohne Tritt, Marsch!« Und ich marschierte in einer Reihe mit einem künftigen Nationaltorwart zur Ausgabe der Gasmasken.

Ich stellte fest, dass es der Bundeswehr so ähnlich ging wie den Darmstädter Linken: Der Zusammenbruch der Sowjetunion hatte bei ihnen eine tiefe Sinnkrise ausgelöst. Ihnen fehlte einfach ein vernünftiges Feindbild. Und das war nicht das Einzige, das fehlte. An allem schien es zu mangeln. Es fehlte an Ersatzteilen. Für jedes funktionierende Fahrzeug gab es ein still gelegtes, das zum Ausschlachten diente. Jeder Ausrüstungsgegenstand trug Jahreszahlen wie »1969« oder »1974«. Am Anfang der Schießausbildung ließ man uns den »Haltepunkt« ermitteln. Auf Deutsch: Wir sollten herausfinden, wie weit wir mit unseren Gewehren daneben zielen sollten, um die Mitte der Zielscheibe zu treffen.

Und ich stellte fest, dass »Ja, ja« bei der Bundeswehr als Antwort nicht akzeptiert wurde. Was ich als Nächstes zu sehen bekam, war das Zäpfchen im Rachen des Stabsunteroffiziers.

»›Ja, ja?‹ Was soll'n das heißen?! ›Ja, ja‹, das heißt wohl ›Leck mich am Arsch‹, was?« Er war der Erste, der es kapiert hat. Da soll noch einer sagen, Soldaten wären dumm. Die Konversationen verliefen in der Regel sehr einseitig: »Verdaaaaammt! Schütze Prüfer! Das heißt ›Jawoll, Herr Stabsunteroffizier‹. Wenn Sie das nicht kapieren, dann können Sie das Wochenende gerne mit mir verbringen!« Ich wollte nicht, also brüllte ich brav: »Jawoll, Herr Stabsunteroffizier!«

Die Bundeswehr war eine heilsame Erfahrung. Kleine Jungs unterliegen ja einer gewissen Faszination für Waffen. Als wir während des Golfkriegs auf die Straße rannten und »Kein Blut für Öl« riefen, behaupteten wir natürlich, dass diese ganzen Kampfhubschrauber, B52 und Cruise-Missiles uns abstoßen würden. Aber tatsächlich waren wir fasziniert von ihnen, wir waren dankbar für den Krieg, weil er unser Leben etwas aufregender machte. Später, als ich Linker wurde, kam die Verklärung der »Weltrevolution« dazu: Guerilla- und Barrikadenromantik. Aber jetzt, bei der Bundeswehr, bekam ich eine ziemlich realistische Vorstellung vom Krieg. Krieg stellte ich mir so vor: vor allem viel Warten. Klamme Finger und kalte Füße. Sinnloses Rumstehen und warten auf Befehle. Ungewissheit, was die Offiziere sich als Nächstes einfallen lassen werden. Ständiges Zigarettenrauchen, weil sonst eben nicht viel zu tun ist.

Der Geruch von Schweiß, käsigen Füßen und Fürzen. Die ewig gleiche Konversation über »Saufen« und über »Fotzen«. Dann geht alles ganz schnell. Ein Augenblick nur, und man ist tot und weiß noch nicht mal warum. Nein, danke.

Ein bisschen hat mich die Bundeswehr mit Deutschland versöhnt. Fast wäre ich ein kleiner Patriot geworden. Ein Staat, der sich a) eine derart schlecht ausgerüstete Armee leistet, der seinen Soldaten zudem ständig eintrichtert, sie sollten b) um Gottes willen niemals jemanden umbringen und c) seinen Bürgern zudem das Recht gibt, einfach nicht hinzugehen, wenn Krieg ist, verdient meine Anerkennung. Ich hatte das Recht, den Dienst mit der Waffe zu verweigern. Jetzt machte ich davon Gebrauch.

Es gab in unserem Zug einen Vertrauenssoldaten, sozusagen der Klassensprecher der Soldaten. Ich bat ihn um ein Gespräch, um ihn um Rat zu bitten. Er hörte sich alles an und nickte bei jedem Satz verständnisvoll. Als ich geendet hatte, legte er mir den Arm auf die Schulter und sagte: »Prüfer, ich verstehe dich vollkommen. Ich habe auch keinen Bock mehr. Am liebsten würde ich ebenfalls verweigern, aber dann wären meine Eltern wütend.« Ich war überrascht, dies zu hören, bisher hatte er eigentlich immer gewirkt, als würde ihm die Zeit beim Bund Spaß machen. Ich fragte ihn, warum er ebenfalls verweigern wolle. »Ich bin jetzt seit eineinhalb Monaten hier und habe noch KEINEN EINZIGEN PANZER gesehen. Dabei bin ich doch nur zum Bund gegangen, um Panzer zu fahren! Und das ganze Gequatsche vom Staatsbürger in Uniform! Wenn es nach mir ginge, hingen hier überall HAKENKREUZ-Fahnen an den Türen!« Ich bedankte mich für das Gespräch und beschloss, mir meine Anteilnahme woanders zu suchen.

Hätte ich vor Dienstantritt verweigert, hätte dies die Bundeswehr kein bisschen gejuckt: Sie hatten sowieso zu viele Soldaten und waren froh um jeden, der nicht kam. Aber da ich nun mal Uniform trug, wurde ich auf einmal zum Problem, nachdem sich herumgesprochen hatte, dass ich einen Antrag auf Verweigerung des Dienstes an der Waffe eingereicht hatte. Auf einmal war ich jemand, der die Autorität der Offiziere hinterfragte, jemand, der nicht mitmachte. Offiziere leben in der ständigen Angst, dass sie die Kontrolle über ihre Soldaten verlieren könnten. Deshalb mussten sie mich kleinmachen. Mir zitterten jedes Mal die Knie, wenn gerufen wurde: »Schütze Prüfer zum Kompaniechef!« Dann saß ich auf einem kleinen Stuhl vor einem Kerl mit Schnauzbart, vor dem hunderte Männer zitterten. Und ich klammerte mich an dem Gewehr fest, das ich eigentlich so hasste: Es gab mir ein bisschen Selbstsicherheit. Erst versuchte er es mit freundlichen Argumenten.

»Schütze Prüfer, wenn Sie Zivildienst machen, müssen Sie viel länger warten, bis Sie mit Ihrer Berufsausbildung anfangen können.« Als das nicht fruchtete, versuchte er mir Angst zu machen.

»Schütze Prüfer, Verweigerungen von Soldaten wird niemals stattgegeben. Ihr Antrag wird abgelehnt werden. Danach können Sie nicht mehr befördert werden, und was werden Ihre Kameraden dazu sagen, mit denen Sie noch ein Jahr verbringen müssen?« Manchmal mit politischen Argumenten: »Schütze Prüfer, ist Ihnen eigentlich klar, dass Sie hier einen Friedensdienst verweigern?« Dann mit der Verzögerungstaktik. Wer einen Antrag auf Kriegsdienstverweigerung gestellt hat, kann von den Schießübungen befreit werden, bis über das Gesuch entschieden wurde. Dafür muss wiederum ein anderer Antrag gestellt werden, und den hat der Kompaniechef weiterzuleiten – aber er ließ ihn einfach auf seinem Schreibtisch liegen. Ich reichte eine Dienstbeschwerde ein und ließ ihn wissen, dass ich den Befehl verweigern würde, wenn er den Antrag nicht weiterleitet. Er ließ mich wissen, dass er mich dann in den Bau stecken würde und vielleicht hätte ich dann eine Vorstrafe am Hals. Tillmann, du hast während deines Dienstes für den Staat gelernt, dass man ein Arschloch sein muss. Mir hat der Bund etwas anderes beigebracht. Nachdem ich nach zwei Monaten Papierkrieg endlich meinen Rucksack packen und durch das Tor der Kaserne marschieren konnte, hatte ich meine Lektion gelernt: Sturheit in vielen Variationen ist das Rezept für Erfolg.

Als ich wieder zu Hause bei unseren Eltern war, schlug ich einen Stadtplan von Frankfurt auf und suchte das erstbeste Krankenhaus. Dann fuhr ich mit der S-Bahn dort hin und fragte, ob sie einen Zivi bräuchten. Sie brauchten einen. Eineinhalb Wochen später konnte ich meinen Dienst beginnen. Schon am ersten Tag in Frankfurt rief ich bei der Stadtteilredaktion der Frankfurter Rundschau an. Dort hatte Tillmann als Student seine ersten Artikel geschrieben. Ich sagte, dass ich gerne als freier Mitarbeiter für sie arbeiten würde. Natürlich ließ ich bei der ersten Gelegenheit fallen, dass ich der

Bruder von Tillmann Prüfer sei – es hat ja durchaus Vorteile, ein kleiner Bruder zu sein. Der Chefredakteur horchte sofort auf, als er deinen Namen hörte.

»Wie geht es ihm denn?«

»Gut«, sagte ich. »Er ist an der Journalistenschule in München und dort sehr glücklich.«

»Na, dann komm mal vorbei«, sagte er.

Und ich kam vorbei.

7. Kapitel

Mein Bruder, mein Chef

Warum Geschwister nicht denselben Beruf ergreifen sollten

Tillmann

Haben Brüder die Neigung, dieselben Berufe zu ergreifen? Es gibt ganz phantastische Bruderpaarungen. Ich habe neulich ein Interview mit den Brüdern Ethan und Joel Coen gelesen, die zusammen als Regisseure Filme wie »The Big Lebowski« gedreht haben. Sie haben den Spitznamen »Der Regisseur mit den zwei Köpfen«. Weil sie immer mit einer Stimme sprechen, nie Differenzen haben. Oder die Gebrüder Grimm, die ihr Werk so miteinander verquickten, dass sie es schafften, gemeinsam auf einem Tausendmarkschein abgebildet zu werden. Wenn Brüder auf dieselbe Weise ihr Geld verdienen, dann hat das gleich etwas von einer heiligen Mission. Es gibt natürlich auch Beispiele für Brüder, die den gleichen Beruf ausüben und rein gar nichts miteinander zu tun haben, ja sogar in bittere Feindschaft ausbrechen; etwa die Dassler-Brüder Adolf und Rudolf aus Herzogenaurach, die einander so wenig leiden konnten, dass sie zwei unterschiedliche Firmen gründen mussten, Adidas und Puma, die sich heute noch gegenseitig Konkurrenz machen.

Ich stelle mir manchmal vor, dass wir beide einmal

»Der Redakteur mit den vier Händen« genannt werden. Aber wahrscheinlich würde man vom Redakteur mit den vier Händen Seltsames berichten: Dass immer zwei der Hände hektisch herumfuchtelnd Telefone und Tastaturen bedienen, während die anderen in einem Buch blättern oder in der Nase bohren oder so. Der Redakteur mit den vier Händen würde ständig mit seinen Armen durcheinanderkommen. Am Ende würden sie furchtbar aneinandergeraten und sich gegenseitig die Finger umbiegen oder sich kratzen. Der Redakteur mit den vier Händen würde bald ein sozialer Sonderling werden und wenig Freunde haben. Er könnte sich nicht einmal einig werden, welche Unterhose er tragen möchte. Niemand käme auf die Idee, ihn auf einen Geldschein zu drucken.

Wie kamen wir zu unserem Beruf? Bei mir begann alles mit einer Ausbildung an einer Münchner Journalistenschule. Teil des Lehrgangs war ein Praktikum, ich wurde einem Männermagazin zugewiesen. Ich wäre viel lieber bei einem Frauenmagazin gelandet, aber das war nicht im Angebot.

Männermagazine waren damals etwas Neues. Davor gab es für Männer vor allem Zeitschriften, in denen nackte Frauen abgebildet waren. Nun sollte den Männern aber endlich erzählt werden, was sie wirklich interessiert. Zum Beispiel, wie man ein Nashorn mit der Hand fängt, ein Rockstar wird oder einen Airbus landet, wenn der Pilot an Fischvergiftung gestorben ist.

Da Männermagazine relativ neu waren, wusste auch von den Redakteuren kaum einer, wie ein richtiger Mann sich zu verhalten hat. Ob man in der wöchentlichen Redaktionskonferenz mit einem Martini in der Hand erscheint oder lieber mit einem Holzknüppel. Ob man auf Argumente und Vorschläge eingeht oder eindrischt. Mir war unschwer anzusehen, dass ich nicht Mitglied der Zielgruppe war. Als solcher hätte ich mindestens einen Helmut-Newton-Bildband auf dem Nachttisch liegen haben müssen. Ich sah aber aus, als blätterte ich allenfalls in Micky-Maus-Heften. Sobald zur Redaktionssitzung gerufen wurde, fühlte ich mich wie im Sportunterricht. Eine Veranstaltung, bei der sich jeder fragen musste, warum ich eigentlich dabei war.

Ich machte also, was man als Mann in solchen Situationen macht, wenn es mit der Karriere nicht so klappt. Ich färbte mir die Haare dunkelblau. Nun sah ich zwar fortan aus, als hätte man mich im von Krebsen angenagten Zustand aus der Elbe gefischt, aber zumindest übersah mich auf dem Redaktionsflur niemand mehr. Vor allem der Chefredakteur hatte Gefallen an mir gefunden, immer wenn er mich traf, sagte er: »Na, Prüfer, heute schon wieder blau.« Seit ich blaue Haare hatte, erkannte jeder in mir den Mann für seltsame Ideen. Es ging offenbar um das richtige Branding. Eines Tages wollte der Chefredakteur von mir eine lange Geschichte haben. Einen Artikel, der die Frage klärt: Wie schaffen es Museumswärter, nicht wahnsinnig zu werden? Es war meine erste große Geschichte. Ich hatte erstmals das Gefühl, Journalismus könnte der richtige Beruf für mich sein.

In Nachhinein muss ich feststellen: Alles in meinem Leben trieb darauf zu, dass ich Journalist werden würde. Ich war einfach der Richtige dafür. Es gibt Menschen, die die unbedingte Wahrheit ergründen wollen. Die auf den Grund des Sees des Wissens hinabtauchen. Und meistens tauchen sie nicht mehr auf. Diese Leute lesen speckige Bücher, besuchen Vorträge und werden unglücklich, weil sie Erkenntnisse haben, die niemand wissen möchte, weil sie kompliziert sind und meistens nicht sehr angenehm.

Und dann gibt es Leute, denen genügt es, das zu wissen, was sie bis zur nächsten Ecke bringt oder an die Lippen der nächsten Frau. Diese Menschen lesen keine dicken Bücher und brauchen keine Vorträge. Aus den vielen möglichen Wahrheiten picken sie die heraus, die ihnen gerade am besten passt. Und wenn sie nicht mehr passt, nehmen sie die nächste Wahrheit. So ein Mensch bin ich. Und für solche Menschen bin ich da. Deswegen bin ich Journalist geworden. Journalist war der ideale Beruf für mich und der einzig mögliche. Zuhören und erzählen. Etwas anderes ging nicht. Ich musste eben.

Aber musstest du? Warum ergreifen Brüder denselben Beruf? Grundsätzlich kann man sagen, dass sie das besser lassen sollten. Jedenfalls dann, wenn sie als alte Männer im Lehnstuhl einander noch wohlwollende Blicke zuwerfen wollen, während sie ihre Cognac-Gläser schwenken. Brüder verbringen ihre ganze Jugend damit, sich voneinander zu unterscheiden und ihre eigenen Nischen zu finden und zu verteidigen. Wenn sie anschließend denselben Beruf ergreifen, begeben sich zwei sehr verschiedene Menschen in eine Situation, in der sie wieder vergleichbar sind wie Gurken in der Gemüseauslage.

Die Wissenschaft hat sich bislang wenig mit der Frage beschäftigt, wie Geschwister ihre Berufe wählen. Ein

Ansatz ist die Geburtenfolge. Erstgeborene identifizieren sich mit den Werten ihrer Eltern, übernehmen Verantwortung für ihre jüngeren Geschwister und eignen sich deshalb besonders für Führungspositionen. Sie streben überdurchschnittlich oft akademische Karrieren an. Kinder, die sowohl große wie kleine Geschwister haben, müssen lernen, zwischen zwei Standpunkten zu lavieren. Sie entwickeln sich eher zu Therapeuten, Diplomaten und Medienleuten. Sie müssen eben schon früh lernen, zu vermitteln. Die jüngsten Geschwister hingegen sind Nesthäkchen und gewohnt, im Mittelpunkt zu stehen. Der populären Geschwistertheorie zufolge stehen sie besonders gerne im Rampenlicht. Herbert Grönemeyer zum Beispiel ist ein jüngster Bruder.

Eigentlich passt die Theorie gar nicht schlecht auf uns. Nur unsere ältere Schwester Annette schloss ein Studium ab. Ich landete tatsächlich bei den Medien. Doch du, Benjamin, hast dich der Bestimmung entzogen, ein Bühnenstar zu werden. Du warst eigentlich immer das Gegenteil.

Es war dir immer völlig fern, von etwas zu reden, von dem du nichts verstehst. Und Oberflächlichkeit liegt dir überhaupt nicht. Ich weiß noch, wie du dir als Kind von unserem Vater aus dem Schiffsatlas hast vorlesen lassen. Andere Kinder wollten Geschichten vom Räuber Hotzenplotz hören, du wolltest Rumpflängen, Gaffelsegeldurchmesser und Bruttoregistertonnen erklärt bekommen. Als du Zivildienst in einem Krankenhaus machtest, hast du dir einen Pschyrembel zu Weihnachten gewünscht. Das Standard-Nachschlagewerk für Mediziner, in dem jedes Ekzem beschrieben ist, das auf der

Haut wuchern kann. Du wolltest es einfach wissen. Du hättest gut Wissenschaftler werden können. Aber die Wissenschaftskarriere ist leider den verantwortungsbewussten Erstgeborenen vorbehalten.

Wenn Brüder denselben Beruf ergreifen, wird ihre Unterschiedlichkeit noch stärker wahrnehmbar. Lass mich das am Beispiel von Dieter und Uli Hoeneß erklären, die ihre Karrierehöhepunkte jeweils als Manager der Fußballvereine Hertha BSC, beziehungsweise FC Bayern München hatten. Wäre Dieter Hoeneß Chef einer Großbäckerei, würde ihn niemand mit seinem Bruder Uli vergleichen wollen. So aber wurden ständig Vergleiche zwischen ihnen angestellt. Ob sie wollten oder nicht. Es wurde von Uli, dem kompromisslosen Erfolgsmenschen gesprochen, der seine Gegner förmlich auffraß, der keine Auseinandersetzung scheute, der knallhart kalkulierte, mediengewandt war und immer recht hatte. Und ständig Deutscher Meister wurde. Und dann war da Dieter Hoeneß, der ruhige, sachliche Arbeiter, mit der Verve einer Avocado. Der Mann, dessen Verein zwar immer wieder dem Abstieg entkam, aber nie dem Mittelmaß. Der Mann, der immer die Nummer zwei war.

Nun ist es gewiss nicht einfach, es vom Fußballer, der Dieter Hoeneß war, zum Manager eines Bundesligavereins zu bringen. Zweifellos eine große Karriere. Und sich länger als zehn Jahre auf so einer Position bei einem derart umtosten Verein wie Hertha BSC zu halten, beeindruckend. Aber leider war da der ein Jahr ältere Bruder Uli. Und ob die beiden wollten oder nicht – sie wurden ständig im Wettkampf miteinander gesehen. Dieter durfte nicht zufrieden sein mit dem Erreichten. Wenn

Reporter über ihn schrieben, erkannten sie reflexartig in seinem unlustigen Gesicht den Gram, es seinem älteren Bruder nicht gleichtun zu können. Wäre Hertha unter ihm Deutscher Meister geworden und Bayern nur Vierter, dann hätte sich Dieter nicht einfach so freuen dürfen, sondern es wäre ihm sofort unterstellt worden, dass er endlich, endlich über seinen Bruder triumphiert hätte. Eine andere Geschichte möchte niemand hören. Es stört dabei auch nicht die Tatsache, dass der Erfolg von Uli nicht aus der Konkurrenz der beiden, sondern auf der Zusammenarbeit fußte. Eine der ersten Handlungen von Uli Hoeneß als Manager von Bayern München war, seinen Bruder Dieter als Fußballer zu Bayern München zu holen. Natürlich liegt auch ein Funken Wahrheit darin. Denn wenn Brüder den gleichen Beruf wählen, liegt das meistens nicht daran, dass sie die gleiche Begabung haben, sondern an Identifikation, meinen Psychologen. Hätte es Uli nicht vorgelebt, dass man als Profifußballer auch ein guter Manager sein kann, hätte es Dieter vielleicht nie versucht.

Demnach wärst du nicht Journalist geworden, Benjamin, weil du gerne bedrucktes Papier schätzt und es magst, mit ausgeschmücktem Halbwissen um dich zu werfen. Du fandest es einfach toll, dass dein Bruder das macht. Die größeren Geschwister haben in bestimmten Entwicklungsphasen eine stärkere Vorbildfunktion als die Eltern. Kein Fünfzehnjähriger will so sein wie seine Mutter. Aber wohl wie sein zwanzigjähriger Bruder. Und da jeder Zwanzigjährige sich gerne bewundern lässt – vor allem wenn er sonst wenig Bewunderung erfährt –, wird er einen Teufel tun, es dem Bruder auszureden.

Das kann gut gehen, wie bei den Brüdern Hoeneß. Oder katastrophal, wie bei den Brüdern Douglas. Michael Douglas wurde wie sein Vater Kirk Schauspieler. Bald feierte er erste Erfolge. Aber da war auch noch sein kleiner Bruder Eric Douglas. Er nahm auch Schauspielunterricht, konnte aber nie zum großen Bruder aufschließen. Er wurde alkohol- und drogenabhängig, 2004 starb er an einer Überdosis.

Die Vergleichbarkeit kann also zur Brüderhölle werden. Oft enden Karrieren in lebenslangem Wettkampf. Wie bei den Bahlsen-Brüdern. Als Werner Michael und Lorenz Bahlsen in das Familienunternehmen eintraten, übernahm der eine das Inlands-, der andere das Auslandsgeschäft. Aber sie wurden sich nicht einig. Darum entschlossen sie sich in den 1990er Jahren zu einer anderen Aufteilung: süß und salzig. Der Jüngere übernahm die Sparte Gebäck, der Ältere, Lorenz, die Snacks. Mittlerweile wurden daraus zwei vollständig getrennte Firmen. Wie unvernünftig ist das: zweimal Marketing, Vertrieb, Personalwesen, überall doppelte Kosten. Von Geschäftssinn und Rationalität geprägte Männer treffen also eine wirtschaftlich schwer nachvollziehbare Entscheidung – nur weil sie Brüder sind und nicht zusammenarbeiten wollen.

Wenn Brüder denselben Beruf ergreifen, kann das dazu führen, dass sie gewissermaßen wieder in ihr Kinderzimmer einziehen, wo sie von neuem danach trachten, ständig einander zu übertreffen. Sie können alles erheblich komplizierter machen, indem sie in derselben Firma arbeiten.

So könnte man es weiterführen. Sie können ihre Brüderbeziehung auf Crashkurs bringen, indem sie in einer Firma in derselben Abteilung arbeiten. Und sie können ihr Verhältnis mit Atombomben bewerfen, indem einer der Vorgesetzte des anderen wird. So kam das bei uns.

Meine Karriere lief ungefähr so ab: Ich fühlte mich als Journalist pudelwohl. Ich war froh, wenn ich über den See der Weltweisheit flitschern konnte wie ein flacher Kiesel. Und möglichst weit kam, bevor ich unterging. Also kam es mir sehr entgegen, Schriftstücke zu verfassen, bei denen ich davon ausgehen konnte, dass schon wenige Tage später darin Fische auf dem Markt eingewickelt, Schuhe ausgestopft oder Fenster geputzt wurden. Ich wäre ganz unglücklich gewesen, etwas Bleibendes schaffen zu sollen, etwa ein Buch.

Ich entwickelte mich gerade bei meinem Männermagazin zu einem Experten für Sex und Partnerschaft (was mir ein hohes Abstraktionsvermögen abverlangte, denn ich hatte zu der Zeit weder das eine noch das andere). Da bekam ich das Angebot, bei einer neuen Tageszeitung zu arbeiten, einer deutschen Ausgabe der Wirtschaftszeitung Financial Times. Ein paar Wochen später bezog ich ein Büro an einem Hamburger Fleet.

Bei der Finanzzeitung trugen alle Männer blaue oder rosa Hemden und malten mit quietschenden Edding-Schreibern Organigramme auf große Papierbögen. Alle waren neu hier, alle hatten den Endruck, zur Elite des Wirtschaftsjournalismus zu gehören, und fühlten sich auf einer Art Raketenabschussbasis zu einer steilen Karriere. Mancher murrte, wenn er auf einem Inlandsflug nicht in der Business Class fliegen durfte. Wie bitte soll man über die Elite schreiben, wenn man nicht neben ihr sitzen darf?

Ich war bis zu dieser Zeit nur wenige Male überhaupt in ein Flugzeug gestiegen, hatte wenig Ahnung von den meisten Dingen, aber überhaupt keine Ahnung von Finanzen. Gerade hatte ich eine Steuernachforderung von mehreren tausend Euro erhalten. Ich verstand also nichts von Geld, brauchte aber welches. Ich saß in einem Büro zusammen mit einer Redakteurin, die mit wenig Humor gesegnet war; vor allem wenn es darum ging, wer welchen Interview-Termin besetzen durfte.

Ich wusste, hier würde ich mit blauen Haaren nicht weit kommen. Ich färbte sie mir rot. Das war für eine Wirtschaftstageszeitung immer noch unerhört. Überraschenderweise machte das für mich die Arbeit in der Redaktion nicht schwerer, sondern angenehmer. Jemand, der Haare trug, als sei er zwischen den Buchdeckeln eines japanischen Manga-Comics hervorgekrochen, konnte vieles vorhaben. Nur keine Karriere. Um mich herum gab man sich mit der Erklärung zufrieden, ich sei nicht ganz dicht. Man ließ mich in Ruhe.

Ich hatte in Hamburg einen Bekannten, Karsten, er arbeitete bei einem Internet-Magazin. Er zeigte mir tolle Dinge. Er führte mich über die Reeperbahn, wo einen die Prostituierten an der Jacke zerrten und es Sardellen-Pizza gab, bei der einem der geschmolzene Käse nur so aus dem Mund tropfte. Sein Ressortleiter-Gehalt investierte er in Etablissements wie das Dollhouse, wo Stripperinnen auf dem Tisch tanzten und man den Mädchen Spielgeld auf den Po kleben durfte. Ich kam mir vor, als sei ich innerhalb von ein paar Tagen erwachsen geworden. Bis in den Morgen hinein mit anderen Redakteuren, die immer schwarze Hemden trugen, Mojitos zu trinken, um sich am nächsten Morgen übernächtigt in eine Redaktionskonferenz zu klemmen, das schien mir das Leben der Boheme zu sein. Und ich durfte mitmachen.

Eines Tages sagte mir Karsten, dass sein Ressort beim Internet-Magazin vergrößert würde, er bekomme jetzt einen Praktikanten. Ob ich einen Kandidaten wüsste? Meinen Bruder, sagte ich. Ich hatte nicht einmal überlegt.

Du hast damals deine ersten Artikel geschrieben, Benjamin. Zunächst beim Darmstädter Echo, einer Zeitung, die so inspirierend war wie die Stadt selbst. Mit deinem Zivildienst in Frankfurt wurdest du freier Mitarbeiter des Lokalteils der Frankfurter Rundschau. Da hatte ich auch angefangen. Und wenn ich jetzt in Hamburg war, musste mein Bruder auch nach Hamburg. Wir würden dann beide bis morgens Mojitos trinken. Verstärkung, dachte ich. Schon wieder.

Du bekamst die Stelle. Sie waren sogar so angetan von dir, dass sie dir wenig später ein Volontariat anboten. Nun waren wir beide angestellte Redakteure. Ich war unglaublich stolz.

Der Job bei der Finanzzeitung erwies sich als katastrophal anstrengend. Ich hatte eine 70-Stunden-Woche. Es kam vor, dass ich noch nachts um zwei in der Redaktion saß und Texte schrieb. Einmal bekam ich einen allergischen Anfall, während ich schrieb. Überall am Körper juckte es, und rote Quaddeln wuchsen mir aus der Haut. Ich gruppierte drei Ventilatoren um mich, zog mich bis auf die Unterhose aus und schrieb weiter. Irgendwann verschwanden die Quaddeln und der Artikel war fertig.

Du sagtest mir damals, dass du merktest, wie unterschiedlich wir seien. Ich war in eine Art Arbeits-Raserei verfallen. Ich drängte mich in neue Projekte hinein, stand ständig mit neuen Ideen in der Tür der Chefredaktion. Chefredakteure mögen Mitarbeiter mit Ideen. Dann müssen sie nämlich selbst keine haben und können sich als Innovatoren, wenn nicht gar als Umwälzer fühlen, indem sie einfach »mach mal« sagen.

Ich war nicht nur gut, ich war besser als andere. Wenn man als Schulkind die Erfahrung gemacht hat, ständig und immerzu von anderen hinter sich gelassen zu werden, entwickelt man eine mehr als gesunde Neigung zum Größenwahn, sobald man ein Erfolgserlebnis hat.

Ich schuftete also, als wäre das gesamte Leben eine Deadline, und war nie zufrieden mit dem, was ich machte, weil ich schon das Nächste machen wollte. Du hingegen bewirtschaftetest deine Seiten bei dem Internet-Magazin, verfasstest hin und wieder einmal eine Kolumne. »Wenn man mit dem, was man tut, zufrieden ist, dann sollte man es das ganze Leben lang tun«, hast du mir einmal in einer E-Mail geschrieben. Der Blick von deinem Bürofenster aus sei wunderschön, schriebst du. Die Bäume würden gerade blühen.

Bäume? Blühen? Ich war mir sicher, dass du etwas Wichtiges bei diesem Beruf nicht verstanden hattest. Das Wesen des Journalismus ist nicht, dass man aus dem Fenster guckt und die Bienchen summen hört. Es geht darum, zu viel zu arbeiten, zu viel zu rauchen, anschließend zu viel zu trinken, dafür zu wenig zu schlafen und zum Ausgleich zu kurz zu leben. Journalisten erzählen einander gerne, dass Statistiken ergeben hätten, dass Redakteure im Schnitt nur 55 Jahre alt werden. Diese Zahl klingt so gut, dass noch kein Journalist versucht hat, sie zu hinterfragen. Als Journalist ist man also Todesverächter, nicht Lebemann!

Du hattest damals eine Wohnung, die so nah an der Reeperbahn war, dass man noch mit dem Fuß in der Barbara-Bar hängen und gleichzeitig dir auf die Türschwelle kotzen konnte (was gerne getan wurde). Du verbrachtest viel Zeit in einem Club namens Betty-Ford-Klinik. Manchmal nahmst du mich mit. Ich hatte im Gegensatz zu dir mit dem Hamburger Nachtleben kaum etwas zu tun. Es war ein bisschen so, wie wenn der große Bruder den kleinen mit in die Disco nehmen würde. Nur eben umgekehrt.

In der Betty-Ford-Klinik kanntest du die Türsteher. Mein kleiner Bruder duzte sich mit Gorillas, die gewohnt waren, uncoole Männlein wie mich nicht reinzulassen. Drinnen dröhnte die House-Musik so laut, dass man sich unmöglich unterhalten konnte. Das kam einem stillen Typ wie dir sehr entgegen. Man stand da und wartete, bis man betrunken genug war, um sich attraktiv zu fühlen. Ersteres gelang mir ganz gut, Letzteres nicht. Die Leute, mit denen du unterwegs warst, hatten einige Übung darin, alle möglichen Chemikalien in ihren Nasenlöchern unterzubringen, und jeden Abend nicht nur ihre Freundin zu betrügen, sondern auch noch ihre Geliebte. Einmal feierte ein Freund von dir in einer Bar, die nach irgendeinem gefährlichen Fisch benannt war. Du warst umgeben von lauter jungen Leuten, die – so kam es mir vor – alle eine Schauspiel-, Regisseur- oder Drogenkarriere vor sich hatten. Ich kam gerade aus dem Büro und hatte wieder einmal den Kampf gegen den Redaktionsschluss knapp gewonnen. Einer deiner Freunde erblickte mich und stürzte auf mich zu.

»Tillmann«, sagte er, »Tillmann, du musst mir helfen, ich bin total verzweifelt!« Es war das erste Mal, dass mich einer von ihnen aus eigener Initiative ansprach, sogar mit Namen. Ich fühlte mich geschmeichelt. Ich war jetzt vielleicht einer von ihnen. »Tillmann«, fragte er atemlos, »hast du Kondome? Ich will unbedingt die Frau da ficken und habe meine Kondome vergessen.«

»Ach, wie blöd«, sagte ich, »ich habe meine auch vergessen.«

So hätte es weitergehen können. Ich hätte am Tage um berufliche Anerkennung kämpfen können, indem ich mit Buchstaben um mich warf, und abends hätte ich Präservative in deinem sozialen Umfeld verteilt und es dadurch auch zu einer gewissen Beliebtheit gebracht. Aber leider blieb es nicht dabei.

Bei der Internet-Zeitschrift wurde die Luft immer dünner, weil die Anzeigenkonjunktur einbrach. Es zeichnete sich ab, dass das Magazin keine große Zukunft haben würde, und du würdest somit dort auch keine große Zukunft haben. Zu der Zeit machtest du gerade ein Praktikum bei der Financial Times Deutschland, es war Teil deines Volontariats. Bei unserer Zeitung sollte just in diesen Tagen ein Redakteur eingestellt werden, der eine Seite betreuen sollte, die dem Internet gewidmet war. Ich schlug dich vor. Deine Vorstellung war so überzeugend, dass man dir den Job gab. Nun waren wir beide in einer Redaktion.

Ich war mir sicher, dass du bald Karriere machen würdest, manchmal sprachst du selbst davon. Du sagtest, du würdest gerne das Thema Schifffahrt in die Zeitung einbringen und Reportagen darüber schreiben, wie auf Frachtschiffen die Menschenrechte mit Füßen getreten würden. Du hast aber nie einen Schritt gemacht, diese Geschichte wirklich anzugehen. Es fehlte dir dieser letzte Wille.

Ich dagegen bestand nur aus Willen. Ich setzte alles daran, weiterzukommen. Ich wollte mehr Verantwortung und mehr Geld. Ich hätte niemals gedacht, dass ich, der ich einmal mit missionarischem Eifer in Fußgängerzonen gestanden hatte und die Abschaffung des Kapitalismus gefordert hatte, mit derselben Besessenheit von der besten Kapitalisten-Zeitung der Welt schwärmen konnte. Ich habe manchmal vor mir selbst versucht, das als etwas besonders Subversives darzustellen, eine Art Marsch durch die Institutionen. Als würde ich mich klammheimlich in die Kommandozentrale der kapitalistischen Ideologie hocharbeiten, um dort dann im richtigen Augenblick den Stecker zu ziehen. So war es aber nicht. Ich war einfach mit der Weltrevolution nicht weitergekommen – da habe ich eben das Gegenteil gemacht.

Eines Tages kam mein Ressortleiter zu mir. Ich war mittlerweile etwas aufgestiegen, war Leiter der Wochenendbeilage und stellvertretender Ressortleiter geworden. Ich führte ein kleines Team von sechs Mitarbeitern.

Mein Chef teilte mir mit, dass die Internet-Seite geschlossen würde. Entweder Benjamin würde in mein Team der Wochenendbeilage kommen, oder er müsste ganz gehen. Im Klartext: Entweder ich würde Vorgesetzter meines Bruders werden, oder mein Bruder würde die Redaktion verlassen müssen.

Scheiße, dachte ich. Und genau das war es auch. Die Beilage bestand aus einer großen Reportage und einigen Seiten über Konsumthemen. Du übernahmst die Reiseseite.

Nun saß ich da mit einem Team, das darauf lauerte, wie ich, der Chef, nun meinen Bruder, den Untergebenen, im Team behandeln würde. Würde ich ihn so behandeln wie alle anderen Mitarbeiter? Würde ich ihn schützen oder bevorzugen? Tja, würde ich das? Ich wusste es nicht. Ich hoffte einfach, mein Bruder würde mich davor bewahren, dass ich mir diese Frage stellen müsste. Für einen Bruder kann man nicht Vorgesetzter sein.

Vielleicht kann man Entscheidungen treffen gegen seinen Willen, vielleicht kann man ihn maßregeln, ihm Urlaub verweigern oder ihn zwingen, ein bestimmtes Thema zu bearbeiten. Man kann ihn sogar feuern. Aber sobald man den grauen Teppichboden des Arbeitsplatzes verlässt, ist man wieder Bruder und Bruder. Man muss zusammen Weihnachten feiern, man muss zusammen vor die Eltern treten. Man muss Bruder bleiben. Jeder Kollege hat irgendwann Feierabend und kann sich sagen: Arschloch. Brüder können das nicht.

Glücklicherweise war ich nicht dein direkter Vorgesetzter. Die Wochenendbeilage hatte einen Koordinator, der sich mit mir besprach und mit den einzelnen Redakteuren zusammenarbeitete. Wenn es ein Problem mir dir gab, würde er mit mir über dich sprechen müssen. Ich hoffte, es würde nie dazu kommen. Ich hoffte, du würdest einfach einen ganz guten Job machen. Vielleicht nicht, weil du deine Bestimmung als Reiseredakteur gefunden hättest, aber wohl doch, weil du nicht wolltest, dass unser Arbeitsverhältnis unsere Bruderbeziehung beschädigen würde.

Ich hatte mich geirrt.

Dein Vorgesetzter kam nicht irgendwann einmal zu mir, um über meinen Bruder zu sprechen, sondern fast wöchentlich. Seine Beschwerden hatten in etwa diesen Inhalt: Benjamin gab seine Artikel nicht rechtzeitig ab oder in halbfertigem Zustand; er pflegte die Themenlisten nicht, er hielt sich nicht an Absprachen; er fuhr in Urlaub, ohne die Texte, die vereinbart waren, abzuliefern.

Was hätte ich tun sollen? Meinen Bruder zur Rede stellen, ihm erklären, dass er als Redakteur nicht so arbeiten darf wie ein unmotivierter Schuljunge? Dass man seine privaten Probleme vom Schreibtisch fernhalten muss? Sollte ich ihm das Offensichtliche sagen? Sollte ich mich vor meinem Bruder als autoritärer Vorgesetzter aufbauen? Ich hätte mich lächerlich gefühlt. Also bat ich Deinen Teamleiter, selbst mit dir zu sprechen. Und bat dich, das Gespräch mit deinem Teamleiter zu suchen. Unser Kontakt verebbte. Ich hoffte einfach, dass es irgendwann besser würde. Aber es wurde nicht besser.

Ich weiß nicht, wie du das vor dir gerechtfertigt hast. Vielleicht hast du dich darauf berufen, dass ich ja nicht direkt mit dir zusammenarbeitete, ich mich also nicht mehr über deine Arbeitsauffassung ärgern dürfte als der Chefredakteur. Vielleicht hast du das Gefühl gehabt, gegen meinen Lebensentwurf rebellieren zu müssen, als hätte ich ihn dir übergestülpt. Vielleicht war es Rache für die Murmel, die ich dir im Kinderzimmer an den Kopf geworfen hatte. Vielleicht hast du dir auch gar keine Gedanken darüber gemacht. Vielleicht warst du einfach zu sehr mit dir beschäftigt. Immerhin hattest du gerade eine Beziehung angefangen mit einem Mädchen aus Kambodscha, das später deine Frau und die Mutter deiner Kinder werden würde. Zu jenem Zeitpunkt war euer Verhältnis aber ein emotionales und finanzielles Desaster. Vielleicht hättest du in jenen Tagen einen Bruder gebraucht, hattest aber nur einen Chef.

Eines Tages sagte ich dir, dass du dir einen neuen Job suchen solltest, bevor du mich zwingen würdest, dich abzumahnen. Ich heulte vor Demütigung. Ich weiß nicht, ob es dir irgendwie nahegegangen ist.

Mein Bruder hatte mich im Stich gelassen. Das habe ich bis heute nicht verwunden.

Es war eine große Erleichterung für mich, als du mich eines Tages zum Gespräch gebeten hattest, um zu kündigen. Du wolltest ein Buch schreiben. Es war das erste Mal, dass jemand bei mir kündigte. Ich hätte schockiert sein können, aber ich war heilfroh. Ich sagte irgendetwas, dass das bestimmt auch unserem Verhältnis als Brüder gut tun würde, wenn wir uns nicht dauernd als Kollegen begegneten. Du hast mich daraufhin nur etwas verstört angeguckt. Als hättest du dir überhaupt keine Gedanken über unsere Beziehung gemacht. In diesem

Moment schwante mir, dass du einfach viel zu sehr mit dir selbst beschäftigt gewesen warst, um darüber zu sinnieren, was mit deinem großen Bruder sein könnte. Du hattest einfach nicht daran gedacht.

Es war dieser Moment, wo wir beide verlegen in einem Becher Coffee-to-Go stocherten, den kalten Bordstein einer Nebenstraße am Hamburger Hafen unter dem Hintern. Es war dieser Moment, seit dem ich nicht mehr weiß, wie nah wir uns sind.

Neben mir saß mein Bruder, ganz dicht. Und doch hatte ich das Gefühl, wir seien füreinander verloren.

Benjamin

Einmal waren wir zusammen einen Kaffee trinken. Nachdem wir beschlossen hatten zu gehen, zückte ich meinen Geldbeutel und fing an, die Münzen darin zu zählen, weil ich hoffte, die Rechnung mit Kleingeld und nicht mit einem großen Schein bezahlen zu können. Du hast mir großzügig die Hand auf den Unterarm und einen Schein auf den Tisch gelegt und gesagt: »Lass mal stecken! Ich zahle. Ich kann das ja von der Steuer absetzen.« Was sollte ich machen? Sollte ich empört rufen: »Nein, ich kann für mich selbst zahlen! Ich will dein schmutziges Geld nicht!« Du ließest also die Rechnung kommen und einen Bewirtungsbeleg ausstellen. Das Ganze kam mir vor wie ein Theaterstück, das du nur für mich aufgeführt hast, um mir zu zeigen, wie weltmännisch und professionell du bist. Du hast nicht ein einziges Mal in deinem Leben pünktlich eine Steuererklärung abgegeben. Der Beleg wanderte in einen etwa dreiviertel Meter hohen Papierhaufen auf deinem Schreibtisch, der von der Zimmerwand abgestützt wird. Er besteht aus alten Zeitungen, ungeöffneten Briefen und bekritzelten Post-it-Zetteln. In dem Berg finden sich auch hin und wieder Schecks, die du nicht zur Bank gebracht hast. Und hier wird er bleiben, bis er eines fernen Tages bei einer archäologischen Ausgrabung entdeckt werden wird. Trotzdem: In deiner Wahrnehmung siehst du dich als wohlorganisierten, zielstrebigen, disziplinierten Menschen, während du mir die Rolle des ehrgeizlosen Chaoten zuweist. Als du von unserem Treffen nach Hause kamst, erzähltest du wahrscheinlich deiner Freundin: »Ach, ich musste meinen kleinen Bruder mal wieder einladen! Er kramte demonstrativ und endlos in seinem Geldbeutel herum, damit ich die Rechnung übernehmen würde.« So war es in deinen Augen immer: Immer musstest du mich aushalten, immer musstest du mir aus der Patsche helfen.

Ich habe den Eindruck, du suchst verbissen nach einer Gelegenheit, um mich kritisieren zu können. Jeden einzelnen Misserfolg, den ich irgendwann einmal hatte, erklärst du im Rückblick zu einem Zeichen meines »mangelnden Ehrgeizes«. Mein Leben wird für dich zu einer Folge von Fehlschlägen, die durch meine »Disziplinlosigkeit« verursacht wurden. Hin und wieder ist diese Kette unterbrochen von vereinzelten Erfolgen – in deinen Augen unverdiente Glücksfälle. Typisch kleiner Bruder eben. Und bestätigt das nicht ein weit verbreitetes Klischee? Kleine Brüder haben keinen Ehrgeiz, weil sie immer von den Eltern verwöhnt wurden.

Stimmt das denn? Sind kleine Brüder wirklich grundsätzlich weniger erfolgreich als die großen? Ich wollte dieses Klischee überprüfen. Dafür habe ich mir einen Bereich ausgesucht, in dem sich die Leistungen von Brüdern objektiv vergleichen lassen: Fußball. Um ehrlich zu sein, ich hätte es besser gelassen. Wir kleinen Brüder sind nicht nur weniger erfolgreich. Wir sind sogar richtige Flaschen.

Insgesamt habe ich einundzwanzig Bruderpaare gefunden, von denen beide zu irgendeinem Zeitpunkt seit der Gründung der Bundesliga bei einem erstklassigen Proficlub angestellt waren. Um ihre Leistung zu vergleichen, wählte ich nicht die Zahl der Tore, die sie geschossen haben, dann wären Abwehrspieler ja krass benachteiligt. Objektiver ist die Zahl der Spiele, die sie ausgetragen haben. Wie oft hielt ein Trainer es für eine gute Idee, sie auf das Feld zu schicken? Das Ergebnis war erschütternd. Zumindest für mich.

Bei elf Bruderpaaren waren die Leistungen des Jüngeren deutlich schlechter als die des Älteren. Vielen ist bestimmt noch Thomas »Icke« Häßler ein Begriff. Aber wer kennt seinen Bruder Sascha? Kein Wunder: Er hat kein einziges Bundesligaspiel absolviert, er saß beim 1. FC Köln eine Saison lang nur auf der Bank. Große Brüder neigen dazu, schnell aufzusteigen, oft haben sie wenige Zweitligaspiele hinter sich gebracht, aber dafür umso mehr Bundesliga- und Länderspiele. Ihre kleinen Brüder neigen dazu, in der zweiten Liga hängenzubleiben.

Bei sieben Brüden war die Zahl der Erstligaspiele etwa vergleichbar. Nur in drei Fällen war der Jüngere deutlich besser als der Ältere. Auffällig ist: Wenn kleine Brüder erfolgreicher sind als ihre großen, dann sind sie gleich bedeutend besser. Jeder kennt Uwe Seeler, aber nur HSV-Fans können mit dem Namen Dietmar Seeler etwas anfangen. Der ältere Bruder stand von Anfang an im Schatten des kleineren Bruders. Sepp Herberger hatte Dietmar als Jungen einmal bei einem Fußballspiel gesehen. Als der Trainer seinen Vater ansprach, sagte dieser: »Wenn Sie von Dietmar beeindruckt sind, sollten Sie erst mal Uwe sehen.« Nach nur 28 Bundesligaspielen für den Hamburger Verein schmiss Dietmar hin.

Es überrascht nicht, dass die Bruderpaare, von denen bekannt ist, dass sie sich im Beruf gegenseitig unterstützen, in die Gruppe jener mit vergleichbaren Leistungen fallen. Folgendes ereignete sich 1980 in einem UEFA-Cup-Spiel zwischen dem VfB Stuttgart und dem 1. FC Köln. Karlheinz Förster, der für die Schwaben spielte, hatte schon Gelb gesehen. Nachdem er ein zweites Foul begangen hatte, lief sein jüngerer Bruder Bernd zum Schiedsrichter und gab sich die Schuld. Karlheinz sah nicht Gelb-Rot und durfte weiterspielen. Leider ging der Trick nicht ganz so auf, wie geplant. Bernd gab seine Täuschung in einer Fernsehsendung zu, und anschließend wurden beide für drei Spiele gesperrt. Der 1. FC Köln gewann im Rückspiel. Bernd und Karlheinz Förster hatten etwa gleich gute Leistungen: Bernd absolvierte 291 Bundesliga- und 33 Länderspiele, sein jüngerer Bruder Karlheinz 272 Spiele in der ersten Liga und 81 im Nationaltrikot.

Thomas Allofs sagte in Interviews, er und sein Bruder Klaus hätten sich »als Gegner geschont«, nachdem sie nicht mehr gemeinsam für Fortuna Düsseldorf auflie-fen. »Ich hätte Klaus nicht umgrätschen können.« Klaus hatte 424 Bundesligaspiele, Thomas 378, vergleichbare Leistungen.

Unterm Strich musste ich somit feststellen: Jüngere Brüder hatten bedeutend weniger Bundesliga- und Nationalspiele. Sind sie also fauler als die Älteren? Das würde ich nicht sagen, die Geschichte gibt uns genug Beispiele von kleinen Brüdern, die weit berühmter wurden als ihre großen Geschwister. Ich glaube: Wenn kleine Brüder im gleichen Beruf wie ihre großen Brüder arbeiten, haben sie Hemmungen, ihn zu übertrumpfen. Sie würden die Familienhierarchie auf den Kopf stellen, und das macht ihnen instinktiv Angst.

Während des Zivildienstes musste ich mir überlegen, welchen Beruf ich ergreifen sollte. Ich wusste schon seit Langem, dass ich wie Tillmann Journalist werden wollte. Natürlich ahnte ich, dass es problematisch werden konnte, wenn ich das Gleiche machte wie er. Es war eine diffuse Ahnung: »Mach besser etwas anderes.« Tatsächlich habe ich eine Zeit lang nach einem anderen Beruf gesucht. Für einige Monate redete ich mir ein, dass ich Arzt werden wollte. Die Schwestern meines Krankenhauses stellten bald fest, dass ich schnell lernte: Ich interessierte mich für alles mit einer kindlichen Naivität. Sie fragten zum Beispiel: »Ey, Zivi, willste mal sehen, was passiert, wenn die Altenpfleger einen Bettlägerigen ein halbes Jahr lang nicht umdrehen?« Oder: »Haste schon mal ein Klistier gelegt? Nein? Ich geb dir einen Tipp: Guck, dass der Patient schnell aufs Klo kommt – kannst dir ja denken, wer es sonst aufwischen muss.« Ich fand das alles schrecklich spannend.

Für den Journalismus sprach allerdings ein wichtiger Grund: Man lernt ihn nicht an der Universität, sondern indem man arbeitet und dafür bezahlt wird. Und mir war es wichtig, von Anfang an meinen Lebensunterhalt selbst zu verdienen. Als Jüngster in der Familie bekommt man von seinen Geschwistern andauernd unterstellt, dass man von den Eltern bevorzugt werde, dass man sich für nichts einsetzen müsse und dass man es überhaupt viel einfacher habe als sie. Um diesem Vorwurf zu entgehen, wollte ich mein Geld von Anfang an selbst verdienen, und das war nur im Journalismus möglich. Einmal hatte ich unsere Eltern angerufen und gefragt, ob sie mich bei einem Studium würden unterstützen können. Unsere Mutter sagte mir, dass dies schwierig sei. Da Tillmann und Annette bereits studierten, wäre kaum Geld da. Ich bin mir heute sicher, dass sie mir damit nicht sagen wollten: »Du kannst nicht studieren, da deine Geschwister bereits alles Geld bekommen.« Aber es bestätigte eine meiner irrationalen Urängste: »Die beiden Großen fressen alle Ressourcen der Eltern auf, und für mich bleibt nichts übrig!« Also nicht studieren, sondern »schaffen«.

Tillmann hat mich dabei unterstützt. Ich gab ihm meine Texte für das Darmstädter Echo und die Frankfurter Rundschau zu lesen, und er kommentierte sie. Sein Urteil war immer am wichtigsten. Von ihm habe ich alles gelernt, was ich über das Schreiben weiß: Man muss wissen, was man eigentlich sagen will, und dies aufschreiben können. Diese Idee, diese Aussage, muss dann den gesamten Text kontrollieren, alles hat nur ihr zu dienen. Der Rest kommt dann von selbst. Klingt banal, ist aber sehr schwer umzusetzen. Dank Tillmanns Hilfe kam ich im Journalismus schnell voran. Eines Tages erzählte Tillmann mir, dass ein Freund von ihm bei einem Magazin in Hamburg arbeite, das gerade Praktikanten suche. Es hieß Tomorrow und hatte irgendwas mit Computern und Internet zu tun. Ich hatte nie davon gehört und ging erst einmal zu einem Kiosk, um mir eine Ausgabe zu kaufen.

Tillmann, es war nicht selbstverständlich, dass du mir derart geholfen hast. Deine Kritik war immer unterstützend, nie entblößend. Meist fällt es den älteren Brüdern schwer, den jüngeren, der ihnen nacheifert, ernst zu nehmen. Zum Beispiel die Schriftsteller Heinrich und Thomas Mann. Der Ältere, Heinrich, war der Mentor des Jüngeren, Thomas. Allerdings war seine Kritik ätzend und erniedrigend. Als Thomas noch schwülstige Gedichte verfasste, veröffentlichte Heinrich schon Novellen in der Lübecker Zeitung. In einem Brief an seinen Freund Ludwig Ewers vom 21. November 1890 macht er sich über einen Text lustig, den Thomas ihm zum Lesen gegeben hatte: »Mein armer Bruder Tomy. Lass ihn nur erst in das Alter kommen, wo er unbewacht und -bemittelt genug ist, seine Pubertät zum Ausdruck zu bringen. ’ne tüchtige Schlafkur mit einem leidenschaftlichen, noch nicht allzu angefressenen Mädel – das wird ihn kurieren. Sage ihm das aber nicht. Ironisiere die Geschichte; das hilft. Nur nichts tragisch-ernst nehmen. Er will meine Ansicht durch Dich wissen. Sage ihm also das inhaltsschwere Wort ›Blödsinn‹.«

Es kam noch schlimmer für Thomas: Werke, die er an

die Lübecker Zeitung schickte, wurden regelmäßig abgelehnt. Als er 1893 ein Stück mit dem Titel »Farbenskizze« einreichte, erhielt er als Antwort: »Wenn Sie öfters solchen Blödsinn schreiben, sollten Sie wirklich etwas dagegen tun.« Überrascht es, dass in Thomas der brennende Wunsch entstand, seinen Bruder und Mentor zu übertrumpfen, ja ihn zu deklassieren? Hier sieht man, wie eine lebenslange, erbitterte Konkurrenz ihren Anfang nimmt.

Doch deine Kritik war immer ermutigend. Du warst damals auf jeden kleinen Fortschritt von mir stolz, meine Erfolge waren immer auch deine. Aber in deiner Anerkennung schwang auch immer noch etwas anderes mit. Wenn du von mir erzähltest, sagtest du Sätze wie: »Er hat die Verfolgung aufgenommen und holt mit Riesenschritten auf.« Das war natürlich als Scherz gemeint. Aber in jedem Witz steckt immer ein Kern Wahrheit: die Sorge, dass ich dir deine mühsam erkämpfte Nische streitig machen würde. Wenn man von Konkurrenz zwischen zwei Menschen redet, unterstellt man immer, sie sei gewissermaßen symmetrisch. Aber das stimmt nicht. Es war wie bei dem Schiffsrennen in Schweden: Du sahst uns als Gegner in einem Wettbewerb, ich nicht. Es war nie mein Ziel, besser zu werden als du oder dich zu überholen. Ich wollte nur dabei sein und respektiert und anerkannt werden.

Es stimmt allerdings, dass ich nicht so verbissen an meiner Karriere gearbeitet habe. Ich hatte weniger Ehrgeiz als du, aber das heißt nicht, dass ich wenig Ehrgeiz hatte. Dein Ehrgeiz grenzte an Selbstzerstörung. Du brauchtest Erfolg wie der Junkie den nächsten Schuss.

Was wäre denn passiert, wenn ich versucht hätte, im Journalismus so erfolgreich zu werden wie du? Es wäre zu einer Katastrophe gekommen. Dann hättest du noch mehr ackern müssen, um deinen Vorsprung zu halten. Wenn Brüder sich im jungen Erwachsenenalter überwerfen, liegt das oft daran, dass der Jüngere auf einmal erfolgreicher ist als der Ältere und damit die Hierarchie der Geburtenfolge umkehrt, was ein älterer Bruder niemals akzeptieren kann.

Als Ralf Schumacher vor seinem Bruder Michael über die Ziellinie fuhr, konnte dieser ihm gönnerhaft gratulieren. Aber was wäre passiert, wenn Ralf ihn regelmäßig deklassiert hätte? Wenn in der Bild-Zeitung gestanden hätte, dass Michaels Zeit abgelaufen sei? Wenn Sponsoren zu seinem kleinen Bruder übergelaufen wären? Wenn die Nation auf einmal übereingekommen wäre, dass Ralf der eigentliche Schumacher und Michael der Bruder, der eben auch in der Formel 1 tätig ist? Wenn Ralf sein Lebenswerk deklassiert hätte? Hätte Michael ihm dann auch mit einem breiten Grinsen die Hand geschüttelt? Nein. Es hätte die Familie gesprengt. Kleine Brüder wissen so etwas. Deshalb fahren sie mit einer Geschwindigkeitsbegrenzung. Sie vermeiden es, den Älteren zu deklassieren – zumindest wenn sie im gleichen Beruf tätig sind.

Was Rivalität angeht, gibt es bei kleinen Brüdern zwei Sorten: Eine Minderheit versucht, ihren großen Bruder um jeden Preis zu überholen, um das Verhältnis umzukehren. Zu dieser Sorte gehört Thomas Mann. Und er hat es geschafft: Mit den »Buddenbrooks« gelang ihm der Durchbruch. Thomas gewann später sogar den Nobelpreis und rächte sich nun mit ätzenden Kritiken an seinem Bruder. Dessen »Professor Unrat« bezeichnete er als »amüsantes und leichtfertiges Zeug«, die »Jagd nach Liebe« als »Jagd nach Wirkung«, er warf seinem Bruder vor, »aus Furcht vor den Folgen des Müßiggangs ein schlechtes Buch nach dem anderen zu schreiben«. Für Heinrich kam es noch schlimmer: Als beide längst erwachsen waren, lebte er im amerikanischen Exil auch noch in finanzieller Abhängigkeit von Thomas – und stellte fest, dass der nun der »Große« sei. Daran zerbrach ihr Verhältnis. Bis an ihr Lebensende schwankte ihre Beziehung zwischen Annäherung und Enttäuschung, Zuneigung und Verbitterung.

Zur anderen Sorte gehört der Schauspieler und Regisseur Leonard Nimoy, der den Mr Spock in der Fernsehserie »Raumschiff Enterprise« spielte. Er erzählte einem Reporter anlässlich seiner Nominierung für den Emmy, es hätte ihn erleichtert, dass es nur die Auszeichnung für die beste Nebenrolle und nicht die für die Hauptrolle sei. Als ein zweiter Sohn wäre er mit dem Gedanken groß geworden, er dürfe seinem Bruder nicht »die Schau stehlen«, deshalb fühle er sich in Nebenrollen wohler.

Und zu der Sorte gehöre auch ich. Die Vorstellung, ich könnte erfolgreicher sein als du, ist geradezu beängstigend für mich. Was für Gefühle würde das bei dir auslösen, wenn ich das, was du dir aufgebaut hast, relativieren würde? Die Ungewissheit, die dies mit sich bringen würde, wäre beklemmend.

Also, wenn ihr großen Brüder mal wieder über euren jüngeren lästert, wie sorglos und ohne Ehrgeiz er sei und dass aus dem nie etwas wird – dann überlegt euch zweimal, was ihr sagt. Seid froh, wenn ihr Mr Spock und nicht Thomas Mann als kleinen Bruder habt. Er ist es, der Verantwortung für euch übernimmt!

Nun arbeiteten wir beide nicht nur im gleichen Beruf, sondern auch noch bei derselben Zeitung. Noch schlimmer: Du wurdest mein Vorgesetzter. Die Financial Times Deutschland hatte eine Seite, die sich mit Computer- und Internetthemen befasste und einmal wöchentlich erschien. Sie wurde damals von einem Redakteur produziert, der sich auf Wissenschaftsthemen spezialisiert hatte und sich mit der Seite relativ unmotiviert beschäftigte. Erst fing ich noch während meines Praktikums an, Texte für diese Seite zu schreiben, dann begann ich, die Seite zu produzieren, während der Redakteur im Urlaub war. Ich druckte sie aus, ging damit zum Ressortleiter, er kontrollierte sie und sprach mit mir darüber. Dann, gegen Ende des Praktikums, traf ich ihn eines Tages im Treppenhaus und wollte ihm wie gewohnt meinen Ausdruck der Seite in die Hand drücken. Aber er sagte, er bräuchte ihn nicht zu sehen. Ich fragte, wer denn dann die Seite gegenlesen würde, wenn er es nicht machen würde? Und er sagte nur: »Du machst das schon!« Drehte sich um und sprang die Treppe hinauf. Er wollte sehen, ob ich mit der Verantwortung umgehen konnte. In dieser Nacht schlief ich schlecht. Bisher hatte immer ein Redakteur alles, was ich produziert hatte, überprüft, bevor es in Druck ging. Aber jetzt war da niemand mehr, um mich vor meinen eigenen Fehlern zu bewahren. Wenn ich einen gemacht hätte, würde er morgen für alle lesbar in einer überregionalen Tageszeitung stehen. Ich habe keinen gemacht, zumindest nicht in dieser Ausgabe. Danach fragte er mich, ob ich Lust hätte, für die Seite als Redakteur zu arbeiten.

Du warst damals schrecklich stolz auf mich, und ich selbst auch. Der Ressortleiter sagte mir, die Seite sei »um Klassen besser« geworden, seit ich sie übernommen hatte. Und auch du sagtest mir einmal, voller Anerkennung, ich hätte eine vernachlässigte Seite, die kurz vor der Einstellung stand, »zum Blühen« gebracht. Bei dem Job gab es nur ein Problem: Es war eine Halbtagsstelle, ich sollte zweieinhalb Tage pro Woche arbeiten. Aber oft war ich die ganze Woche in der Redaktion. Die meisten Texte in einer Zeitung werden von freien Journalisten geschrieben. Bei denen gibt es zwei Sorten: die, die Fachwissen haben, und die, die schreiben können. Fast nie können sie beides gleichzeitig. Die meisten Redakteure beklagen sich, dass sie nur noch mit Delegieren beschäftigt sind und vielleicht ein- oder zweimal im Monat dazu kommen, einen Text selbst zu schreiben. Ich dagegen schrieb oft hundert Prozent der Texte selbst, vom Aufmacher bis zur kleinsten Nachricht. An zweieinhalb Tagen war das nicht zu schaffen. Wenn ich dem Ressortleiter auf dem Flur begegnete, sagte er oft zu mir: »Geh nach Hause! Du hast frei!« Ich lachte nur. Wann hat man schon mal die Möglichkeit, bei einer gerade neu gegründeten Zeitung zu arbeiten?

Natürlich hast du mir deine These erzählt, dass Journalisten im Schnitt nur 55 Jahre alt werden würden. Ich habe keine Ahnung, wo du diese Zahl herhattest. Du hast das mit einem grimmigen Stolz erzählt, als sei das der beste Grund, um Journalist zu werden. Mir ist nicht aufgegangen, was an einem frühen Tod so erstrebenswert sein sollte. Kollegen in der Redaktion sprachen über Scheidungen und kaputte Beziehungen, als sei das etwas, was zum Journalistenleben dazugehörte, als sei man kein richtiger Schreiberling, wenn man nicht mindestens eine Scheidung hinter sich hatte. Je länger ich dort arbeitete, desto mehr Zweifel kamen mir. Wenn ich den Trubel der Redaktion verließ, trat ich auf die Straße hinaus und war einsam. Ich kannte in Hamburg niemanden, der kein Journalist war, und die Beziehungen zu Kollegen bleiben immer oberflächlich. Man trifft sich mit ihnen in Szenebars im Hamburger Schanzenviertel, trinkt Milchkaffee und führt die ewig gleichen Gespräche. Mit Kollegen kann man über Fußball reden. Oder über Plattensammlungen. Natürlich kann man mit ihnen wunderbar über die eigene Redaktion lästern – Journalisten sind grundsätzlich immer der Ansicht, dass von allen Redaktionen in der Welt ihre die dilettantischste sei: »Nur *einmal* mit Profis arbeiten!« Man kann sich mit ihnen darüber streiten, welche die beste Drei-Fragezeichen-Kassette aller Zeiten war. Aber man darf nicht sagen: »Ich bin einsam.« Dann würde man ein ungeschriebenes Gesetz der Kollegen-Konversation verletzen: Bei allem Geläster muss man sich schließlich darauf einigen, dass alles doch ein Riesenspaß sei. Und auch du warst weit weg. Wenn du Probleme im Privatleben hattest, flohst du in die Redaktion, je lauter es zu Hause wurde, desto länger bliebst du an deinem Schreibtisch.

Schon bei dem Magazin, bei dem ich zuvor gearbeitet hatte, war ich es gewohnt, die Redaktion durch den Nachtausgang zu verlassen – ich hatte gar keine Zeit,

Freunde kennenzulernen. Oft arbeiteten wir am Wochenende und ließen uns Pizza in die Redaktion bringen, wir fühlten uns, als würden wir gerade Microsoft neu gründen. Es war die Zeit der New Economy. Es gab im Verlag eine fest angestellte Masseurin. Man konnte sie anrufen, dann kam sie vorbei und massierte einem den Nacken. Jeder Angestellte bekam an seinem Geburtstag einen großen Strauß Blumen auf den Tisch gestellt. Mittags aßen wir nicht Königsberger Klopse in einer Kantine, sondern Red Snapper im Fit-for-Fun-Restaurant. Die Webseite des Magazins wurde kurzerhand an die Börse gebracht, und den Angestellten wurden Aktienoptionen versprochen. Kaum hatte ich den Job begonnen, schon riefen fremde Verlage an und wollten mich abwerben. Sie raunten: »Wir entwickeln da gerade etwas Neues, noch streng geheim, ich kann am Telefon nicht darüber sprechen – aber du bist genau der, den wir dafür brauchen.« Wenn ich Menschen traf, hielt ich meine Visitenkarte immer wie einen Schutzschild vor mich. Sie war das Einzige, was mir eine Identität zu geben schien.

Tillmann, eine Erfahrung habe ich dir voraus. Deine Karriere verlief immer geradlinig nach oben, in deiner Welt gibt es die Vorstellung nicht, dass man dich eines Tages mal feuern könnte. Nicht weil du zu schlecht bist, sondern weil du zu teuer bist. Ich dagegen habe miterlebt, wie es ist, wenn ein Unternehmen seine Angestellten auf die Straße setzen muss. Eines Tages erreichte uns bei Tomorrow eine E-Mail: »Der Geschäftsführer wird zur Belegschaft sprechen.« Jeder wusste, was das bedeutet. Dann stand da ein Männchen im Anzug vor uns, das wir noch nie gesehen hatten. Es sagte, es sie ihm eine Ehre gewesen, mit uns zu arbeiten, und schon bei diesen Worten brach eine Frau weinend zusammen. Es sagte, wir hätten herausragende Leistungen vollbracht, aber die gesamtwirtschaftliche Lage lasse keine andere Möglichkeit offen und man werde nach sozialverträglichen Lösungen suchen. Tomorrow konnte seine ehrgeizigen Wachstumsziele nicht erreichen, nachdem die New-Economy-Blase geplatzt war, die Hälfte der Angestellten wurde gefeuert und der Erscheinungsrhythmus verändert. Ich hatte damals schon den Vertrag mit der Financial Times Deutschland in der Tasche und war deshalb davon nicht betroffen. Aber ich habe alles genau betrachtet. Auf einmal waren alle Türen auf den Fluren geschlossen. Die Leute saßen auf dem Boden und rauchten Zigaretten und tranken Dosenbier. Man tauschte private E-Mail-Adressen aus. Visitenkarten waren nur noch Altpapier. Tomorrow war nicht der Spiegel oder die New York Times, nur ein unbedeutendes Internetmagazin. Aber zumindest hatten wir geglaubt, dass etwas von unserer Arbeit, von den ganzen durchgearbeiteten Wochenenden, dass etwas Bestand haben würde. Jetzt war alles weg. Und die vertanen Wochenenden wurden damit zu einem schmerzlichen Verlust.

An meinem neuen Arbeitsplatz arbeitete ich im gleichen Tempo weiter. Aber wenn ich abends alleine in meiner Wohnung saß, grübelte ich. Und eines Tages hatte ich das, was man eine Eingebung nennt. Ich kann mich noch genau an den Moment erinnern. Ich hatte aus der Redaktion die Frankfurter Rundschau mitgenommen, setzte mich in eine Dönerbude in einer Seitenstraße auf St. Pauli, kaute auf fettigem Fleisch herum, trank ein Astra und las eine Reportage aus dem Lokalteil. Es war ein Text über Fahrradkuriere. Nichts Besonderes, eine dieser Reportagen, die mindestens einmal pro Jahr in der Rundschau erscheinen. Überrascht stellte ich fest, dass ich neidisch war: Auf den Reporter, der sich einfach auf sein Fahrrad setzen konnte, den Tag über mit Kurieren durch die Stadt hetzte und darüber eine Reportage schrieb.

Ich hatte Sehnsucht nach der Stadtteilredaktion. Die Zeit dort war für mich die glücklichste gewesen, zumindest in beruflicher Hinsicht. Wir liebten unseren Chefredakteur, er war eine Vaterfigur für uns. Ein Urgestein der Frankfurter Rundschau, mit dem Körperbau eines Pinguins, einer Hornbrille mit Gläsern so dick wie Glasbausteine und einer verkrüppelten Hand. In seiner Nähe war immer ein junger, gut gebauter Marokkaner, der sein Hemd oft bis zum Bauchnabel aufgeknöpft trug. Der Chefredakteur der Stadtteilredaktion hatte ihm einen Job als Redaktionsbote verschafft, er sagte, der Junge hätte sich einer Bande von Autoknackern angeschlossen und er wolle verhindern, dass er im Knast lande. Als ich ihn unbedarft fragte, wie sie sich kennengelernt hätten, lief er rot an und stotterte.

Jeden Mittwoch gab es eine Redaktionssitzung, und danach wurde der Jüngste im Raum losgeschickt, um in einem Supermarkt ein paar Flaschen billigen Sekt zu kaufen, die alle gemeinsam leerten. Wenn ich dann leicht beschwipst zu einem Ortstermin eilte, brüllte er mir hinterher: »Und wehe dir, wenn der Text nicht liebevoll ist!« Die Redaktion war eine Ansammlung von Studienabbrechern und Quereinsteigern, aber er ließ uns unsere Schwächen durchgehen – er hatte ja auch seine. Hauptsache, unsere Texte waren liebevoll. Und das waren sie. Einmal bin ich eine Stunde lang an einer Autobahn entlang durch strömenden Regen gelaufen, um zur Feier eines Geflügelzüchtervereins zu gelangen. Dort sprach ich dann mit einem Vorsitzenden, dem eine braune Flüssigkeit aus dem Mund lief. Ich glaube, es war Jägermeister, zumindest roch es danach. Er lallte: »Das ist die Erna, unsere beste Zuchthenne! Sie ist an Führers Geburtstag geschlüpft!« Als ich dann mit Fieber und Schnupfen in der Redaktion saß, schüttelte der Chefredakteur den Kopf. Er meinte, ich hätte doch auch einfach den Verein anrufen können, um den Namen der Henne zu erfahren. Ich war anderer Ansicht: Wie sollte ich denn liebevoll schreiben, wenn ich am Telefon recherchierte?

Einmal hatte ich bei der Financial Times einen Text über Webseiten veröffentlicht, die über Menschenrechtsverletzungen informierten, nicht unbedingt das, was die Leser einer Finanzzeitung interessiert. Am nächsten Tag kam der Ressortleiter in mein Büro, deutete auf meine Seite und sagte: »Was soll das denn sein? Hör mal zu: Wir sind eine Zeitung von Kapitalisten für Kapitalisten! Kapier das endlich!« Wir beide lachten. Er war nicht wütend, sondern fand meinen Idealismus drollig. Aber unter dem Sarkasmus verbarg sich natürlich eine Wahrheit: Ich war kein Journalist mehr. Eher war ich eine Art Mediensachbearbeiter geworden. Was ich schrieb, war nicht liebevoll.

Aber nicht nur auf den Reporter der Reportage war

ich an diesem Abend in der Dönerbude neidisch, sogar den Fahrradkurier beneidete ich. Er hatte keine Verantwortung für Themenpläne. Er radelte nicht für die Gewinnvermehrung eines Unternehmens, sondern nur für sich selbst. Er stand nicht unter dem Druck, besonders schnell radeln zu müssen oder auch noch am Wochenende, weil er sonst einen Vorgesetzten enttäuschen könnte. Wenn er nach Hause kam, stellte er sein Fahrrad in die Ecke, rollte sich einen Joint und traf sich mit Freunden, ohne darüber nachdenken zu müssen, wie viel er am nächsten Tag radeln müsste. Vielleicht hatte er einen großen Bruder, der sich darüber beklagte, wie disziplin- und ehrgeizlos er war.

Auf einmal erkannte ich eine Wahrheit: Niemand zwingt mich, dieses Leben zu führen. Es gab niemanden, der mir eine Waffe an die Schläfe hielt und sagte: »Geh morgen in die Redaktion, oder ich drücke ab!« Es lag in meiner Hand, was für ein Leben ich wählen würde. Ich weiß, das klingt banal. Aber viele Menschen haben dies nicht begriffen. Du zum Beispiel, Tillmann. Wenn ich dir sage, dass du weniger Auslandsreisen machen und mehr Zeit mit deiner Frau und deinen Kindern verbringen solltest, sagst du: »Ich würde ja gerne, aber es geht einfach nicht.« Natürlich geht es. Die Entscheidung liegt bei dir und bei niemand anderem. Ich wollte Freunde finden, Lebenserfahrung sammeln und Spaß haben. Als ich wieder zu Hause war, schrieb ich das in mein Tagebuch. Ein feierliches Abkommen mit mir selbst: Von heute an würde ich mich auf mein Privatleben konzentrieren. Als mir vom Ressortleiter eine volle Stelle angeboten wurde, war dies natürlich eine große Ehre für mich. Aber ich sagte: »Nein, danke, es ist nicht das, was ich will.« Und das war nicht gelogen. Er hat genickt, als habe er verstanden. Aber ich war mir sicher, dass er nicht wissen konnte, was ich meinte.

Ich konzentrierte mich auf mein Privatleben, und zwar mit dem gleichen Ehrgeiz, mit dem ich mich zuvor auf meinen Beruf konzentriert hatte. Auf meinem Konto hatte sich eine ansehnliche Summe Geld angesammelt, da ich ja keine Gelegenheit hatte, es auszugeben. Nun begann ich, auf Partys es mit beiden Händen auszugeben. Ich war ziemlich erfolgreich, ich hatte bald einen großen Freundeskreis in Hamburg. Wenn ich dich, Tillmann, auf Partys einlud, standst du meistens mit einem Bier in der Ecke, mit deinem »Meine-Güte-benehmen-sich-die-hier-alle-kindisch«-Blick. Du warst froh, wenn ein Journalist im Raum war, dann konntest du dich mit ihm über Journalistendinge unterhalten. Außerdem fing ich an, zu reisen. Erst reiste ich mit Freunden durch Osteuropa, dann alleine durch Asien.

Dort lernte ich meine Frau Sreykeo kennen. Ich traf sie in einer Disco in Phnom Penh. Ich gab mich einer naiven Annahme hin: In deutschen Clubs gibt es junge Frauen, die einfach dorthin gehen, um zu tanzen und Spaß zu haben und Männer kennenzulernen. In Kambodscha nicht. Sreykeo arbeitete als Bargirl. Sie ernährte mit ihrer Arbeit ihre Eltern und ihre Geschwister. Wir haben heute zwei Kinder und eine sehr glückliche Beziehung. Unser Glück verdanken wir auch der Tatsache, dass unsere Ehe über einem sehr heißen Feuer geschmiedet wurde. Erst mal mussten wir durch einen Albtraum gehen. Es ist eine andere Geschichte, und deshalb möchte ich sie hier nicht nochmal erzählen. Aber die Probleme, die ich hatte, muss ich dir erklären.

Wir hatten einmal ein Gespräch in einer Kneipe nicht weit von der Redaktion. Zu dieser Zeit begann ich erstmals zu ahnen, wie groß die Probleme werden würden. Geld war eines davon. Ohne eine Ausbildung konnte meine Freundin damals höchstens 40 Dollar pro Monat in einer Textilfabrik oder als Bedienung verdienen. Wenn sie nicht anschaffen gehen wollte, würde ich ihr Geld schicken müssen. Die Reise hatte mein Konto allerdings weit in die roten Zahlen befördert. Die Zeitung überwies mir jeden Monat etwa 950 Euro netto, etwa die Hälfte ging für die Miete drauf. Da blieb nicht viel übrig. Natürlich hätte ich noch freiberuflich arbeiten können. Allerdings hatte ich das klassische Problem aller Halbtagsangestellten: Der Job kostet weit mehr Zeit als geplant. Es war zwar vereinbart, dass ich fünf Tage arbeiten und dann fünf Tage frei haben sollte. In der Realität musste ich aber oft auch in meiner Freizeit in die Redaktion kommen. Wegen Konferenzen oder weil ein Vorgesetzter Änderungswünsche bei den Artikeln hatte. Mehrarbeit war selbstverständlich. Statt an fünf arbeitete ich meist an sieben Tagen. Es war in den Zeitplänen einfach vorgesehen, dass ich weit länger arbeiten sollte, als mein Vertrag es hergab. Wenn ich jetzt frei für andere Redaktionen hätte arbeiten wollen, hätte ich sagen müssen: »Ich habe immer Zeit für Sie, nur nicht am Dienstag, Mittwoch, Donnerstag und Freitag in dieser Woche und am Montag, Dienstag und Mittwoch der folgenden

Woche. Aber Donnerstag und Freitag gehöre ich ganz Ihnen – bis zum folgenden Montag. Und dann wieder am Donnerstag der Folgewoche.« Keine guten Voraussetzungen. Ich hätte mich wehren können. Aber dass man Überstunden machte, wurde vorausgesetzt. Wer keine Überstunden schieben wollte, sollte eben kein Journalist werden. Zudem war ich nicht der Shootingstar der Redaktion wie du, nachdem meine Seite eingestellt wurde, war ich der, der froh sein durfte, dass man ihn nicht gefeuert hatte. Das alles wolltest du nicht sehen. Die finanziellen Probleme wuchsen mir bald über den Kopf. Sreykeo hatte eine spiel- und alkoholsüchtige Mutter, die ihr das Geld, das ich schickte, schlicht abnahm und ausgab. Dazu kamen die Kosten für Flugtickets und Telefonrechnungen. Die Finanzen waren nicht meine einzige Sorge. Konnte ich Sreykeo vertrauen? War es möglich, dass sie mich liebte? Oder wollte sie mich nur ausnützen? Um an Geld zu kommen, oder an ein Visum für Deutschland?

Als wir uns damals unterhielten, erzählte ich dir, was mir Sorgen bereitete, und du sagtest: »Mission gescheitert.« Das war dein Rat: Sieh ein, dass du diese Probleme nicht lösen kannst, und trenne dich von Sreykeo. Ich war deshalb nicht verbittert. Du warst einfach ein großer Bruder, der sich Sorgen um seinen kleinen machte. Aber ich befolgte den Rat trotzdem nicht.

Und dann kam die schlimme Nachricht. Sreykeo war andauernd krank. Ich schickte sie zu einem Arzt, der einen HIV-Test machte. Das Ergebnis war positiv. Jetzt war nicht nur das Geld ein Problem. Auf einmal hatte ich mich mit der Tatsache auseinanderzusetzen, dass sie in absehbarer Zeit sterben könnte. An diesem Tag warst du ganz der große Bruder für mich. Nach der Arbeit hast du mich besucht und in den Arm genommen. Dann hast du zwei Dosen Bier aus deinem Rucksack gezogen, dich mit mir auf die Dielen gesetzt und mit mir geraucht.

Damals gab es in Kambodscha kaum medizinische Versorgung für HIV-Infizierte. Die ersten NGOs hatten gerade erst damit begonnen, mit Therapien für AIDS-Kranke zu experimentieren, und hatten dabei manchmal schreckliche Misserfolge. Kambodscha ist ein Land, in dem man Titeln nicht vertrauen kann, »Arzt« ist dort ein sehr dehnbarer Begriff. Würde ich den falschen Menschen vertrauen, könnte dies ihr Leben kosten. Ich verstand schnell, dass ich so viel über antiretrovirale Therapien lernen müsste, dass ich gefälschte von echten Medikamenten unterscheiden konnte und jeden Fehler, den ein Arzt machen könnte, erkennen würde. Würde ich versagen, hätte es das Leben eines Menschen gekostet, den ich liebte. Bisher hatte ich mich für abstrakte Ideologien und das Einkommen eines Unternehmens eingesetzt, wenn ich als Journalist einen Fehler machte, gab es nur ein paar maulige Leserbriefe, das war's. Das versendet sich, sagen die Journalisten. Es war das erste Mal in meinem Leben, dass ich etwas tat, was wichtig war. Und es war das erste Mal, dass ich gegen deinen ausdrücklichen Rat gehandelt habe.

Ich glaube, was damals passiert ist, hast du nie verstanden. Wir haben darüber nie gesprochen. Nachher, als die Probleme erdrückend wurden, haben wir nicht darüber geredet. Ich war für dich immer der Kleine, Behütete. Du siehst dich selbst als denjenigen, der sich im

Leben alles bitter erkämpfen muss, während mir alles zufällt. Wenn du im Leben vor Probleme gestellt wirst, dann liegt dies in deinen Augen darin, dass du von Außenstehenden ungerechterweise angegriffen wirst. Wenn ich dagegen vor Probleme gestellt werde, liegt der Grund für dich in meinem »mangelnden Ehrgeiz«, meiner »Disziplinlosigkeit« oder meiner »Verstocktheit«. Ich weiß, ich kann viel über Krankheiten und Geldprobleme reden, aber du wirst deshalb noch nicht verstehen, was damals los war. Versuche, dich in diese Situation hineinzuversetzen:

Dich erreicht eine schreckliche Nachricht. Eine von der Sorte, die dein Leben in Stücke reißt. Bei mir lautete sie: Deine Freundin hat HIV – und du vielleicht auch. Zuerst erreicht dich eine Welle der Hilfsbereitschaft, Freunde fallen dir um den Hals und versprechen dir, dass sie immer für dich da sein werden. Du schöpfst Hoffnung. Dann ist ein Monat vergangen. Für dein Umfeld ist die schreckliche Nachricht längst zur Normalität geworden, für dich nicht. Die psychischen Folgen setzen erst jetzt bei dir ein: Angstzustände, Panik, Depressionen. Dann ist ein halbes Jahr vergangen. Der Horror ist für dich zum Alltag geworden. Das macht ihn nicht weniger schrecklich, aber immerhin etwas berechenbarer. Die Schulden oder die Angst oder beides lasten auf deinem Gemüt. Du bist still, in dich gekehrt und mürrisch, manchmal sogar gereizt und aufbrausend. Kleinste Anlässe können zu einem Wutausbruch führen. dein Umfeld ist empört. Wie undankbar du bist!

Manchmal triffst du dich mit Bekannten. Du hast eher das Gefühl, dass sie dich der Vollständigkeit halber einladen, nicht weil sie dich vermissen. Du lauschst dann ihrer Konversation: Sie sprechen über neue Handys, die sie sich kaufen werden, und Reisen, die sie machen werden. Du erinnerst dich, dass du auch mal solche Gespräche geführt hast. Damals, als du noch normal warst. Aber jetzt, in deiner Realität, wirken sie wie Liebesfilmplakate in einem Bürgerkriegsgebiet, skurril, deplatziert. Du weißt nicht, wie du dich ins Gespräch einbringen sollst. In deinem Kopf ist nur Platz für Krankheit, Schulden, Depression. Es ist, als würdet ihr unterschiedliche Sprachen sprechen.

Dann ist ein Jahr vergangen. Auf der Straße triffst du vielleicht eine alte Kollegin. Sie ist etwas erschrocken, dich zu sehen. Du bist für sie jemand, der mit Unglück infiziert ist, und sie hat Angst, sich anzustecken. Trotzdem fragt sie: »Na, wie geht's dir denn?« Du sagst natürlich nicht die Wahrheit. »Ganz gut, denn ich habe die Hoffnung, dass meine Freundin nicht sterben wird, und meine Schulden steigen auch nicht mehr.« Die Tatsache, dass du dich über so etwas freuen kannst, würde dich in ihren Augen nur noch erbärmlicher erscheinen lassen. Also redest du stattdessen über die Erkältung, die du letzte Woche hattest. Dann lächelt sie schmerzverzerrt und sagt: »Du, ich muss los! War schön dich zu sehen! Tschühüs!« Du bist erleichtert, als sie sich umdreht und geht. Die Einsamkeit ist für dich zu einem Schutz geworden. Wenn du alleine bist, musst du dich nicht rechtfertigen. Dann musst du das Mitleid der anderen nicht ertragen.

Das alles wusstest du nicht. Du warst in dieser Zeit weit weg. Wir haben nie darüber gesprochen. Ich glaube, du wolltest es nicht wissen. Erinnern kann ich mich nur an Gespräche, welche die Arbeit betrafen. Ich glaube, du wusstest einfach nicht, was du mir raten solltest. Große Brüder müssen ihren kleinen gegenüber immer fähig und entschlossen wirken, sie müssen den Eindruck erwecken, dass sie wissen, was zu tun ist. In jeder Situation. Doch in dieser konntest du mir nicht helfen, niemand konnte mir in dieser Situation helfen. Ich begab mich auf unbekanntes Terrain. Niemand wusste, was Kambodscha für eine Welt ist. Niemand sagte mir, wie mit HIV umzugehen ist. Niemand wusste, ob Sreykeo mich ausnutzte oder ob sie mich liebte. Ich musste es selbst herausfinden.

Du fühltest dich in Beziehungsfragen nicht kompetent, und vor Liebesproblemen hast du dich in die Redaktion geflüchtet. Die Arbeit ist für dich eine Welt, die berechenbar ist: Wenn du Überstunden schrubbst, wird es einem Vorgesetzten auffallen, und du wirst Anerkennung ernten. Beziehungen sind nicht so einfach. Während du mich in Fragen beraten hast, die die Arbeit betrafen, habe ich dich in Beziehungsfragen beraten. Ich erinnere mich, dass du mit mir einmal über eine Frau gesprochen hast. Ihr beide konntet euch nicht für oder gegen eine Beziehung entscheiden. Ich konnte gar nicht mehr mitzählen, wie oft ihr euch getrennt und wieder versöhnt hattet. Ich riet dir, ihr einfach zu sagen: »Wir haben alle Zeit der Welt.« Ich weiß nicht, was danach passiert ist. Aber du kamst auf mich zu und sagtest scherzhaft, ich solle dein Pressesprecher in Beziehungsfragen werden. Du hast so getan, als hätte ich dir eine magische Beschwörungsformel verraten. Nur der Vollständigkeit halber möchte ich erwähnen, dass ihr heute gemeinsame Kinder habt.

Die Hilfe kam dann von anderer Seite. Von unserer Schwester Annette. Sie sagte mir, dass sie einen Babysitter für ihre Tochter brauche, wenn sie abends Tango tanzen gehe. Ich saß daher regelmäßig in ihrer Wohnung vor dem Fernseher und aß ihren Kühlschrank leer, während ihre Tochter tief und fest schlief. Dafür gab sie mir auch noch ein völlig überhöhtes Entgelt. Das war die beste Form der Hilfe. Sie wollte keine Erklärungen, sie war nicht herablassend und voller Mitleid. Im Gegenteil: Sie tat so, als würde ich ihr helfen. So etwas vergesse ich nicht. Natürlich haben unsere Eltern mir geholfen, sie haben die Medikamente für Sreykeo bezahlt. Das hat meine Situation nicht grundlegend verändert, aber es war eine Geste. Und diese Gesten sind verdammt wichtig, wenn man durch ein dunkles Tal geht.

Ich kann mich an das Gespräch erinnern, in dem du mir gesagt hattest, dass du mich abmahnen müsstest, wenn ich nicht mehr Engagement im Job zeigen würde. Ich habe versucht, es dir zu erklären. Ich sagte: »Ich kann mich nicht konzentrieren. Ich vergesse Dinge. Mein Kopf ist wie ein Sieb.« Du wolltest es nicht hören. Deine Antwort war: »Bring dich unter Kontrolle!«

Und ich erinnere mich an ein weiteres Gespräch. Zuerst hast du über die Arbeit gesprochen, dann hast du plötzlich angefangen zu weinen. Du sagtest: »Ich brauche meinen Bruder zurück.«

An diesem Tag habe ich verstanden, dass ich eine Verantwortung für dich habe. Normalerweise reitet ihr großen Brüder immer darauf herum, wie viel Verantwortung ihr für uns kleine tragt. Aber ihr wollt nicht zugeben, dass auch ihr von uns abhängig seid. Die Beziehung zu deinem kleinen Bruder war für dich immer ein Rückzugsraum. Bei mir, dem Behüteten, konntest du dich immer von der bösen, bösen Welt erholen, in der Ibrahim dich ins Gebüsch schubste, in der Lehrer dich piesackten, Frauen dich enttäuschten und Vorgesetzte dich ausbeuteten. Wenn du mit mir zusammen warst, konntest du träumen. Mit mir zusammen konntest du phantastische, größenwahnsinnige Pläne schmieden – wie ein Kerl es eben nur mit einem Bruder kann. Unser ganzes Leben hindurch hat uns Tierhausen verbunden, die phantastische Stadt der Stofftiere. Bis zu dem Tag, an dem du mein Vorgesetzter wurdest. Da ist Tierhausen abgebrannt.

Deine Enttäuschung hat nur wenig mit der Arbeit bei der Zeitung zu tun. Denn deine glanzvolle Karriere hat durch mein Verhalten nicht den Hauch eines Kratzers abbekommen. Niemand hätte gesagt: »Hey, heute ist eine Seite voller Rechtschreibfehler im Blatt, die von Benjamin produziert wurde, lasst uns Tillmann feuern!« Zudem war dein Vorgesetztenverhältnis zu mir ohnehin eher abstrakter Natur. Wir sahen uns nur einmal die Woche, während einer Konferenz. Die Auseinandersetzungen hatte ich mit meinem direkten Vorgesetzten, dem Koordinator, er war derjenige, der unter meinen Fehlern gelitten hat, der meine Themenlisten überprüfen und meine Seiten auf Rechtschreibfehler kontrollieren musste. Zu ihm habe ich heute ein prima Verhältnis. Ich weiß das, denn er bucht mich regelmäßig als Urlaubsvertretung oder wenn die Redaktion knapp besetzt ist. Man gibt niemandem Aufträge, gegen den man einen Groll hat. Ich frage mich: Wenn er mir verzeihen kann – wieso kann es mein Bruder dann nicht?

Du bist wegen etwas anderem enttäuscht. Es war damals das erste Mal, dass ich gegen deinen Rat gehandelt hatte. Du hast gemerkt, dass du nicht mehr mein nicht zu hinterfragendes Vorbild bist. Das stimmt. Es klingt bestimmt hart, aber das ist es nicht. Denn jeder kleine Bruder kommt einmal in das Alter, in dem er Vorbilder nicht mehr braucht. Meine uneingeschränkte Bewunderung für dich war immer eine Stütze deines Selbstbewusstseins, und auf einmal verwandelte sich die Bewunderung in Kritik. Vielleicht verstehst du mein Verhalten als Kritik an deinem Lebenskonzept: Regelmäßig stand ich dir in der Redaktion gegenüber und signalisierte dir, dass ich in meinem Leben andere Prioritäten setzte als du. Und dass der berufliche Erfolg mich nicht mehr beeindruckte. Natürlich habe ich meine Frau nicht geheiratet, weil ich dir damit irgendetwas beweisen wollte, sondern weil ich sie liebte. Aber wir sind Brüder. Wir können gar nicht anders, als uns ständig miteinander zu vergleichen und jede Handlung des einen als Kommentar zum Leben des anderen zu verstehen.

Ich bin nicht verbittert, weil du damals so weit weg von mir warst, obwohl wir uns regelmäßig in der Redaktion trafen. Du konntest mir nicht helfen. Und am Ende hast du es doch getan. Und zwar in dem Bereich, in dem du dich kompetent fühltest, als Journalist. Regelmäßig hast du auf mich eingeredet, dass ich über die Geschichte von meiner Frau und mir ein Buch schreiben sollte. Ich wollte es nicht, denn es wäre mir unangenehm gewesen, die Geschichte an die Öffentlichkeit zu bringen. Also hast du die Sache selbst in die Hand genommen. Du hast einen Freund angespitzt, der beim Magazin Neon arbeitete. Als er mich anrief, hatte er bereits ein Exposé geschrieben und mit seinem Chefredakteur darüber gesprochen. Ich schrieb eine Reportage für sie. Versuchte, sie so gut wie möglich zu machen – es war das erste Mal seit langer Zeit, dass ich wieder etwas schrieb, das liebevoll war. Niemand konnte wissen, was für eine Lawine du damit losgetreten hast. Die Neon-Redaktion wurde von Leserreaktionen überrannt. Verlage meldeten sich bei mir, die sich gegenseitig mit ihren Offerten überboten. Nach den Verlagen riefen Filmproduktionen an. Mit einem Schlag waren unsere finanziellen Probleme gelöst. Die finanzielle Sicherheit, in der ich mit meiner Familie heute lebe, verdanke ich dir. Ironischerweise warst du es, der mein Unglück in meinen größten beruflichen Erfolg verwandelte. Ich glaube, das macht die Situation noch schwerer.

Wütend bin ich auf etwas anderes. Das heißt, ich bin nicht wirklich wütend. Eher grollig. Genervt. Weil du nur deine Version der Wahrheit gelten lässt. Weil du erwartest, dass ich aus einem Nebensatz oder einem Seitenblick herauslesen soll, was in dir vorgeht. Und wenn ich dies nicht kann, nimmst du dir das Recht, unser Vertrauensverhältnis in Frage zu stellen: »Mein kleiner Bruder lässt mich im Stich! Wir sind uns nicht mehr nahe! Er interessiert sich nicht mehr für mich! Er ist zu sehr mit sich selbst beschäftigt!« Wenn ich dich anrufe, dann meldest du dich mit deiner Vorgesetztenstimme: Sie klingt so, als hätte ich dich gerade bei irgendetwas Wichtigem unterbrochen, um mit irgendwelchen Belanglosigkeiten und Kindereien deine Zeit zu verplempern. Also rufe ich nicht mehr an, um dich nicht zu stören. Prompt beklagst du dich, dass ich dich nie anrufen würde. Und ignorierst dabei die Tatsache, dass Telefone immer in zwei Richtungen funktionieren. Nichts hält dich davon ab, mich anzurufen – außer deinem Stolz. Tillmann, ich würde es gerne einmal erleben, dass ich deine Nummer wähle und du mir sagst: »Ich muss heute zwingend den Hund bürsten! Und danach habe ich keine andere Wahl, als mich auf die Terrasse zu setzen, um etwas schlechtes Gras zu rauchen. Leider wird mich das die ganze Woche kosten.« Obwohl: Ich habe dich im Verdacht, dass du genau das die ganze Zeit machst. Und wenn ich dann anrufe, erzählst du mir irgendwas von Auslandsreisen, Konferenzen und Terminen, damit ich weiter in dem Glauben lebe, einen wichtigen, wichtigen Bruder zu haben. Manchmal lernen nämlich auch große Brüder von den kleinen.

8. Kapitel

Bagger ins Bettchen

Wenn Brüder Väter werden –
und eine Therapie machen

Tillmann

Neulich bekam ich eine SMS von einer Frau. Es war die Ex-Freundin eines Freundes von mir. Wir hatten uns seit Jahren nicht mehr gesehen. Ich wusste gar nicht, dass sie noch meine Handynummer hat.

»Lieber Till, ich habe ein Buch gelesen, das mich sehr berührt hat & bei dem ich festgestellt habe, dass es von deinem Bruder geschrieben wurde ...!! Ich hoffe, den beiden geht es gut & ich hoffe auch, dass es dir gut geht? Vielleicht hast du ja Lust, dich mal auf einen Kaffee in Berlin o. Hamburg zu treffen?«

Die Kurznachricht sagte mir: Es ist so weit. Frauen wollen sich mit mir treffen, weil sie etwas über Benjamin erfahren wollen. Ich hatte mich schon daran gewöhnt, dass Menschen, wenn sie meinen Nachnamen hören, stutzen, schweigen und dann sagen: »Haben Sie nicht einen Bruder? Den habe ich im Fernsehen gesehen!« Meinen Bruder kennt man aus dem Fernsehen. Das Buch über seine Liebe zu einer Kambodschanerin hat ihn bekannt gemacht. Er war bei Stern-TV und wurde dazu von Günther Jauch befragt. Sein Buch ist verfilmt worden. Es gibt also einen Darsteller, der meinen Bruder spielt. Tom Cruise spielt Graf von Stauffenberg, David Kross spielt Benjamin Prüfer. Gewissermaßen ist er damit eine Person der Zeitgeschichte. Öfters bekomme ich Anfragen von Leuten, die möchten, dass ich einen Kontakt zu meinem Bruder herstelle. Ich verweise sie inzwischen routiniert an seine Agentin. Mein Bruder hat einmal eine Reporterin der Bild am Sonntag rausgeschmissen, weil sie nur Suggestivfragen gestellt hat. Die arme Frau war völlig perplex. Wenn man für Bild am Sonntag arbeitet, ist man es nicht gewohnt, vor die Tür gesetzt zu werden.

Es war ein einziger Artikel, den Benjamin in einer Zeitschrift geschrieben hatte, der ihm das alles eingebracht hat: Buchangebote, Filmvertrag, Lesungen. Ein einziger Artikel. Der ihn von einem geduldeten Halbtagsstellen-Redakteur zum gefragten Autor machte. Ich habe wahrscheinlich viermal mehr Artikel veröffentlicht als er, aber keiner hatte nur annähernd solche Folgen für mich.

Aber Benjamin hat etwas getan, was nur er tun konnte. Er hat sein Leben gelebt und darüber diese eine Geschichte geschrieben. Bei mir hingegen besteht das ganze Leben aus Schreiben. Das ist der Unterschied zwischen uns beiden. Benjamin, es gibt heute wenige Dinge, über die ich so froh bin, wie über diesen Unterschied. Ich bin stolz darauf, dein Bruder zu sein.

Vielleicht wird uns das immer unterscheiden. Ich mache hundert Sachen und viele davon flüchtig, bin ständig unter Strom und selten in Ruhe und weiß schon, was ich als Nächstes machen werde, wenn das eine noch gar nicht abgeschlossen ist. Du dagegen sitzt in der

Sonne und machst nichts – aber wenn du etwas tust, dann richtig. Was ist besser? Ich weiß es nicht. Ich will es gar nicht vergleichen. Ich weiß, dass du in einer verantwortlichen Position bei einer Zeitung unglücklich wärst. Und dass ich nicht gerne in der Sonne sitze.

Wenn wir neu zueinander finden wollen, müssen wir erst einmal erkennen und respektieren, dass wir heute anders sind.

Wie sind wir? Vieles hat sich verändert: Interessanterweise sind unsere Rollen nun vertauscht. Damals, als wir in unseren Kinderzimmern hausten, war ich der Rebell, der mit seinem Eigensinn den Familienfrieden riskierte. Mein kleiner Bruder dagegen war der watschelnde Kompromiss. Der, der es allen recht macht. An dem sich niemand stößt und in dem jeder das sieht, was er gerade möchte.

Von meinem Rebellentum ist nichts geblieben als eine Karl-Marx-Gesamtausgabe im Regal und eine Lenin-Büste auf meinem Schreibtisch. Fürs Erste reicht mir das. Weißt du was? Meine Töchter gehen sogar in einen katholischen Kindergarten. Ich hätte sie auch in einem alternativen Kinderladen in einer abgeschabten Villa anmelden können. Aber ich finde es besser, wenn sie mit ein paar deftigen konservativen Werten aufwachsen und nicht mit einem Wir-leben-alle-unter-demselben-Regenbogen-Wischi-Waschi. Wenn man keine Werte hat, kann man sich auch nicht von ihnen emanzipieren, sage ich. So einer bin ich heute. Wenn ich über den Berliner Alexanderplatz schlendere und von Parteigängern der »Linken« Flugblätter zugesteckt bekomme, frage ich mich, warum diese Leute nicht lieber selbst ein bisschen Geld verdienen gehen, anstatt mit aller Mühe den Staat dazu zwingen zu wollen, für ihr Auskommen zu sorgen. Mit anderen Worten: Geht arbeiten, denke ich. So einer bin ich, Benjamin. Wäre ich mir vor fünfzehn Jahren begegnet, wäre ich schockiert gewesen. Als Teenager wäre ich bereit gewesen, gegen Leute wie mich Atomwaffen einzusetzen.

Und du, Benjamin? Früher warst du der wandelnde Konsens. Du warst eine Schnittmenge mit großen Augen. Du bist nun der, der ein Aussteigerleben zwischen Deutschland und Kambodscha führt. Der, der Reibungsfläche bietet. Manchmal muss ich dich in Schutz nehmen, wenn Leute verstört sind, weil du nicht auf E-Mails reagierst oder auf Nachrichten auf deinem Anrufbeantworter. Und wenn du wissen willst, wie man ein höfliches, diplomatisches, zuvorkommendes Schreiben formuliert, Briefe mit Wendungen wie »würde es mich sehr glücklich machen, wenn«, in denen Wörter wie »herzlichst« vorkommen, fragst du schon mal mich. Mich! Ich hätte dir früher höchstens erklären können, wie man eine Kriegserklärung abgibt.

Früher hattest du einen Bruder, der viel aneckte, jetzt hast du einen Bruder, der viel arbeitet. Der so konsensfähig ist, dass er sogar seinen Chef zu seiner Geburtstagsparty einlädt. Warum sollte ich das nicht tun? Tillmann, der Rebell, ist genau so geworden, wie sich unsere Eltern das immer vorgestellt haben.

Früher konnte ich jedem, der es nicht wissen wollte, erklären, wie die Welt zu retten sei. Heute gelingt es mir, dieses Wissen für mich zu behalten. Wenn ich Menschen treffe, die laut ihre Meinung verkünden und um keine Diskussion verlegen sind, denke ich mir: Ihr wollt im Grunde auch nur, dass euch jemand lieb hat. Ich finde, dass all die Meinungsführer, die anderen erklären, wie viele Energiesparbirnen man im Haus haben sollte und ob man eine Tomate aus Holland essen darf, immer einen sehr unglücklichen Zug um den Mund haben. Diese ständigen Verkünder und Mahner hätten es im Leben viel leichter, wenn ihnen ab und zu jemand über den Rücken streicheln oder sie auf den Mund küssen würde. Ich würde mich sogar dazu bereit erklären, das hin und wieder zu tun, wenn man mich darum bäte. So ein Mensch ist dein Bruder jetzt.

Ich habe gelernt, Kompromisse zu schließen und Respekt vor dem Leben anderer zu haben. Menschen reagieren ungemein positiv darauf, wenn sie das Gefühl haben, dass man vor ihnen Respekt hat. Jede gute Beziehung besteht aus Respekt und Kompromissen. Und in jeder schlechten werfen die Partner einander vor, wie sie zu sein hätten. Und dass sie nicht so sind, wie man selbst ist.

Das ist vielleicht meine wichtigste Erkenntnis: Die meisten Menschen sind nicht so wie ich, und ich kann das nicht ändern. Genau genommen bin nur ich so wie ich. Und ganz genau genommen ist das auch ganz gut so. Das ist zugegebenermaßen eine wenig aufregende Erkenntnis. Aber aufregende Menschen sind auch immer einigermaßen unglückliche Menschen.

Auch du bist bürgerlicher geworden, Benjamin. Früher warst du ein freigebiger Mensch, jetzt bist du sparsam, manchmal fast geizig. Wenn man sich mit dir auf einen Kaffee trifft, dann kann es schon einmal passieren, dass du eine Handvoll 1- und 2-Cent-Münzen aus deinem Portemonnaie kullern lässt und sagst, du könntest dich durchaus an der Rechnung beteiligen. Dann zahlt das Gegenüber die Rechnung, und du steckst deinen Münzhaufen wieder ein. Ich stelle mir vor, dass du immer mit dieser Metallsammlung herumläufst und sie täglich mehrmals auf den Tisch kullern lässt. Bezeugen kann ich das nicht, wie auch? Du lässt ja tatsächlich nicht oft etwas von dir hören. Ich würde mir wünschen, dass das Telefon klingelt und mein Bruder dran ist und sagt, dass er gerade zufällig in der Stadt ist und ob ich vielleicht Lust auf ein Bier hätte.

Ich hätte aktuell gar keine großen Weltprobleme, die ich mit dir besprechen müsste, höchstens ein paar kleine. Zum Beispiel dieses hier: Unlängst sagte ich meiner dreijährigen Tochter, dass es jetzt wirklich Zeit sei, Zähne zu putzen und ins Bett zu gehen. Ihr klares Nein zeigte mir, dass sie ganz anderer Meinung war. Als ihr Vater aber nicht nachgab, wurde sie wirklich zornig. Und als das nicht reichte, bekam sie einen etwa 30-minütigen hysterischen Anfall. So ist das mit mir und meiner Tochter. Ich möchte was von ihr, sie bekommt einen hysterischen Anfall. Dann schreit meine Tochter wie ein Rauchmelder, hüpft auf der Stelle und zappelt mit beiden Armen.

Ich aber stehe vor ihr und frage mich: Was soll ich jetzt tun? Auch hysterisch werden? Einen Polizeigriff anwenden? Wenn ich in Erziehungsratgebern nachschlage, steht da, ich solle ruhig mit meinem Kind reden, ihm aber auch klarmachen, dass ich dieses Verhalten nicht billige. Keinesfalls soll man sich durch das aggressive Verhalten des Kindes verunsichern lassen und selbst aggressiv werden. Da steht allerdings nie, wie man das anstellen soll, wenn es schon schwierig werden dürfte, überhaupt zu dem Kind vorzudringen, weil man sich gegen die Lautstärke eines Jet-Triebwerkes durchsetzen muss. Und was man tut, wenn das wütende Kind gar nicht merkt, dass man sich gelangweilt von ihm abwendet, weil es einfach weiter wütet, wütet, wütet.

Ich habe mir Erziehung früher als eine Art Verfassung vorgestellt, die man dem Familienleben gibt, wo man zwischen antiautoritär, autoritativ oder autoritär wählen kann und gleichsam ein geistiges Beet anlegt, auf dem das Wesen des Kindes gedeihen kann. Heute weiß ich, dass sie ein Kampf mit wilden Tieren ist, bei dem man allerdings Gewaltverzicht üben muss. Erziehung heißt nicht nur Macht, sondern auch viel Ohnmacht. Wenn man einem kleinen Wesen gegenübersteht, das wild mit den Armen rudert, sich auf den Boden wirft, um auch noch wild mit den Beinen strampeln zu können, gibt es nichts mehr, was man jemandem beibringen könnte. Man muss einfach irgendwie da durch. Irgendwann sind alle im Bett. Irgendwann sind immer alle im Bett.

Weißt du, über was ich dann nachdenken muss, wenn ich endlich selbst in den Federn liege, Benjamin? Ich frage mich: Wogegen rebelliert das Kind bloß? War ich auch so? Bekomme ich nun von meiner Tochter die gleichen Probleme vorgesetzt, die unsere Eltern mit mir hatten? Rächt sich Frechheit in der Kindheit? Werde ich einst die Straßen Berlins abfahren, um meine Tochter biertrinkend zwischen herumlungernden Punks aufzuspüren? Zum Glück ist gleich gegenüber unserer Wohnung ein besetztes Haus, wo rote und schwarze Fahnen aus dem Fenster hängen und Sprüche wie »All Cops are Bastards« an die Wand gesprüht sind. Wenigstens würden weder ich noch Lotta es also weit haben.

Die gute Nachricht für mich: Wenigstens mit den Problemen von Brüdern werde ich mich nicht herumschlagen müssen. Ich habe drei Töchter. Liza ist neun, Lotta ist drei und Greta ein Jahr alt. Die schlechte Nachricht: Schwesternkonflikte sind genauso kompliziert.

Drei Töchter bedeuten, dass man ein feines Gespür für die Kombinierbarkeit verschiedener rosa Kleidungsstücke bekommt. Drei Töchter bedeuten leider auch, dass man niemanden hat, der einen Chemie-Baukasten geschenkt haben möchte oder eine große Eisenbahn. Niemand möchte spitze Stöcke schnitzen, ferngesteuerte Flugzeuge bauen oder Briefkästen sprengen. Es gibt niemanden, mit dem man seine Kindheit neu aufleben lassen könnte. Es wird für mich kein zweites Tierhausen geben. Meine Töchter wollen nur mit Puppen spielen.

Es ist nicht so, dass ich es nicht versucht hätte. Einmal merkte ich, dass Lotta, da war sie zwei Jahre alt, auf Bagger am Straßenrand aufmerksam geworden war, jedenfalls sagte sie »Bagga!« und zeigte auf die gelben Ungetüme. Ich sah das als einen Wink des Himmels. Bagger sind Jungskram, und wenn ich eine gemeinsame Spielwiese mit meiner Tochter finden wollte, dann jetzt oder nie. Es dauerte nicht lange, da besaß Lotta einen Bagger. Einen von Lego, mit einem großen kräftigen

Baggerarm. Lotta war begeistert. Den ganzen Tag spielte sie mit dem Bagga. Dann wurde es Abend. Da nahm sie den Bagger in den Arm, wiegte ihn zärtlich und sagte: »Du bist ganz müde, mein kleiner Bagga, ich bring dich ins Bett.« Und sie legte ihn ins Bett. Neben die Puppe.

Ich habe es auch mit Spielzeugrobotern versucht. Bunte, blecherne Spielzeugroboter aus China. Sie haben schauerliche Gesichter, glubschige rote Augen und Weltraumwaffen in der Hand. Einer von ihnen ist besonders fürchterlich. Wenn sein kleiner Federmotor schnurrt, brennt in seinem Inneren ein funkensprühendes Feuer. Es ist durch ein kleines Fenster im Bauch zu beobachten. Eindeutig Jungskram. Ich sagte meinen Töchtern, diese Roboter seien heilig und nur für Papa und man dürfe nur in Ausnahmefällen mit ihnen spielen. Mein Kalkül war ein anderes. Sachen, die heilig sind, sind anziehend für Kinder. Sie würden mit meinen Robotern begeistert spielen, wenn ich es ihnen erlauben würde, und es als großes Glück empfinden, Zeit mit diesen Weltraumkriegern zu verbringen. Und wer die schönsten Erinnerungen an fürchterliche außerirdische Kampfmaschinen hat, in dem wächst vielleicht doch noch etwas Jungenhaftes heran. Ich stellte die Roboter auf das Regal im Arbeitszimmer, sodass kein Mädchen sie erreichen könnte.

Mein Plan funktionierte. Schon bald gab es zumindest für die kleine Greta nichts Wichtigeres als meine »Botter«. Leider war ich nur zur Hälfte erfolgreich: Denn wenn ich am Abend die »Botter« wieder einsammeln wollte, fand ich sie stets an derselben Stelle: im Puppenhaus – in ihren Betten. Ich musste lernen: Nichts ist schrecklich, mächtig und männlich genug, um nicht von einem Mädchen gewindelt und ins Bett gebracht zu werden.

Ich wusste, ich hatte verloren. Zu Weihnachten schenkten wir den Kindern eine Verkleidungskiste. Meine Freundin fragte, ob wir eine Jungs-Verkleidungskiste schenken sollen, mit Kostümen für Piraten, Ritter und Räuber darin, oder eine Mädchenkiste mit vier verschiedenen Varianten von Prinzessinnen-Kostümen. »Prinzessinen«, sagte ich. An Heiligabend sprangen die Mädchen mit pinken Schleiern und türkisen Hüten durch das Wohnzimmer. Voriges Jahr hatte ich noch eine Holzeisenbahn aufgebaut.

Ich muss mich also darin zurechtfinden, unter Frauen aufzuwachsen. Eigentlich liegt mir das. Im Kindergarten habe ich mehr mit Mädchen gespielt als mit Jungs, in der Schule habe ich mich mehr für Mädchen interessiert als für Jungs. Ich habe später immer versucht, Mädchen zu küssen, nie Jungs. Warum soll ich jetzt nicht nur von Mädchen umgeben sein?

Mädchen rufen morgens nach mir, wenn ich ihnen ein Milchfläschchen aufwärmen soll, Mädchen rufen nach mir, wenn ich ihnen den Hintern abwischen soll, Mädchen rufen nach mir, wenn ich vergessen habe, ihnen die Puppen mit ins Bett zu legen. Wenn ich abends ins Bett gehe, rutscht irgendwann nachts ein Mädchen mit unter die Decke. Wenn ich aufwache, streckt mir ein Mädchen seinen Fuß ins Gesicht. Mädchen, Mädchen, Mädchen. Alles in meinem Leben ist rosa.

Wie wird es weitergehen? Ich werde mich mit Mädchen in der Schule beschäftigen, mit Mädchen in der Pubertät. Ich werde ertragen müssen, dass sie irgendwann Jungs mit nach Hause bringen und ich dann vielleicht genauso steif und erschrocken im Sessel sitze wie unsere Eltern, als sie meine erste Freundin kennenlernten.

Man sagt ja, Töchter würden ihre Männervorlieben oft am Bild ihres Vaters orientieren. Na bestens. Ich bin mir gar nicht sicher, ob ich mir als Schwiegersohn jemanden wünsche, der die Welt dem Kommunismus unterwerfen will, nackt durch Turnhallen rennt und jede Woche eine neue Haarfarbe hat.

Ob es so kommt, weiß ich nicht. Was ich aber weiß, ist: Wenn einmal unser Vater in den katholischen Himmel eingezogen sein wird – der ist viel schöner als der evangelische, hat er öfters angemerkt, aber leider wollte unsere Mutter alle Kinder protestantisch getauft sehen –, wenn also Vater einmal nicht mehr da sein wird, dann werden nur noch Frauen um mich herum sein. Bis auf dich, Benjamin, dich und deinen Sohn.

Du hast mir mal gesagt, der kleine Lukas würde dich an mich erinnern. Meine Eltern haben oft erzählt, dass der kleine Tillmann stets zur Tür hinaus entwischt sei, wenn er die Chance dazu sah. Lukas mache das genauso, sobald er sehe, dass Licht durch den Türspalt falle, zwänge er sich hindurch. Benjamin, die Vorstellung, dass ein Teil von mir in deinem Ältesten ist, gefällt mir sehr gut. Wenn du mit deinem Sohn wieder in dein eigenes Tierhausen einziehst, bin ich also ein bisschen dabei.

Oder ihr lasst mich mal mitspielen. Ich hätte eine Holzeisenbahn einzubringen.

Benjamin

Lieber Tillmann, ich habe meinen Frieden mit dir gefunden. Schließlich war alles, was ich wollte, dass nur ein einziges Mal jemand zu dir sagen würde: »Bist du nicht der große Bruder von Benjamin Prüfer?« Und das ist ja nun geschehen. Mich hat schon lange keiner mehr gefragt, ob ich nicht der kleine Bruder von Tillmann Prüfer sei. Mich fragen alle nur noch: »Bist du nicht der, der dieses Buch geschrieben hat?« Das passiert mir andauernd, an den absurdesten Orten. Während ich dies schreibe, sitze ich auf der Terrasse eines Guesthouse in Phnom Penh. Es steht auf schiefen Stelzen in einem See in der Stadt und versinkt zu Teilen schon in der braunen Brühe. Der Besitzer hat sich vorgenommen, so lange seinen wässrigen Kaffee zu verkaufen, bis sein Etablissement mit seinen Gästen untergeht wie einst die Titanic – mit Musik bis zum Schluss. Man könnte meinen, dass man in einem verwanzten Guesthouse in einem ehemaligen Bürgerkriegsgebiet relativ sicher ist vor Menschen, die einen kennen. Nein, regelmäßig kommt jemand, fotografiert zuerst den See mit seiner Digitalkamera, dreht sich dann zu mir um und fragt: »Warst du nicht mal im Fernsehen?« Am absurdesten war es bei der Geburt meines Sohnes in Deutschland. Er wurde per Kaiserschnitt entbunden, und ich musste eine Ewigkeit auf einem Hocker vor dem Operationssaal warten, bis ich hineindurfte. Ich trug einen Mundschutz und eine Papierhaube, die unter dem Kinn zusammengebunden wurde, grüne Klamotten, die mir zu groß waren, und grüne Plastikschuhe. Ich sah aus, als hätte

Harpo Marx einen Gastauftritt in der »Schwarzwaldklinik«. Dann öffnete sich die Tür zum OP einen Spalt weit, zwei Augen und ein Mundschutz blickten mich an, und der Mundschutz sagte: »Ich kenne Sie doch! Aus dem Fernsehen!« Zwei Dinge habe ich dadurch gelernt: Dieses Land schaut zu viel fern. Und: »Tillmanns kleiner Bruder« zu sein, war gar nicht so schlecht. Ich wünsche mir manchmal, dass mich jemand wieder einmal fragte: »Bist du nicht der kleine Bruder von Tillmann?« Dann würde ich aufspringen und rufen: »Yes, Sirrrrr! Der kleine Bruder vom Tillmann, das bin ich, Sir!« Aber nur manchmal.

Etwas hatte sich in den letzten Jahren zwischen uns verändert, etwas sehr Wichtiges. Wir beide haben das gespürt, wenn wir auch lange Zeit nicht wussten, was es war. Jetzt weiß ich es. Früher war ich vor allem: dein kleiner Bruder. Das war meine Identität. Ich sah es so, du sahst es so und der Rest der Welt auch. Heute bin ich vor allem: der Mann meiner Frau und der Vater meiner Kinder. Und für dich: dein Bruder. Nicht mehr dein kleiner Bruder, der zu dir aufblickt und dir auf Schritt und Tritt folgt. Ein großer Unterschied, auch wenn du immer fünf Jahre älter sein wirst. Und für den Rest der Welt bin ich heute »der, der mal im Fernsehen war«. Aber wen interessiert schon der Rest der Welt?

Das ist ein Schritt, zu dem es in jeder Bruderbeziehung kommt, zumindest sollte es so sein. Irgendwann ist der Kleine nicht mehr der Kleine. Und diese Veränderung zu akzeptieren, ist immer schmerzhaft für den Großen.

Der entscheidende Moment der Veränderung war, als

ich mich gegen deinen Rat nicht von Sreykeo getrennt habe und zudem die Arbeit auf meiner Prioritätenliste weit nach unten gestellt habe – etwas, was du niemals getan hättest. Es war kein Protest gegen dich, auch wenn du dies so verstanden hast. Ich tat es nicht, um mich von dir abzugrenzen, ich machte einfach, was ich für richtig hielt, ohne weiter darüber nachzudenken, wie es auf dich wirken würde. Deine bittere Enttäuschung hat mich überrascht. Denn es ist ja nie etwas zwischen uns vorgefallen. Ich habe dir nicht deine Frau ausgespannt und auch nicht deine Existenz ruiniert. Was in dir vorging, konnte ich nicht ahnen.

Du aber sahst unser Verhältnis zerbrechen. Ich war eher der Ansicht, dass es sich zum ersten Mal normalisierte. Das ist der Grund, warum wir uns in letzter Zeit so unwohl und unsicher miteinander fühlten.

Es war schön, dein kleiner Bruder zu sein. Aber auch schwierig. Du hast es mir einfach gemacht, wo du gegangen bist, hast du eine Schneise geschlagen, einen Weg ausgetreten, auf dem ich dir folgen konnte. Das Problem war: Ich lebte ein Leben lang in dem Gefühl, dass ich alles, was ich erreichte hatte, dir verdankte. Jeden einzelnen Job, jedes Praktikum. Hattest du mir nicht immer zumindest einen Tipp gegeben oder für mich ein Telefonat geführt? Das schlägt auf das Selbstbewusstsein.

Solange ich von dir abhängig war, musste ich mich von dir abgrenzen. Als dein kleiner Bruder hatte ich der Gegenpol zu dir zu sein. Du warst der Egozentriker und ich der Kompromissbereite, der Süße, Liebe, der Vernünftige, der Friedliche. Ich war immer der Weltverbesserer, während du der Weltenzerstörer warst. Ich habe dich immer um deine Freiheit beneidet. Ich durfte zwar länger wegbleiben, aber in Wirklichkeit warst du derjenige, der tun und lassen konnte, was er wollte. Du musstest es niemandem recht machen, du konntest niemanden enttäuschen.

Der Druck, jeder müsse mich mögen, macht mich heute schrecklich müde. Wenn ich in der Fußgängerzone Jugendliche sehe, die Spenden für Greenpeace sammeln, kriege ich allergische Anfälle. Es gibt noch einen weiteren Grund, warum ich nicht mehr den Anspruch habe, dass alle Welt mein Freund sein müsse. Ich habe die Erfahrung gemacht, dass sich alle abwenden, wenn man durch das dunkle Tal geht. Sie wollen es nicht hören und nicht sehen. Aber wenn es dem Schicksal gefällt, durch eine ironische Wendung dein größtes Unglück in dein größtes Glück zu verwandeln, dann sind sie auf einmal alle wieder da. Dann sagen sie Sätze wie: »Du warst ja schon immer so ein Glückspilz!« Und auf einmal erwarten sie Dankbarkeit. Selbst Menschen, die man noch nie zuvor gesehen hat, muss man auf einmal dankbar sein. Auf solche Freundschaften lege ich heute wenig Wert. Manchmal rufen die Leute dann bei dir an und wundern sich, dass ich ein Sonderling sei. Dass ich »schwierig« sei. Du kannst ihnen gerne ausrichten: »Ich glaube, mein Bruder hat gerade erst angefangen, schwierig zu werden. Er übt noch.«

Es stimmt, du hast gelernt, Kompromisse zu schließen. Mehr noch: Jetzt bist du auf einmal derjenige von uns beiden, der zum wandelnden Ausgleich geworden ist.

Deine neue Fähigkeit, die eigenen Ansprüche zurückzustellen und die eigene Meinung zu verbergen, ist geradezu beängstigend für mich. Wenn dein iPhone klingelt, hebst du ab und sagst mit der süßlichsten Stimme Worte wie: »Das ist ja ausgezeichnet!« oder »phantastisch«. Obwohl du etwas ganz anderes denkst. Manchmal gehst du auf irgendwelche Unternehmenspartys, um »Präsenz zu zeigen«. Du hättest bestimmt Besseres zu tun, etwa die Zeit mit deiner Frau und deinen Kindern zu verbringen. Trotzdem stehst du den ganzen Abend dort mit einem Glas Sekt in der Hand und bist bestimmt sehr unterhaltsam. Was hätte der alte Tillmann auf solchen Partys gemacht? Wahrscheinlich hätte er aufs Parkett geschissen. Ist das nicht sonderbar? Je weniger wir voneinander abhängig sind, desto ähnlicher werden wir uns.

Ich weiß, du denkst, dass ich dich für einen Spießer halte. Aber das stimmt nicht. Denn du hast vollkommen recht – ich bin selbst der größte. Ich kann dies mit Sicherheit von mir sagen, denn ich wohne in einem Land, das den Menschen in die tiefsten Abgründe seiner Seele blicken lässt. Kambodscha legt seine Besucher frei von den moralischen und gesellschaftlichen Zwängen Europas und lässt nichts anderes übrig als die nackte Seele. Hier spürt man die raue, erbarmungslose Freiheit. Ich bin es bereits gewohnt, dass Besucher aus Europa, respektable und studierte Persönlichkeiten, hier regelmäßig durchdrehen. Sie sind der Meinung, sie hätten irgendetwas in ihrem Leben verpasst und müssten deshalb jede Nacht mit einer anderen Nutte verbringen und alle Drogen, die man hier kaufen kann, auch ausprobieren, nur weil es möglich ist. Und ich? Ich kam hierher, blickte in meine Abgründe und sah dort: nichts Besonderes. Keine Mordgelüste. Stattdessen ein Bausparvertrag. Ich bin so spießig, wie man nur spießig sein kann. Ich sitze mit meiner Tochter zu Hause und spiele Memory. Oder gucke mir eine DVD mit meiner Frau an. Morgens bringe ich meine Tochter zur Schule und achte darauf, dass das Hemd ihrer Schuluniform blitzsauber ist. Und an jedem Monatszehnten schicke ich meine Umsatzsteuervoranmeldung nach Deutschland. Und trotzdem muss ich mir anhören, wie du erzählst, dass ich hier »wie ein Aussteiger« leben würde.

Du denkst, dass ich von dir enttäuscht bin, weil du nicht die Weltrevolution angezettelt hast, sondern in einer Eigentumswohnung mit Dachterrasse lebst, einen Design-Küchenmixer besitzt und deine Kinder auf einen katholischen Kindergarten schickst. Das stimmt aber gar nicht. Ich finde die Dachterrasse prima. Und der Mixer ist auch super!

Du denkst, dass ich über dich lästere, weil du deine Kollegen auf Partys einlädst. Ich habe gar nichts gegen deine Kollegen. Aber wenn ich auf eine deiner Partys komme, sehe ich eine Wohnung voller Journalisten, die Journalistengespräche führen. In der Küche stehen zwei alte Jugendfreunde von dir. Die reden dann mit mir, weil sie sonst niemanden kennen und weil sie bei Journalistengesprächen nicht mitreden können. Wenn dir ein Unglück passiert, wenn du durch ein dunkles Tal gehen musst, dann werden diese Menschen nicht mehr da sein. Sie werden sich von dir abwenden. Nur die beiden in der Küche, die werden bleiben. Vielleicht. Und ich. Ich werde immer da sein.

Es gibt nur eine einzige Sache, die ich in deinem Leben ändern möchte. Und die ist wichtig. Ich habe zweimal in meinem Leben Erfahrungen mit dem Tod gemacht. Einmal ging es um meine Frau, die mit HIV infiziert ist. Ich konnte verhindern, dass sie stirbt. Ein anderes Mal hat er sich einen anderen Menschen geholt, der mir am Wichtigsten war. Ohne dass ein höherer Sinn dahinterstehen konnte. Einfach so. Eine Sache habe ich begriffen: Der Drecksack kriegt uns alle. Ich gebe zu, es ist keine sonderlich neue Erkenntnis, dass wir alle einmal sterben müssen. Aber tatsächlich zu begreifen, wie wenig Zeit wir haben, das macht einen Unterschied. Der Tod relativiert die Dinge. Wenn er kommt, wirst du dich an keine Minute mehr erinnern können, die du im Büro verbracht hast, an keinen Journalistenpreis, den du gewonnen hast, und alle Artikel, die du verfasst hast, werden Altpapier sein. Vielleicht klingt das wie einer der Sprüche aus den Glückskeksen vom China-Imbiss. Aber sie sagen eben oft die Wahrheit. Hört auf die Glückskekse.

Um es kurz zu machen: Du arbeitest zu viel. Denn du gehst nicht in die Firma, um Geld zu verdienen, sondern um Anerkennung zu bekommen. Das ist nicht gut. Wenn du um dein Gehalt verhandelst, dann tust du dies nicht wegen des realen Gegenwertes. Du tust es, weil du wissen willst, wie sehr deine Vorgesetzten dich wertschätzen. Für dich ist das Geld nur ein Maß für Anerkennung. Ansonsten hat es für dich wenig Bedeutung – du bist im Umgang mit den Scheinen eine Katastrophe.

Das musst du ändern, sagt dein kleiner Bruder, ganz kompromisslos.

Anerkennung bekommst du von deiner Familie, nicht von Vorgesetzten oder einem Publikum. Die Anerkennung von Fremden ist wertlos. Deine Kollegen haben dich nach drei Tagen vergessen, ein Publikum noch viel schneller. Ich will, dass du von nun an ins Büro gehst, um Geld zu verdienen. Es macht weder glücklich noch unglücklich, es ist neutral. Aber es ist ein Werkzeug. Es gibt dir die Möglichkeit, mehr Zeit in mehr Sicherheit mit deiner Familie zu verbringen. Und die ist das Einzige auf der Welt, das Bedeutung hat. Das ist der Grund, warum ich so knauserig bin mit meinem. Wenn du dein Geld verdient hast, es muss nicht viel sein, nur genug, dann geh nach Hause. Verdammt nochmal, geh endlich nach Hause! Das ist alles, was ich von dir will. Ich habe Angst, dass dir ein Unglück passieren könnte. Und dass deine Welt, die aus Ehrgeiz gebaut ist, dann zusammenbrechen könnte. Du musst nicht die Weltrevolution auslösen (na gut, sagen wir, die Weltrevolution ist optional …). Nur nach Hause gehen.

Ich glaube, wir haben jetzt die Möglichkeit zu einer Bruderbeziehung, die freier, unbefangener und näher ist, als sie je war. Und die brauchen wir auch. Denn wir haben gemeinsame Aufgaben vor uns, Annette, du und ich: Unsere Eltern werden alt. Sollen sie einmal in einem Altenheim leben, während wir alle paar Monate vorbeikommen, um trockenen Streuselkuchen zu essen? So macht man das in unserem Land wohl. Aber wer sagt, dass es so sein muss?

Und ich brauche dich noch aus einem anderen Grund.

Es war immer mein Wunsch, mein Leben selbst zu bestimmen. Ich wollte lieber der Kapitän auf meinem eigenen Fischtrawler sein, als der Erste Offizier auf einem Luxusliner. Mein eigener Kapitän, das bin ich heute. Ich bin glücklich, so wie es ist. Es ist das Leben, das ich mir immer erträumt habe, ohne Chef und Vorgesetzten. Ich habe es selbst gewählt, aber manchmal liege ich abends wach und mache mir Sorgen, ob ich das Schiff durch den Sturm bringe. Ich habe heute Verantwortung. Für meine Frau und meine Kinder. Und manchmal weiß ich nicht, ob ich sie immer beschützen kann. Mit den Eltern kann ich über diese Sachen nicht reden, denn die Zeit, in der sie sich darüber Gedanken machten, liegt für sie zu weit zurück. Und mit meiner Frau kann ich auch nicht darüber sprechen, denn es würde ihr Angst machen, wenn sie meine Unsicherheit spürt.

Aber es gibt einen Menschen, mit dem ich über diese Dinge sprechen kann. Er ist mein Spiegelbild und doch ganz anders. Und er kritisiert an mir herum, aber hat aus irgendeinem mir unbekannten Grund grenzenloses Vertrauen in mich. Und er wird immer da sein. Mein Bruder.

Epilog

Tillmann

Herr Schmidbauer ist ein Mann, dessen schulterlanges weißes Haar demonstriert, dass er die achtundsechziger Jahre noch im Blut hat. Gleichzeitig zeigen seine Sammlungen von Altarfiguren aus Benin und von gläsernen Briefbeschwerern aus dem Biedermeier, dass er durchaus verstanden hat, bürgerliche Tugenden wie das Anhäufen gleichförmiger Gegenstände in seinen Lifestyle zu integrieren. Er hat auch eine Couch in seiner Praxis. Er habe sie mal für 40 Mark gekauft, erzählte er, und zwischendurch auch als Kinderbett benutzt. Wahrscheinlich braucht man das, um heute als praktizierender Psychologe ernst genommen zu werden. Vor allem muss man aber eine Gabe haben: Man muss stundenlang aufmerksam zuhören können. Mit einem entspannten Lächeln und einem Blick, als fasziniere einen jedes Detail der Erzählung.

Auch unserer Geschichte. Fast dreißig Jahre Brüderschaft haben Benjamin und ich an einem langen Nachmittag in seiner Praxis ausgebreitet. Benjamin hat von Tierhausen erzählt. Von den drei Stoffdrachen der Paprikabande. Davon, wie sie Zimmerpflanzen besetzten, um den Regenwald zu retten, und gefährliche Missionen ins Atombomben-Testgebiet bestanden. Ich berichtete davon, wie mein Bruder als Atommüllfass verkleidet zur Kinder-Fastnacht ging. Wir beschrieben unsere gemeinsamen Bemühungen, die Welt zur Revolution zu bewegen. Und dass Benjamin sogar Journalist geworden ist, so wie ich. Schließlich das Drama: Ich werde Benjamins Vorgesetzter. Benjamin lässt die Arbeit schleifen, ist unzuverlässig. Ich im Konflikt. Ich erzähle von der Enttäuschung, die ich erlitten habe.

Es dauert eine Weile, bis Schmidbauer etwas sagt. Er runzelt die Stirn, als ich von der Unmöglichkeit berichte, meinem Bruder eine Abmahnung zu schreiben. Von dem Gefühl, damit unser Verhältnis zu zerstören. Er fragt: »Warum konnten Sie nicht als Bruder Ihrem Bruder nahe sein und ihm als Vorgesetzter eine Abmahnung schreiben?«

Ich schaue Schmidbauer an, als hätte er mir gerade erklärt, dass der Mond auch noch eine andere Seite hat, obwohl man die nicht sieht. Benjamin schaut mich an. Ja, warum konnte ich das nicht? Plötzlich beginnt etwas in mir zu schwimmen. »Das konnte ich aber so nicht trennen«, sage ich und verschlucke mich fast an meiner eigenen Stimme. »Ich hatte Angst, dass ich meinen Bruder verlieren würde, wenn ich das täte.«

Schmidbauer erzählt von seinem eigenen Bruder. Er meint, Brüder sollten lernen, damit umzugehen, dass sie irgendwann unabhängig voneinander seien.

Es stimmt: All die Jahre war ich vorangegangen, habe die Schneisen geschlagen und die Wege gebahnt, auf denen der kleine Bruder einfach hinterhertapsen sollte.

Und allein aus der Tatsache, dass mein Bruder mir folgte, zog ich die Gewissheit, mein eigener Weg sei richtig. Mit seiner Verweigerung hatte Benjamin sich gewissermaßen in die Büsche geschlagen, um seinen eigenen Pfad zu suchen. Für mich ist dadurch ein Weltbild ins Wanken geraten. Der jüngere Bruder kann sich vom älteren lossagen, sich ein anderes Vorbild suchen. Der ältere kann aber nicht aufhören, Vorbild sein zu wollen.

Gegen Ende des Gesprächs macht sich Beschämung in mir breit, und mein Blick sucht den Boden. Ging es mir nur darum? Konnte ich es einfach nicht ertragen, für meinen Bruder kein Idol mehr zu sein? Habe ich mich wirklich damit beschäftigt, wie es meinem Bruder geht, wie sehr er unter der Situation leidet? Oder ging es vor allem um mich?

Schmidbauer schreibt Bücher über »Mobbing in der Liebe« und Kolumnen, in denen er schon einmal in die Psychologie von James Bond einsteigt. Er hat einen Terminplan, der angefüllt ist mit Sitzungen von Paaren, denen er helfen muss, ihre Ehe zu retten. Ein Bruderpaar hat er noch nie beraten. Sind wir denn die einzigen Brüder der Welt, die sich Gedanken um ihre Beziehung machen?

Ich habe gelernt, dass das Verhältnis zwischen Brüdern keine Selbstverständlichkeit ist. Man muss es pflegen wie eine Freundschaft oder eine Liebesbeziehung. Weil sie wichtiger ist als viele Freundschaften und fundamentaler als so manche Liebe. Sie vergeht nämlich nicht.

Nachdem wir die Praxis verlassen haben, haben wir vor allem Hunger. Wir retten uns in einen Imbiss, wo besonders gute Hamburger gemacht werden. Wir stürzen uns auf zwei Chili-Burger, die wir mit einem Vergnügen verzehren, als habe sie Ferran Adrià für uns bereitet. Benjamin erzählt, dass er in ganz Phnom Penh keinen einzigen guten Hamburger bekomme, dass die Asiaten das Prinzip des Burgers einfach nicht verstünden. Ein Burger in Kambodscha habe keine *Seele.* Wir reden lange über das Seelenleben von Fastfood. Ich denke: Benjamin ist der einzige Mensch auf der Welt, mit dem ich einen Hamburger genießen kann.

Etliche Tage später, Benjamin ist längst wieder abgereist, habe ich Geburtstag. Per Post kommt ein Päckchen, darin ist ein Crème-brulée-Brenner. Man könne damit auch prima Knallkörper anzünden, schreibt mein Bruder.

Benjamin

Kurz bevor ich Berlin wieder in Richtung Kambodscha verlasse, gehe ich zusammen mit Tillmann über den Alexanderplatz. Mir ist ein bisschen kalt. Zum einen, weil ich im winterlichen Deutschland bin, zum anderen, weil ich nun endlich akzeptiert habe, dass Tillmann anders ist als früher. Dass er heute Texte über Uhren und Handtaschen schreibt anstatt Aufrufe zur Revolution. Ich habe es endlich geschluckt, denke mir: Wenn ihn das glücklich macht, dann soll er so leben. Ich habe nicht das recht, darüber zu urteilen.

Ich erinnere mich, wie wir als Kinder einmal nachts

über den Zaun des Freibades in Darmstadt-Eberstadt kletterten. Es war im Frühjahr gewesen, und das Wasser war schrecklich kalt, Dampf stieg von der Oberfläche auf und der Vollmond schien. Und dann haben wir auf dem Sprungturm gesessen und schlotternd vor Kälte Pläne geschmiedet. Vielmehr: Wir haben geträumt. So etwas werden wir wahrscheinlich nie wieder tun. Wenn wir uns das nächste Mal treffen, dann vielleicht bei einer Taufe oder bei der Kommunion von Tillmanns Töchtern. Danach werden wir bei einem Glas Wein zusammensitzen und vielleicht ein paar Anlagetipps austauschen. Und es wäre gut. So ist das eben, wenn man älter wird. Trotzdem kann ich nicht leugnen, dass ich etwas enttäuscht bin.

Eine Frage stelle ich mir noch. Damals, als wir auf der Straße »Aufruhr! Widerstand! Es gibt kein ruhiges Hinterland!« riefen, und als wir nachts in seinem Zimmer über die Weltrevolution diskutierten – hat Tillmann da alles geglaubt, was er sagte? Wollte er wirklich die Welt verändern? Oder war das vielleicht alles nur Maskerade? Ein Trick, um an Mädchen ranzukommen? Alles nicht so ernst gemeint? Nur ein Überholmanöver beim Wettrennen zur Eigentumswohnung? War Tillmann nie der Revoluzzer gewesen, für den ich ihn gehalten habe?

Ich habe es nämlich alles geglaubt. Und ich tue es noch heute. Natürlich bin ich nicht mehr der Ansicht, dass wir alle eines Tages mit roten Fahnen auf die Straße rennen werden und es danach kein Geld und keine Kriege mehr geben wird. Aber ich glaube immer noch, dass man die Welt verändern kann. Wenn auch nur ein winziges bisschen. Ein kleines bisschen Weltrevolution ist möglich.

Und bis zu diesem Moment dachte ich, es sei immer unsere gemeinsame Sache gewesen: ein kleines bisschen Weltrevolution. Jetzt, da wir über den Asphalt schlurfen, bin ich mir nicht mehr so sicher. Hat es diese gemeinsame Sache vielleicht nie gegeben? War ich mit meinem Idealismus vielleicht immer alleine gewesen?

Darüber denke ich nach, als wir über den Alexanderplatz gehen. Auf einmal fragt mich Tillmann: »Hast du schon eine Idee für ein neues Buch?« Ja, ich habe eine Idee, aber ich will sie ihm nicht erzählen. Was wäre, wenn sie ihm nicht gefiele? Wenn mein großer Bruder meinen Einfall nicht gut fände, hätte ich niemals das Selbstbewusstsein, ihn jemand anderem zu erzählen. Deshalb kaue ich auf meiner Unterlippe herum, suche nach Worten und schweige eine Weile.

Dann sagt er: »Ich habe eine Idee für ein Buch.« Ich hatte es mir schon gedacht: Er hat mich vor allem gefragt, damit er mir seine Idee erzählen kann. Er sagt: »Ich nenne sie mal ›Anleitung für die Weltrevolution‹. Aber das ist natürlich nur ein Arbeitstitel.« Ich muss mich kurz vergewissern, dass ich keine Drogen genommen habe und auch nicht träume. Dann beginnt Tillmann zu erzählen. Es ist eine Idee, die so verrückt ist, dass er sie nur seinem Bruder erzählen kann. Nur ich kann verstehen, was er damit meint. Während wir die Straßen entlanggehen und sprechen, sehe ich ein Ortsschild vor mir: »Willkommen in Tierhausen! Einwohnerzahl: 2.«

Ich weiß nicht, ob die Welt eine Anleitung zur Weltrevolution braucht. Aber ich brauche eine. Dringend.

Benjamin Prüfer

Wohin Du auch gehst

Die Geschichte einer fast unmöglichen Liebe

Band 17464

Während seines Urlaubs in Kambodscha trifft der dreiundzwanzigjährige Benjamin Prüfer auf Sreykeo – eine Frau, die ihren Körper verkauft, um ihren Lebensunterhalt zu bestreiten. Sie verlieben sich ineinander. Als er erfährt, dass sie HIV positiv ist, muss er sich entscheiden: für oder gegen ein Leben mit Sreykeo. Ergreifend, ungeschönt und subjektiv wird die wahre Geschichte zweier junger Menschen erzählt, die sich Tag für Tag dem Kampf des (Über-)Lebens stellen.

Starregisseur Detlev Buck hat das Buch »Wohin Du auch gehst« unter dem Titel »Same Same But Different« verfilmt.

Fischer Taschenbuch Verlag

fi 17464 / 1